ESSAI

SUR

L'INDIVIDUALISME

PAR

EUGÈNE FOURNIÈRE

PARIS
FÉLIX ALCAN, ÉDITEUR
ANCIENNE LIBRAIRIE GERMER BAILLIÈRE ET Cⁱᵉ
108, BOULEVARD SAINT-GERMAIN, 108
—
1901
Tous droits réservés.

ESSAI

SUR

L'INDIVIDUALISME

A LA MÊME LIBRAIRIE

DU MÊME AUTEUR

L'Idéalisme social, 1898, 1 vol. in-8° de la *Bibliothèque générale des Sciences sociales*, cart. à l'angl. . . 6 fr.

EN PRÉPARATION

Les Théories sociales au XIXe siècle.

CHARTRES. — IMPRIMERIE DURAND, RUE FULBERT.

ESSAI SUR L'INDIVIDUALISME

I. — L'INDIVIDU ET LA SOCIÉTÉ

1. — J'entreprends ce rapide travail dans le but de contraindre les esprits réfléchis à cesser d'opposer l'un à l'autre l'individualisme et le socialisme. Mais ce préjugé est tellement enraciné, comme tous ceux qui flattent et assurent les paresses intellectuelles des écrivains et des hommes politiques, que ma tâche pourra sembler audacieuse. Il faut bien, en effet, qu'elle ne le soit qu'en apparence, puisque je me propose de la mener à terme par des moyens si simples, et en invoquant des faits si évidents, que mon ambition serait de voir le lecteur se fâcher contre moi de ce que j'ose l'entretenir de choses archiconnues et partir en guerre avec les armes du bon monsieur de la Palisse. Mais n'est-ce pas par un ensemble de vérités reconnues qu'on arrive aux vérités inconnues ou méconnues ? La science ne connaît point d'autre chemin, et n'en veut point suivre d'autre.

L'opposition du socialisme et de l'individualisme appartient à la catégorie de ces généralisations métaphysiques qui sont le manteau dont se drape orgueilleusement notre ignorance. Mais à présent que la science analyse toute chose, dont les éléments se trouvent être finalement identiques, le jeu des oppositions dans l'ordre naturel :

jour-nuit, vie-mort, — n'est plus qu'un exercice de littérature. Dans l'ordre moral et social, en dépit des rudes coups que leur a portés M. Tarde, ces oppositions conservent toute leur valeur. Responsabilité et déterminisme, liberté et autorité, individualisme et socialisme continuent à se faire irréductiblement vis-à-vis. On se refuse à voir, malgré l'évidence, que ces entités sont des créations factices et qu'elles expriment non des phénomènes différents et contraires, mais des modes divers d'un même état qui s'harmonisent, ou des parties sans lesquelles le tout ne serait pas.

Ce balancement de formules opposées présente le dangereux avantage de paraître obéir à la loi intime du rythme, à la nécessaire alternance d'action et de réaction que manifeste tout mouvement. Il est temps de renoncer à la fâcheuse habitude d'appliquer aux faits et aux individus sociaux la terminologie des sciences naturelles. Cela prête, il est vrai, une apparence scientifique aux constructions de l'esprit les plus fantaisistes. Il était donc tout indiqué que certains esprits fussent séduits par l'idée de montrer l'individu-homme en action et en réaction sur et contre l'individu-société. On obtenait ainsi une fort correcte et classique opposition de la république d'individus atomiques qu'est l'homme, à la république d'atomes humains qu'est la société. La comparaison n'est pas seulement commode : comme toute comparaison, celle-ci contient une assez grande part de vérité pour entretenir l'illusion. Quand nous aurons cessé d'observer les phénomènes sociaux, nécessairement plus complexes que les phénomènes naturels, avec les trop simples instruments qui suffisent à l'étude des mouvements de la matière organisée, nous ne serons plus exposés à de semblables mécomptes.

Il sera pénible à certains de renoncer à cette sorte de

généralisations métaphysiques à laquelle appartient l'opposition de la société et de l'individu. Ils agiraient avec prudence, cependant, s'ils consentaient à ce sacrifice. Pour éviter le socialisme, que leur individualisme mal éclairé présente aux yeux du public comme une doctrine soucieuse de l'intérêt collectif au point de lui sacrifier impitoyablement tout intérêt individuel qui s'y oppose, ils risquent de diriger vers l'anarchie ceux qui les suivent. Et pour eux, qui ne veulent pas plus de l'anarchie que du socialisme, ce serait tomber de fièvre en chaud mal.

En vain alléguera-t-on, pour éviter l'écueil, que l'opposition de l'individualisme et du socialisme ne doit pas s'étendre à tous les rapports des individus et de la société, mais seulement à ceux de ces rapports qui ont un caractère économique. Un tel problème ne se laisse pas limiter au gré de ceux qui ne le fractionnent que pour en tirer plus aisément la solution désirée. D'abord, toute solution économique du problème social intéresse et détermine les solutions à intervenir dans le domaine juridique, familial, politique, moral, etc. Le droit absolu de propriété, qui n'existe d'ailleurs pas dans nos codes, c'est le droit absolu de tester, c'est-à-dire de déshériter ses propres enfants. Si l'individualisme se cantonne dans le domaine économique, le voilà donc gêné dans une première entournure.

Voici la seconde : Vous refusez à l'État, qui représente la société, le droit d'intervenir en faveur des ouvriers dans les conflits du travail et du capital, et cela au nom du droit de l'individu. C'est fort bien; mais que répondrez-vous à tel individu qui alléguera, lui aussi, son droit pour refuser le service militaire? Lui direz-vous, individualistes incomplets, que l'individualisme fait la propriété de l'homme sacrée et inviolable, mais non sa propre personne? S'il a seulement un grain de sens commun, il vous répondra que sa peau lui importe plus que ses biens, et que par celle-là l'individualisme doit commencer, et non par ceux-ci, dont il n'aura plus besoin s'il meurt à la guerre.

L'opposition artificielle et superficielle établie entre l'individu et la société dirige encore aujourd'hui les plus graves polémiques et inspire même la discussion des lois. C'est ainsi que l'on voit des actes d'oppression publique, antisociaux au premier chef, classés le plus sérieusement du monde parmi les méfaits du socialisme, tandis que des actes d'initiative individuelle parfois mortels à l'individu sont mis au rang des bienfaits de l'individualisme. Ni le socialisme ni l'individualisme ne sont pourtant les coupables, mais seulement nos généralisations métaphysiques et nos classifications superficielles. Nous raisonnons de l'homme en société comme d'un être abstrait. Quand, par aventure, nous le précisons et lui donnons une existence réelle, nous nous représentons un être moyen, un petit bourgeois sans grands besoins et qui les satisfait sans peine ; nous imaginons un type convenu, au lieu de voir et de scruter l'homme social dans son infinie variété. Il est facile, ainsi, de doter de tous les sentiments moyens, et aussi de toutes les libertés idéales, cet individu de convention, créé à l'image de l'homme de cabinet et pour les commodités de sa thèse. C'est agir comme ces psychologues littéraires qui représentent la vie de quelques douzaines d'oisifs, et que quelques milliers d'autres oisifs, qui se croient à eux seuls l'univers, déclarent bons connaisseurs du cœur humain. Certainement il y a un homme social moyen, ou plutôt il est possible de ramener à certaines unités générales précises l'infinie variété des individus sociaux. Par exemple, nous mangeons tous : donc, la question du besoin essentiel nous fait tous semblables. Nul pain sans travail : or, les uns travaillent, les autres point. Tous mangent, cependant, ou veulent manger. Leur individu ne peut être qu'à cette condition. Ce n'est pas en opposant abstraitement à la société l'individu en soi qu'on assurera les moyens de se satisfaire aux individus qui veulent manger, c'est-à-dire continuer d'être des individus. Ce qu'il faut donc, si l'on veut parler d'individualisme, c'est avant tout connaître l'individu, savoir ce qu'il a et ce qui lui manque, ce qu'il désire et ce qui lui répugne. Tout le reste n'est que verbiage.

II. — A côté de ceux qui pèchent par excès d'abstraction, nous pouvons placer ceux qui pèchent par excès de réalisme objectif. Au premier rang de ces derniers se trouvent les socialistes ; non pas tous, mais un très grand nombre d'entre eux, pour qui individualisme signifie égoïsme, insolidarité. Faisant trop bon marché des initiatives spontanées, dont la concurrence vitale ne leur a laissé apercevoir que les mauvais côtés, ils en viennent à nier que la liberté soit un bienfait. Il s'ensuit qu'ils entendent la liberté de la même manière que les théoriciens de l'individualisme économique, avec cette simple différence qu'elle est un bien pour ceux-ci et un mal pour ceux-là. Une autre cause de l'erreur où sont tombés ces socialistes tient à ce qu'ils ont, eux aussi, appliqué aux sciences sociales les méthodes et les concepts des sciences naturelles. Par là ils ont méconnu que, si la liberté n'existe pas en effet dans la nature, tous les hommes vivant en société s'accordent néanmoins pour définir la liberté sociale de la même manière : la faculté pour tout individu de s'assurer toutes les satisfactions que réclame son être physique et mental. Confondant cette liberté toute relative, et d'un caractère exclusivement social, avec la liberté innée et immanente que les métaphysiciens spiritualistes attribuent à l'individu et que les métaphysiciens économistes attribuent même à l'ouvrier qui ne possède que ses deux bras, ils s'écrient avec Paul Lafargue : « La liberté est une blague bourgeoise. »

Il est assez curieux de remarquer qu'à considérer l'individu de trop loin et de trop haut et à le considérer de trop près et de trop bas, à voir en lui un être de raison, une chose en soi, ou un être réel examiné seulement sous l'un de ses aspects et dans l'une de ses fonctions, on aboutit au même résultat : on le méconnaît absolument de la même manière et l'on joue le même jeu des oppositions factices, les uns opposant l'individu à la société et les autres opposant la société à l'individu. Ceux qui observent ce jeu sont bien forcés de se dire que, s'il y a opposition, ce n'est pas entre le phénomène individu et le phénomène société, mais entre le cerveau qui conçoit l'individu en dehors de la société et le cerveau qui conçoit la société en dehors de l'individu.

L'absolu réaliste joue à l'esprit humain les mêmes mauvais tours que l'absolu idéaliste : par celui-ci, on crée un type général abstrait à la mesure de son propre cerveau, et l'on suppose que chaque individu est conforme à ce type. Par celui-là, on analyse, d'une manière forcément incomplète, un ou plusieurs états ou facultés de l'individu, et l'on étend le résultat de l'opération à tous les individus. Les hommes, pourtant, ne sont ni des dieux immuables et sereins, ni des cristaux immobiles et symétriques. Au regard de l'univers, il est bien entendu qu'ils n'ont pas plus de liberté qu'un puceron ou qu'une pierre, et qu'ils obéissent au déterminisme universel. Mais, dans leurs rapports avec leurs semblables, encore que ces rapports soient fixés et limités par le déterminisme universel, il n'existe d'autres obstacles à leur liberté, c'est-à-dire au jeu normal des organes pour la satisfaction des besoins, que ceux qu'ils ont eux-mêmes établis ou laissé établir par leurs semblables. On peut donc dire que l'individu n'est pas libre au regard de l'univers, mais qu'il l'est, ou le peut devenir, au regard de ses semblables.

Il pourrait exister des individus hors de toute société, mais on doit bien reconnaître que ces hommes seraient les moins libres de tout l'univers. D'ailleurs, de tels individus n'existent pas, du moins pour nous, puisque c'est de nos sociétés humaines actuelles que nous entendons seulement nous occuper. Cependant, à supposer qu'ils existassent, leur individualité aux prises avec le monde extérieur et privée du secours d'individualités identiques serait la plus réduite et la plus précaire qui se pût imaginer. En sorte que ce qu'on pourrait supposer être l'individualisme le plus absolu, en serait au contraire la plus complète négation.

Il n'existe pas plus d'individus hors de la société, pouvant se passer d'elle et réalisant l'individualisme absolu, qu'il n'existe de société sans individus. Si donc l'individu est un produit social, la société est elle-même un produit des individus passés et présents. Cette partie : l'individu, et ce tout : la société, ne peuvent donc pas s'opposer. La société forme les individus, met à leur disposition l'avoir matériel, intellectuel et moral des générations disparues. Elle le fait avec une trop inégale et partiale libéralité, il est vrai. Mais ce n'est pas sa faute, à elle société, qui n'est point par elle-même un corps vivant et autonome, mais une collection d'individus. Quand, donc, un individu est frustré de sa part, ce n'est point à la société qu'il doit s'en prendre, car ce n'est pas elle qui a agi contre lui, mais aux individus : souverain, caste ou classe, qui ont confisqué pour eux les avantages de la vie de société et ne lui ont laissé en échange que les charges. Ce n'est pas une société oppressive, mais opprimée, que celle où une minorité jouit de tous les biens aux dépens de la majorité contrainte de les lui procurer. Car ils en sont aussi, de la société, les opprimés et les exploités ; et quand le plus grand nombre se trouve dans cet état, c'est la société qui subit l'oppression et l'exploitation, puisqu'elle n'est pas un individu collectif, un corps organisé, mais une réunion, une collection d'individus.

Les opprimés et les exploités, quand ils réclament leurs droits, ne se révoltent pas contre la société ; ils travaillent au contraire à la libérer, par le fait même qu'ils travaillent à se libérer. Les bénéficiaires de l'oppression et de l'exploitation prétendent qu'on attaque la société quand on attente à leurs privilèges de droit ou de fait ; et cependant ils s'empressent de réprouver et de combattre l'action de la société, mise en mouvement par l'État, quand la démocratie montante entreprend de se servir de l'État pour mettre fin à leurs privilèges.

C'est pourtant par la démocratie complète, où les lois seront faites de plus en plus par tous et pour tous, donc par chacun et pour chacun, que s'établira l'accord, non entre l'individu et la société, — il n'y a pas de désaccord entre eux — mais entre tous les individus pour une meilleure utilisation de la société.

III. — Sauf pour l'opposer au socialisme, il ne semble pas, au premier examen, que l'individualisme puisse être défini d'une manière précise. Selon M. Brunetière, il est aussi difficile de définir l'individualisme que le socialisme. Mais, ajoute-t-il, on ne les a sans doute inventés que pour les opposer l'un à l'autre. Or, nous avons observé plus haut l'impossibilité de limiter l'individualisme au domaine économique. Et voici que, précisément, c'est dans ce domaine, et seulement dans ce domaine, qu'apparaît la prétendue opposition du socialisme et de l'individualisme, puisque le socialisme est par essence une théorie économique et que ses moyens fondamentaux de transformation sociale sont des moyens économiques. Certainement il y a opposition entre le socialisme et l'individualisme, si par ce dernier terme on entend que l'indépendance des uns est faite de la dépendance des autres, que la lutte et la concurrence pour la vie sont les conditions nécessaires de l'état de société et que, dans l'état de guerre qui est l'état de société, la ruse et la violence sont légitimées par le succès.

Mais l'individualisme, limité à la catégorie économique, n'est pas même intelligible, nous l'avons constaté en passant. Ou il est une théorie sociale, ou il n'est pas. La catégorie économique existe, certes, mais elle n'est pas tout l'individualisme. Ou l'individualisme est en même temps politique et moral, ou il n'est pas. Nous avons donc à voir si ces catégories s'accordent entre elles, ou si elles se contrarient. Si elles s'accordent, l'individualisme est bien la théorie de l'existence et du développement de l'individu vivant en société, car c'est le seul qui nous intéresse. Sinon, il n'est qu'une formule de dissociation sociale et par conséquent, de régression individuelle.

Si, par exemple, l'individualisme économique me donne licence de brûler ma récolte, en vertu du droit absolu de propriété, on voit tout de suite qu'il est antisocial par ce côté. Je puis ne pas être appauvri par ce caprice, mais j'aurai appauvri et peut-être affamé mes voisins qui comptaient m'acheter du blé. Néanmoins, je puis être appauvri, puisque, de mon côté, je ne pourrai, avec le prix du blé que je leur eusse vendu, acheter les produits qu'ils ont fabriqués et qui me sont utiles. Mais supposons que je n'aie pas besoin de mes voisins ni de leurs produits et que je puisse, sans dommage pour moi-même, les priver d'une denrée nécessaire. Mon acte, socialement mauvais, reste bon à mon point de vue individuel.

Mais qu'à l'individualisme économique ainsi compris et pratiqué, s'ajoute l'individualisme politique qui réduise au minimum mes rapports juridiques avec mes voisins et se désintéresse de nos actes respectifs, quels qu'ils soient. En individualiste pratique, au lieu de brûler mon blé, je l'envoie au moulin et, comme l'individualisme politique et économique favorise singulièrement mon individualisme moral, j'additionne de plâtre ma farine et vends le tout à faux poids. Si je suis l'unique détenteur de farine de la région, si les moyens de communication avec les régions environnantes font défaut, ou si les propriétaires de ces régions agissent comme moi, j'aurai donc, nous aurons donc monopole d'empoisonner les consommateurs. Notre individualisme sera donc destructif du leur, c'est-à-dire antisocial au premier degré. Mais, comme il n'y aura pas de lois ni de tribunaux pour nous empêcher de détruire nos semblables, il n'y en aura pas davantage pour les empêcher de nous détruire nous-mêmes; et, un beau matin, nous serons lynchés.

J'ai poussé le raisonnement jusqu'à l'absurde pour mieux démontrer que l'accord des trois catégories de l'individualisme métaphysique — car l'individualisme réel n'est pas ici en cause — ne peut aboutir qu'à la destruction de l'individu. Et l'on admettra bien qu'il ne peut exister d'individualisme sans l'individu. Ces trois catégories ainsi conçues ne peuvent même pas, en effet, assurer le développement en force et en puissance d'un seul individu aux dépens de tous les autres, ce qui, à tout prendre, serait le suprême de ce prétendu individualisme. L'indépendance économique, juridique et morale des individus vis-à-vis les uns des autres ne pourrait, cela est l'évidence même, qu'hostiliser, dissocier et finalement détruire tous les individus. Ils ne vivent, tels que nous les connaissons, que par l'état de société; un retour à l'isolement, qui d'ailleurs ne serait jamais absolu, mais simplement un retour au primitif couple temporaire, donnerait le signal de la disparition de l'espèce humaine devant des sociétés animales mieux organisées. On l'a dit maintes fois : le jour où nous cesserions d'être les animaux les mieux organisés en société, nous céderions fatalement l'empire du globe aux abeilles, aux fourmis et aux castors.

L'individualisme métaphysique, absolu, n'est donc pas concevable. Destructeur de l'individu, il est la négation même de l'individualisme. L'accord de ses catégories ne peut être tenté sans faire éclater leur contradiction à tous les regards. Mais si l'on entend l'individualisme dans un sens tout relatif, si l'on tient compte que l'individu est un produit de l'hérédité et du milieu, qu'il est un être social et sociable, la contradiction disparaît entre les catégories et on les voit se prêter un mutuel appui, non pour détruire l'individu, mais pour accroître les moyens de jouissance et de développement de l'individu. Mais, alors, ce n'est plus l'individualisme tel qu'on l'entend communément; cet individualisme-là ne peut plus être opposé à une conception sociale dont le but est d'assurer aux individus en société leurs moyens de jouissance et de développement.

En somme, disons-nous bien que l'individu est un but et la société un moyen. Nul individu, en effet, ne peut se réaliser pleinement sans elle, et c'est d'elle que nous tirons tout ce qui nous fait attacher un prix à l'existence. Les plus grands, les plus illustres d'entre nous, que sont-ils ? Leur valeur intrinsèque et absolue importe fort peu aux êtres qui ne vivent pas dans la société dont ils sont, ou ne procèdent pas d'elle par héritage ou contact direct ou indirect. Ils ne sont pas plus, au regard d'un habitant de Mars, qu'un diamant entre les pattes d'un crapaud. Ils ne valent que par l'utilité qu'ils ont pour nous ou par l'estime que nous faisons de cette utilité.

Et comment, et par quoi sont-ils grands et nous apparaissent-ils tels ? Parce qu'ils sont au sommet d'une pyramide où chacun de nous, morts et vivants, a apporté sa pierre. Leur piédestal, qui les grandit à nos yeux, est fait de millions d'efforts, de pensées et de recherches anonymes ou signées ; et les plus hautes gloires sont parfois celles qui ont cimenté de plus de larmes et de plus de sang le plus formidable ossuaire humain. Que fait l'enfant qui veut hausser sa taille ? Il monte sur une chaise et crie à son père : — Regarde comme je suis grand ! — Oui, répond le père, tu es grand, grâce à l'ébéniste qui a fait la chaise et au rempailleur qui l'a recouverte. Le général victorieux se hisse sur un monceau de cadavres, tous les peuples l'aperçoivent et l'acclament. Sa propre stature l'eût laissé inaperçu dans la foule. Un savant, un philosophe nourrit son cerveau de la pensée des âges disparus, il en élimine les parties mortes, il y ajoute les pensées que les actions de ses contemporains sagacement observées lui suggèrent et, du haut de ce monument intellectuel auquel il n'a ajouté qu'une toute petite pierre, il dresse sa taille chétive et s'offre à l'applaudissement. Mais l'humble maître d'école perdu dans la foule peut dire : Si je ne lui avais pas appris à lire, que serait-il ? Et le pauvre artisan illettré qui peine de l'aube à la nuit close peut répondre au magister : Mon travail lui a donné ce loisir qui le grandit au-dessus de nous tous.

II. — L'INDIVIDU ET SON BIEN

I. — Si l'individu est un but, et la société un moyen, l'individu n'est donc pas fait pour la société, mais la société pour l'individu. Par elle, et par elle seule, il assure et accroît son action sur les choses, et sans elle il serait infiniment misérable. Il serait dans l'état le plus réduit et le plus précaire, mais enfin il serait. La société n'a donc de réalité que par les individus qui la composent. A l'extrême rigueur, on peut concevoir l'individu humain hors de l'état de société, mais il est impossible de concevoir une société sans individus. Assimiler la société à un organisme, à un corps vivant, n'a donc pas été une opération absolument déraisonnable. De même, en effet, que l'organisme humain se compose de cellules qui continuent à vivre individuellement quand la mort de l'individu les a dissociées, de même les individus humains, les cellules sociales, pourraient survivre tant bien que mal à la mort de la société.

Mais c'est la seule analogie qu'il soit possible d'établir entre l'individu et la société ; et, si l'on essaie de forcer cette analogie pour établir une identité complète ou même approximative, on est exposé à des mécomptes sans nombre, dont le plus grave est de se faire une idée inexacte de la société et de ses fonctions au regard de l'individu. La conséquence de cette erreur est fatalement une incapacité radicale dans le sens que les individus doivent donner au développement de la société considéré comme moyen de leur propre développement.

Nous devons d'abord considérer que la cellule, dans les sciences naturelles, est une hypothèse dernière ; seul l'organisme complet qu'elle est censée constituer est réel et indiscutable comme une réalité. Considérés comme des cellules sociales, les individus sont, au contraire, réels, indiscutables comme une réalité, la société étant une sorte d'hypothèse dernière, une convention de l'esprit, un être de raison dont tout le monde parle, au nom de qui tout le monde parle, et que tout le monde prétend définir, selon les vues particulières de chacun. Or, si l'on peut dire : la société est une collection d'individus, on ne peut pas dire : l'homme est une collection de cellules. Non que cette seconde définition soit inexacte, à tenir pour vraie la théorie cellulaire, mais parce qu'elle est incomplète, l'homme étant autre chose qu'une collection de cellules, tandis que la société n'est pas autre chose qu'une collection d'individus humains.

Car enfin, pour tant que la science nous détache de nous-mêmes et nous amène à une conception objective des phénomènes, il existe dans les matières qui nous occupent un véritable subjectivisme humain, puisque c'est finalement à nous que se rapporte toute observation scientifique, si désintéressée soit-elle. C'est nous qui sommes, à notre propre regard, et les phénomènes ne nous intéressent que par leur relation avec nous-mêmes. Les cellules dont se compose notre organisme intéressent le physiologiste et le philosophe non pas en elles-mêmes et pour elles-mêmes, mais parce que leur réunion constitue l'individu que nous sommes. C'est donc lui que nous avons en vue quand nous nous occupons d'elles, et nous ne leur accordons une réalité que parce qu'elles servent à constituer notre propre identité. Quand notre mort les dissocie, nous nous inquiétons fort peu de ce qu'elles deviennent individuellement ; elles ont cessé de nous intéresser.

Inversement, dans ce qu'on appelle, à tort, l'organisme-société, les cellules que sont censément les individus humains nous intéressent seules, et nous ne nous occupons de la société que parce qu'elle est une réunion d'individus, et que ces individus c'est nous-mêmes. Que la société meure, et chaque individu séparé de ses semblables n'en continuera pas moins de s'occuper de soi. Il se pourrait que la cellule fût un être autonome et pensant. Il se pourrait que la société eût également de tels attributs et facultés. Cela fût-il, nous ne pouvons en avoir cure. Nous savons que nous sommes, nous, des êtres autonomes et pensants, et de cela surtout, et seulement, nous nous soucions. La cellule, en effet, n'existe pour nous que parce que nous existons et qu'elle est censée constituer notre individualité. La société, de même, n'existe pour nous que parce que nous existons et qu'elle est la réunion de nos individualités particulières. C'est donc à nous, à l'individu humain que tout se rapporte : la société comme la cellule. Lorsque, par la nutrition, la médication, l'hygiène, nous maintenons l'association harmonique de nos cellules, ce n'est pas pour elles, mais pour nous, pour que notre individu soit bien portant. De même, lorsque nous protégeons la société contre les causes de destruction intérieure ou extérieure, lorsque nous la perfectionnons par le moyen des lois, ce n'est pas pour elle, mais pour nous, pour que chaque individu soit plus libre et plus heureux.

D'autre part, nous ignorons quel est le but particulier des cellules dont se compose notre organisme. Nous supposons qu'elles obéissent mécaniquement à la loi de tout être vivant, qui est de persister et d'agir dans le meilleur sens afin de persister. Mais, en somme, ces buts particuliers nous sont absolument indifférents s'ils ne sont pas liés à notre propre but, qui est également de persister et d'agir dans ce sens. Que demain une théorie nouvelle détruise la théorie qui a fait naître la cellule dans notre esprit, et la fasse rentrer dans le néant, cela ne nous ôtera rien de notre sérénité, parce que cela n'enlèvera rien à notre individu, que nous sentirons toujours à sa place et au grand complet, parce que nous nous sentirons vivre tout de même. Avant l'existence de la théorie qui a fait surgir la cellule dans notre entendement, nous vivions tout de même, tout comme vivent aujourd'hui les millions d'individus qui n'ont jamais entendu parler de cette théorie. Même s'il nous était démontré que, loin de ne pas exister, la cellule manifeste son existence propre par une volonté autonome, cela ne nous empêcherait pas d'exister et d'avoir notre individualité propre, se manifestant par une volonté personnelle. Que si notre volonté personnelle était déclarée une addition de ces volontés cellulaires, c'est-à-dire le résultat d'un scrutin à la majorité de notre république cellulaire, cela n'ôterait rien à notre déterminisme conscient; même, à mieux connaître les déterminantes de notre volonté, nous nous sentirions plus libres, et c'est finalement au profit de notre volonté que nos cellules auraient exercé la leur.

De son côté, la société n'a pas de buts propres, particuliers et conscients, en tant qu'être en soi. Mais en eût-elle, fût-elle non un être de raison, mais un être réel, autonome, poursuivant ses fins particulières, c'est toujours à nous que nous rapporterions et la société et ses fins. Si, au lieu d'être un mécanisme mû par nos volontés plus ou moins conscientes et nos mains plus ou moins habiles, elle était un organisme aux fins particulières duquel nous serions involontairement associés, tous nos efforts conscients ne tendraient aux fins sociales qu'autant qu'elles seraient dans le sens de nos propres fins. Mais, par l'impossibilité logique qui apparaît d'une contradiction entre les fins sociales et l'ensemble des fins individuelles, on voit tout de suite que la société est faite pour l'individu, et non l'individu pour la société. De même, si elle existe, la cellule est faite pour l'individu, et non l'individu pour la cellule. Celle-ci peut avoir une existence propre, et même consciente : le total de ces consciences cellulaires devient notre propre conscience. La société peut également avoir une existence propre, une conscience particulière : c'est le total de nos existences et de nos consciences individuelles. En dernière analyse, c'est donc à l'individu que tout se rapporte. Quand il améliore ses cellules, c'est lui-même qu'il améliore. Quand il agit sur la société, c'est sur lui-même qu'il agit. Il est à lui-même son propre but : les cellules et leurs combinaisons, la société et ses institutions sont ses moyens. Mieux il connaît ces moyens, et mieux il les utilise, et c'est à lui-même qu'il rapporte tout. Il ne saura jamais, sans doute, s'il sert à quelque chose dans le vaste plan de l'univers, ni quelle place il y occupe. Mais tout ce qui sera à sa portée lui sera moyen pour persister et pour se développer.

II. — Que l'individu erre ou soit dans la bonne direction, c'est toujours la recherche de son bien qui conduit ses pas, et tout ce qui se trouve à portée de sa main ou de son entendement lui est indifférent s'il ne semble servir à lui procurer ce bien, soit d'une manière positive, soit en lui épargnant une peine. Quand nous le voyons, dans le monde antique, multiplier les rites et les sacrifices propitiatoires ; s'asservir avec la plus extrême minutie aux formalités d'un culte dont les dieux sont d'autant plus exigeants qu'ils sont nombreux et tout proches de l'homme ; vivre dans l'angoisse d'avoir, par une négligence involontaire, éveillé la colère d'une puissance occulte qui veut sa part d'hommages, — nous comprenons qu'Épicure, fils d'une devineresse et conjuratrice, ait pris en pitié cette servitude et tenté d'en libérer l'esprit humain. Mais ce n'est point par amour pour les dieux que l'homme antique liait sa pensée et ses gestes à mille entraves et consentait de ruineuses hécatombes. Par amour pour lui-même, au monde extérieur dont il divinisait, faute de la connaître, la puissance bienfaisante et malfaisante, il demandait de lui accorder le bien et de lui épargner la souffrance. Sans aller jusqu'au fond de nos campagnes, où survit si fortement cet état d'esprit, ne voyons-nous pas autour de nous des gens imprégnés de la culture moderne faire des offrandes au saint qui assure le succès aux examens, à celui qui fait retrouver les objets perdus ou à telle vierge qui guérit les malades ? En dépit des généreux efforts de quelques grands mystiques pour élever l'humanité à la conception de l'amour désintéressé, en dépit des exhortations verbales du catéchisme, démenties d'ailleurs par les pratiques mêmes du prêtre qui l'enseigne, l'immense masse des croyants n'agit que pour s'attirer les faveurs du dieu ou pour conjurer ses colères.

Toujours l'espérance et la crainte ont été le fond solide de l'émotion religieuse, qui n'a jamais existé en soi que dans quelques cœurs d'élite et qui ne subsiste dans la plupart des consciences que par les promesses de félicité et les menaces de tourments non seulement extra-terrestres mais temporels qui la fondèrent et la font persister. Quand tel général romain refusait d'engager la bataille, malgré tous les avantages qui s'offraient à lui, et s'exposait à être défait par une manœuvre de l'ennemi, et cela parce que le vol des oiseaux n'avait pas été favorable, c'est qu'il considérait une bataille perdue comme moins dommageable qu'une désobéissance aux dieux. Même quand il sacrifiait son armée, sa propre gloire et son intérêt personnel, il n'accomplissait pas un acte de piété pure et désintéressée. Entre la défaite et la colère des dieux, il choisissait le moindre mal, car il était persuadé que les pires maux sont le partage de l'impie. C'est que, si l'homme peut se tromper sur ce qui lui est utile ou nuisible, jamais il ne préfère ce qu'il croit nuisible à ce qu'il croit utile. Bien loin de faire exception à cette règle, les religions en sont l'éclatante justification, et l'on peut dire qu'elles sont, en dépit ou plutôt à cause des sacrifices personnels qu'elles exigent, les plus utilitaires des institutions humaines.

Trouver son bien, éviter sa peine, ce qui est tout un, le bien n'étant le plus communément que l'absence de peine, voilà, pour l'individu, non l'unique secret, mais le secret essentiel. Et si nous pénétrons le second secret, si bien mis en lumière par Guyau, si nous voyons l'individu, homme ou animal, accomplir spontanément des actes désintéressés qui vont jusqu'au sacrifice absolu sans qu'un calcul des valeurs intervienne, c'est que l'individu n'est pas un être absolument autonome et que l'espèce, avec ses instincts généraux de conservation collective, vit en lui, à son insu, d'une vie active et permanente.

D'ailleurs, nul individu ne peut chercher son bien en lui-même et le tirer de son propre fonds. Il est autonome en un certain sens, mais il n'existe et il ne constate son autonomie personnelle que par son contact et sa relation avec ce qui l'entoure, choses et individus. Sans eux, il serait un point dans le vide, un point qui s'ignorerait. Il est bien son propre but à lui-même, les choses et les gens ne sont bien pour lui que des moyens ; mais c'est précisément parce que ces choses et ces individus existent comme moyens et qu'ainsi leurs actions et réactions sont en contact, par conflit ou par accord, avec ses actions et réactions propres, qu'il peut réaliser ce but, qui est lui-même. Et les choses, comme les individus, ne sont pas seulement hors de lui, mais encore en lui, comme idées et comme réalités. Le monde extérieur n'est même en lui comme idée que lorsqu'il a appris à se connaître et à pénétrer quelque peu l'univers ; tandis qu'il est en lui, comme réalité de toute origine, par les caractères ethniques que lui donne son habitat et par les caractères moraux que lui donnent les ancêtres qui survivent en lui.

Le second secret découvert par Darwin et précisé par Guyau, qui l'a définitivement introduit dans la philosophie, le secret de sympathie pour ses semblables est donc au plus profond de l'individu. La psychologie sommaire des métaphysiciens ne pouvait évidemment l'y découvrir, et il y eût sommeillé encore longtemps sans la bienfaisante intervention des naturalistes. Il ne s'oppose pas, bien au contraire, à ce que l'individu cherche surtout et avant tout son bien, se considère comme son propre but et ne considère ses semblables que comme ses propres moyens. Dans l'incessant échange qu'est la vie de relation, et nulle autre forme de la vie n'est concevable, chaque individu sent bien qu'il est lui-même, et c'est à lui-même qu'il songe à travers les autres individus. Il développe consciemment sa sympathie envers eux en raison du bien qu'il y trouvera, et son antipathie est à la mesure du mal qu'il en redoute. Il peut se tromper dans ses sympathies et dans ses antipathies, de même qu'il peut errer dans la recherche de son bien et s'empoisonner avec des fruits vénéneux en croyant se nourrir; mais jamais on ne le voit aller volontairement contre son but, qui est lui-même, dans toutes les conditions par lesquelles il se conserve, se préserve et s'accroît.

L'individu vit donc essentiellement pour soi, mais il ne vit pas par soi, puisque ce n'est pas en lui-même qu'il trouve les conditions de sa vie. Même l'attitude ironiquement contemplative du vieux garçon qui prétend vivre en philosophe ne réalise pas la vie autonome déclarée si excellente par les théoriciens littéraires de l'égoïsme. Si purement intellectuelle qu'elle soit, si complètement détachée qu'elle soit des agitations mondaines et politiques, des affections, des souffrances et des pitiés qui nous opposent ou nous associent dans l'immense mêlée humaine, cette attitude n'est qu'une attitude, et non une règle de vie. Passons sur le vilain rôle que joue celui qui la prend, en se laissant nourrir, vêtir et abriter par des gens qu'il honore de son mépris transcendant : l'individu étant son propre but, et le reste de l'univers, choses et gens, n'étant que les moyens par lesquels il se réalise, se développe et persiste, on peut admettre, pour un instant, que l'égoïste se satisfasse à tout recevoir et à ne rien donner. Tant que les autres individus consentent, par ignorance, à lui donner tout ce qui lui permet d'être, et à ne rien recevoir en échange, que son mépris, c'est une affaire entre eux et lui. Bien ou mal, chacun d'eux conçoit ainsi son propre bien ; c'est assurément une des nombreuses erreurs où nous tombons dans la recherche de notre bien, mais peu importe pour le moment.

Mais la vie intellectuelle de cet égoïste n'est-elle pas formée, comme tout le reste, des morts qui sont en lui et des vivants qui sont autour de lui? Sa contemplation ironique n'emprunte-t-elle pas uniquement sa valeur à l'instrument intérieur que lui ont donné les morts et aux objets que lui fournissent les vivants? — Soit, dira-t-il. Cela encore je le reçois avec la même sérénité dédaigneuse que le vivre et le couvert. Par ce côté encore, le monde extérieur m'appartient sans réciprocité. Les choses et les individus me sont des moyens, à moi qui, comme chaque individu, suis mon propre but, et je me refuse à être un moyen pour les autres individus ; pour ce qui est des choses, je me garde d'elles de mon mieux en limitant mes besoins au plus strict nécessaire. De la sorte, le monde extérieur me donne gratis le spectacle. Il n'a qu'un moyen d'échapper à ma peu bienveillante observation : c'est de disparaître ; je l'en défie bien. En vain, on me menacera de me priver des joies positives qui sont le lot de ceux qui entrent en sympathie avec lui. Ces joies n'existent pas pour moi, et je les tiens pour une duperie sentimentale : elles compliquent la vie et y introduisent des tourments supérieurs en intensité à ces joies elles-mêmes.

L'erreur de cet égoïste, qui se prend pour un individualiste, vient de ce qu'il s'imagine que toute différence est une supériorité. Il n'est pas semblable aux autres hommes, donc il leur est supérieur. Il ne leur a rien donné et a tout reçu d'eux, donc il est le plus riche. Il oublie seulement ceci : que si la différence est un des caractères de la supériorité, elle est aussi un des caractères de l'infériorité. Pour ce qui est de sa richesse, qu'il daigne en faire un loyal inventaire, et il sera terrifié de sa pauvreté. Il croit nous avoir tout pris, et le voilà réduit à recevoir l'aumône de notre pitié. Il croit nous avoir dépouillés, et c'est lui-même qui s'est dépouillé de tous les moyens de jouir et de comprendre. La suprême richesse de ce pauvre fou est une suprême détresse. Pour avoir méconnu la joie qu'il y a à se répandre, à se donner, à se prodiguer, il s'est finalement refermé sur lui-même. Ce n'est pas lui qui a conquis sur nous, mais nous qui avons conquis sur lui. Nous avons mis en culture un terrain qui s'est étendu autour de lui à mesure que lui-même se diminuait. Il croyait nous posséder en esprit, et il en est arrivé à tout ignorer de nous. Car il ne possède que des apparences dans ce qu'elles ont de plus étroitement subjectif. Il nous aperçoit à travers le miroir faussé de sa conscience réduite et, quand il croit railler nos imperfections, c'est de sa propre difformité qu'il rit. Il nous emprunte nos aspirations à l'idéal et, son réalisme inférieur l'empêchant de comprendre nos efforts pour nous en rapprocher, c'est sa propre impuissance qu'il diffame en nous. Il est condamné à ne nous connaître que par nos aspects animaux les plus inférieurs et les plus laids, et sa prétendue science sans illusions ne se repaît que du spectacle incomplet de quelques-unes de nos actions, car elle est devenue incapable d'en apercevoir la cohésion et d'en discerner le sens. Il ressemble à un maniaque qui passerait ses soirées dans les coulisses d'un théâtre, qui ne verrait du spectacle que des acteurs anxieux avant leur entrée et suants à leur sortie, et qui n'entendrait, à travers les toiles closes, que le bruit des applaudissements et des sifflets. Un tel spectateur en saurait moins, sur la pièce qui se joue, que le pompier de service.

C'est en vain, d'ailleurs, que notre égoïste croit échapper à la loi de l'universel échange. Non seulement, croyant nous frustrer, il se frustre aussi sûrement que l'avare qui meurt de faim sur son trésor inutile, mais encore il nous rend malgré lui plus qu'il ne nous a pris, si peu qu'il nous ait pris. Il croit que nous lui donnons un spectacle, et c'est lui qui nous le donne. Il est un repoussoir social, un ilote philosophique, et il sert, quoi qu'il en ait, à notre enseignement. Comme on l'ignorerait, s'il ne prenait le soin de s'exposer lui-même à nos regards, c'est lui qui se charge de nous étaler sa propre misère. En outre du profit que la littérature en retire, car les œuvres subjectives sont toujours les plus littéraires, nous le surprenons en flagrant délit d'échange avec le monde extérieur. En sorte qu'il ne peut affirmer même son égoïsme qu'en le niant.

III. — Nous cherchons tous notre bien individuel, mais il ne se trouve pas toujours où nous le cherchons. A cette divergence dans notre recherche s'en ajoute une autre : mon bien individuel n'est pas le même que celui de mon voisin. La première divergence peut disparaître : il suffit que chacun cherche son bien où il se trouve. C'est vers ce but que tendent les progrès de la connaissance de nous-mêmes et du monde extérieur. Mais si la part d'erreur diminue à mesure que nous connaissons mieux les choses et que nous nous rendons plus aptes à les utiliser comme moyens, nous n'en différons pas moins d'une manière irréductible sur ce qui est notre propre bien ; et cette seconde divergence, à l'inverse de la première, s'accroît en raison de notre connaissance des choses et de notre pouvoir sur elles.

La connaissance des choses est donc, en tout cas, l'instrument de notre bien, mais elle n'est pas en elle-même notre bien. Cet instrument, on l'appelle proprement la science. Considérée comme instrument nécessaire de notre bien, elle est déclarée elle-même un bien par l'universalité des hommes, même par ceux qui, sans le savoir et naturellement sans le vouloir, lui tournent le dos. Si, en effet, les théocrates s'opposent à la connaissance du monde réel, ce n'est point par mépris de la science en soi ; convaincus qu'ils possèdent des vérités plus hautes, plus générales, plus éternelles, ils méprisent la pauvre science humaine si fragmentaire, si pleine de lacunes, et qui n'ose pas donner le mot de l'univers. Au nom de la science divine qui leur fut révélée par celui qui, à leur sens, est la source même de toute connaissance, ils ne peuvent que prendre en pitié les tâtonnements de la science humaine. Ils croient éternel le divin, et transitoire l'humain. La science humaine ne peut donc, selon eux, durer plus que ceux qui l'inventèrent.

Mais, encore une fois, ce n'est pas la connaissance elle-même que les théocrates déprécient. Ils ne le pourraient, d'ailleurs : à aucun moment de l'histoire, leur pouvoir n'a été fondé sur la force. Ils ont asservi et employé la force, certes, mais toujours au nom de l'idée. Et la force ne s'est mise à leur service que précisément parce qu'ils étaient armés d'une idée acceptée de l'immense majorité des individus. Cette idée était que les prêtres possédaient la vérité éternelle, et que cette vérité était supérieure aux transitoires connaissances arrachées par des individus transitoires à un univers matériel destiné à disparaître. Toujours l'idée a mené les hommes, et non la force, qui ne fut qu'un moyen de l'idée. Si la force s'est toujours rangée du côté du savoir divin contre le savoir humain, c'est que la force a sa source dans la multitude elle-même. Et, jusqu'à présent, la multitude qui crée la force et la subit n'a guère eu les moyens de développer et d'exercer les facultés d'observation et de raisonnement sans lesquelles nul individu ne peut s'élever à la connaissance du réel.

Il est si vrai que l'idée est elle-même une force, ainsi que l'a magistralement démontré M. Fouillée, que la connaissance peut être notre propre bien, et non pas l'instrument de notre bien ; et de la sorte nous pouvons être amenés à lui sacrifier les autres biens. Ainsi, en ce moment où j'écris, mon jeune fils m'appelle de la pièce à côté et m'invite à courir avec lui dans le jardin. C'est une joie positive qu'il m'offre, et dont je jouirais avec délices, car je suis père et le temps est exquis. Pourtant, je gronde à travers la cloison pour faire cesser ses appels qui me sont opportuns. Une satisfaction plus grande, plus impérieuse, me sollicite : ma tâche quotidienne me tient ; elle n'est cependant qu'un fragment infinitésimal de l'œuvre de toute ma vie, et, pour la faire, demain vaudra aujourd'hui. Sans compter que, peut-être, il pleuvra demain, et qu'alors je regretterai de n'avoir pas profité du beau temps qu'il fait aujourd'hui. N'importe, mon plaisir actuel me tient, avec ses sueurs d'angoisse et ses minutes de désespérance, et la petite voix chérie qui me caresse si délicieusement d'ordinaire m'est, pour l'instant on ne peut plus désagréable. J'ai peut-être tort, et mon œuvre est peut-être aussi inutile que celle de mon voisin qui passe ses vacances à tourner des ronds de serviette et autres petites horreurs en bois. Je ferais peut-être mieux d'aller prendre et donner de la joie puérile et saine sous le tiède soleil ; mais je ne peux pas plus lâcher mon manuscrit que le voisin son tour et sa scie à découper. Je colore mon plaisir d'un prétexte de devoir : mais, pour tant que j'aime l'espèce, dont je suis, et que je désire amoindrir ses erreurs et ses maux, je sens que c'est mon propre bien que je poursuis dans cette chasse obstinée aux vérités. Si, par impossible, elles devaient être mortelles à mes semblables, je ne m'en acharnerais pas moins à les chercher et à les produire. Et cependant, à mesure que je possède en esprit une part croissante de l'univers, je m'intéresse davantage aux destinées des autres hommes, et je les aime mieux et plus à mesure que je les connais davantage. Mais je le sens : c'est à travers moi-même que je les aime, et c'est à moi, autant qu'à eux, que je fais le sacrifice d'un plaisir. Et, songeant à cela, je me remets à mon travail en soupirant du regret de me découvrir inférieur aux simples qui suivent sans réfléchir l'instinct de l'espèce et lui sacrifient sans hésitation non un plaisir, mais la source de tout plaisir, c'est-à-dire leur vie même.

La connaissance peut donc devenir, pour certains, un bien en soi et être pour ceux-là un objet de préférence. Sans doute, ils pourront errer dans l'avenir comme ils ont erré dans le passé, mais il faut constater que les risques d'erreur deviennent moins grands et moins nombreux : nous avons vu en effet la connaissance divine et générale modifier ses formules et reculer ses explications dans la mesure même où la connaissance humaine et analytique conquérait une à une quelques parcelles de l'univers et nous donnait quelques notions positives d'ensemble. Ces notions étaient assurément réduites et modestes, au regard des vastes et superbes constructions théologiques, mais elles étaient aussi incomparablement plus solides. Nulle vérité scientifique, et il n'en est méritant ce titre que si elles reposent sur l'observation ou l'expérience, ne se perd ni ne se transforme une fois acquise à notre entendement. En sorte que c'est la science divine, ou révélée, qui est transitoire et relative, tandis que la science humaine, acquise par l'observation et l'expérience, est éternelle et absolue. C'est par elle seule que, selon l'expression de Descartes, nous pouvons nous rendre « maîtres et possesseurs de la nature ».

Après cette digression dont je m'excuse auprès du lecteur, nous voici revenus à la connaissance considérée comme moyen de nous procurer notre bien. Mais qu'est-ce que notre bien, à chacun de nous ? Mon bien n'est pas le vôtre, à vous qui me lisez, ni le vôtre celui du passant. Tel se suicidera si sa femme le quitte, et tel autre s'écriera : Bon débarras ! Tel ambitionnera les emplois et les honneurs, et tel autre fuira les agitations de la vie publique. Cela est vrai, mais cependant un besoin essentiel, qui nous est commun à tous, nous fait, à des degrés divers, rechercher une satisfaction que nous sommes unanimes à considérer comme un bien. Nous sommes tous soumis à la faim, et manger est pour tous un bien, le bien fondamental auquel on ne peut renoncer qu'en renonçant à la vie. L'ambition et l'amour peuvent nous faire divers et inégaux, mais la faim nous égale tous les uns aux autres. Nous pouvons nous passer du savoir, nous pouvons le nier comme bien en soi ou même comme moyen de nous procurer notre bien ; mais nous ne pouvons renoncer à manger. Voilà donc un point commun et qui peut nous accorder, quelles que soient par ailleurs les caractères individuels qui nous font si profondément différents les uns des autres.

La question alimentaire est donc fondamentale pour tout individu. La résoudre est le premier bien, sans lequel les autres ne peuvent pas exister. Pour une certaine quantité d'individus, ce bien est si complètement et si abondamment réalisé, qu'ils ne peuvent pas même s'apercevoir de son existence et que c'est grâce à sa réalisation qu'ils peuvent en désirer d'autres et avoir le loisir de les poursuivre. Mais de ce que, chez eux, l'action de se procurer la nourriture est devenue un véritable réflexe, comme le mouvement automatique des cils qui protège nos yeux contre les poussières sans que nous nous en apercevions, on ne peut pas plus prétendre que, pour ceux-là, le bien fondamental n'existe pas, qu'on ne peut déclarer inutiles ces cils protecteurs. Pour ceux-là, comme pour les plus misérables qui sont obligés de quêter au jour le jour une pitance insuffisante, manger est le bien fondamental. Il n'y a pas entre les uns et les autres une différence de qualité : ils jouissent de ce bien à des degrés différents, mais nul d'entre eux ne s'y soustrait. Pour les uns, il est le principal et même l'unique bien. Pour les autres, il disparait sous d'autres biens par l'abondance et la sécurité ; mais ces biens ne seraient rien sans ce bien essentiel.

Si l'individu trouve son bien fondamental dans l'acte de nutrition, l'espèce trouve le sien dans l'acte de reproduction. Celui-ci n'est pas aussi nécessaire pour l'individu que celui-là. On ne peut se passer de manger sans subir l'inévitable sanction naturelle, tandis qu'à la rigueur on peut se passer de se reproduire. Il n'empêche que ce besoin, après celui de manger, est le plus général et que les individus qui y échappent peuvent être considérés comme exceptionnels. Comme dans l'acte de nutrition, la nature a placé le plaisir dans l'acte de reproduction, non pour tendre un piège à l'individu, comme le prétendait Schopenhauer, et le contraindre à perpétuer l'espèce, mais parce que, le bien étant par définition dernière l'absence de toute souffrance, toute satisfaction d'un besoin est un bien, puisqu'elle supprime la souffrance qui est dans le désir. Si le besoin de se reproduire est moins absolu et moins permanent que celui de se nourrir, l'espèce parle assez haut en chaque individu pour qu'il en poursuive la satisfaction à travers tous les obstacles et la considère comme le plus grand bien. Mais il tombe sous le sens que si le bien de manger est un bien tout individuel et sans lequel l'individu ne serait pas, le bien de se reproduire est un bien social que le plaisir individualise : si ce bien fait défaut, l'individu vivra tout de même sa vie, une vie à coup sûr anormale, incomplète dans l'espace et dans la durée ; mais, somme toute, il vivra. Seule, l'espèce périra. Or, comme on ne peut concevoir l'individu hors de l'espèce, ni comme un être se perpétuant par longévité dans l'infinie durée des mondes, se reproduire est réellement un bien pour l'individu autant que pour l'espèce.

Comment, dans l'état de société, ces biens : manger, se reproduire, sont-ils mis à la portée de chaque individu ? C'est ce que nous avons à examiner.

III. — LA LUTTE ET LA COOPÉRATION

I. — Pour la possession des biens dont la recherche fait tous les individus spécifiquement identiques, l'homme doit vaincre les forces extérieures hostiles, subir ou éviter des hasards ou des fatalités qu'il nomme ainsi faute de connaître les lois phénoménales. Mais comme il ne vit point seul, il lui faut compter avec et sur ses semblables, qui lui sont à la fois des concurrents et des auxiliaires. Dès les plus lointaines origines, toute relation entre les individus est une coopération ou une lutte, parfois les deux ensemble. La lutte pour l'existence est une loi qui se vérifie dans notre espèce comme dans toutes les espèces organisées. Mais elle n'est pas l'unique loi qui préside aux mouvements humains, individuels et collectifs. Ici encore, et surtout, nous trouvons le second secret. Si les primitifs contemporains dont les voyageurs et les ethnographes nous décrivent les mœurs sont bien, à peu de chose près, semblables à ce que nous fûmes aux époques préhistoriques, — et tout nous autorise à le croire —, nous apercevons que la coopération pour l'existence est aussi ancienne, aussi organique, que la lutte pour l'existence.

Dans la coopération comme dans la lutte, l'individu ne sent, puis ne voit, qu'un moyen de s'éviter le mal et de se procurer le bien. Tout comme dans la coopération temporaire des primitifs pour une expédition de chasse ou de guerre, les coopérations permanentes modernes de nos civilisés sont des synthèses d'antagonismes individuels résolus en harmonie. On peut dire, en parlant des formes les plus inférieures de la coopération, celles qu'on observe dans toutes les sociétés animales, qu'elles sont les gestes de l'espèce reproduits à l'état de réflexe en chacun des individus qui la composent. De même, qu'il s'agisse des formes les plus inférieures de la lutte, c'est-à-dire de l'acte du sauvage qui dévore son semblable ou du moderne *struggler* qui le dévalise sans faire crier les lois, c'est l'individu, par réflexe ou par réflexion, qui accomplit le geste par lequel il se conserve à l'état d'individu.

Comment la coopération peut-elle contenir la lutte, être la synthèse harmonique des antagonismes? Précisément parce qu'il ne peut y avoir lutte ou coopération qu'entre individus poursuivant des biens identiques. Ce n'est point pour leur ravir les pâturages que les carnassiers font la chasse aux herbivores. Et si l'on voit ceux-ci guerroyer entre eux pour la possession de ce bien qui leur est également cher, on les voit aussi coopérer pour le défendre contre un autre troupeau, qui convoite également ce bien, ou pour défendre leur propre chair contre la dent des carnassiers. Les herbivores et les carnassiers ne se combattraient point s'ils n'étaient en proie à un besoin identique, qui est celui de la nutrition. Mais, ici, ce besoin, identique au fond, est différent dans ses moyens de satisfaction : les herbivores ne mangent pas de chair, ni les carnassiers d'herbe. Il y aura donc lutte entre eux, offensive de la part des seconds, défensive de la part des premiers. Mais il n'y aura jamais coopération entre les deux espèces, parce que, s'il y a identité entre elles devant le besoin de nutrition, il n'y a pas identité dans les moyens de le satisfaire. Il n'y a donc lutte à la fois offensive et défensive qu'entre individus d'une même espèce ou entre espèces recherchant leur bien dans les mêmes objets. Et c'est seulement parmi ces individus dans l'espèce, ou entre ces espèces identifiées par la recherche d'un bien commun, que la lutte peut se résoudre en coopération et que, même, on peut y voir la coopération exister d'une manière aussi organique que la lutte individuelle. On ne peut pas dire, en effet, qu'il y a antagonisme entre les loups et les moutons. On n'a jamais vu les moutons disputer aux loups leur proie, mais seulement se disputer eux-mêmes, en tant que proie, à la dent des loups. On voit au contraire les loups se manger entre eux, et les moutons se battre pour un pâturage ou pour la possession d'une femelle. Il n'y a donc antagonisme réel qu'entre semblables, de même que seulement entre semblables il peut y avoir coopération.

Mais dans toute coopération, il y a lutte. Non pas seulement lutte extérieure, c'est-à-dire d'une collectivité contre une autre ou contre des forces naturelles, mais encore intérieure, c'est-à-dire entre membres de la collectivité fortuite ou permanente. A la guerre, certains généraux s'abstiendront de porter secours à leurs collègues afin d'infliger à ceux-ci la honte d'un échec, une telle abstention dût-elle mettre l'armée en péril. De même, certains jeunes officiers verront sans trop de chagrin la mort organiser leur propre avancement en fauchant les rangs des officiers plus élevés en grade. Il n'en va pas autrement dans les formes de coopération plus pacifiques : les ouvriers d'un même atelier, attachés à une tâche commune, luttent entre eux de vitesse et d'habileté dans l'espérance, trop souvent déçue, qu'un salaire plus élevé sera la récompense des vainqueurs. Chacun, en quelque coopération que ce soit, ne voit l'œuvre commune qu'à travers soi-même. La preuve en est fournie par les communautés religieuses, où il semble que, par le vœu d'obéissance, les membres individuels se soient absolument renoncés. Or, c'est dans ces coopérations prétendues idéales qu'on voit les luttes d'ambition atteindre leur plus haut degré d'intensité. Ces luttes nous montrent assez clairement que, même et surtout dans ces communautés, chacun cherche sa propre élévation. L'orgueil sacerdotal, surtout dans les pays où la religion a conservé tout son empire, prouve jusqu'à l'évidence que l'individu cherche plutôt à se réaliser par la communauté qu'à la réaliser par son propre renoncement. Et c'est là le véritable ressort, celui qui fait si puissantes ces communautés. Réduites aux seuls membres qui se renoncent réellement et absolument pour elles, leur disparition ne serait qu'une question de jours.

Pour les besoins de sa thèse égoïstique, Max Stirner a protesté avec sa véhémente ironie contre l'abnégation de l'homme s'effaçant devant l'idée, qu'elle soit divine ou humaine. La protestation porte à faux, et c'est plutôt le contraire qui est vrai. Ce que l'homme voit, dans le divin tout comme dans l'humain, c'est lui-même ; et quand il se sacrifie à l'idée divine ou humaine, pour peu qu'il délibère un instant, c'est à lui-même que, gribouille sublime, il se sacrifie. Examinons un peu cela, car la chose en vaut la peine.

II. — On peut dire, en paraphrasant le célèbre mot de Pascal, que, si un peu de conscience éloigne de l'humain, beaucoup de conscience y ramène. Sous l'impulsion d'un sentiment très vif, tel que l'enthousiasme collectif, l'individu s'abolit dans l'espèce et consent à son propre sacrifice sans l'ombre d'une hésitation. Ce n'est pas lui qui agit, mais l'espèce, et elle agit avec toute la violence d'un instinct et toute l'inconscience d'un réflexe. Pour peu que sa conscience individuelle puisse se dégager de l'instinct, il y aura hésitation, délibération. Il se dira sûrement alors : Après tout, je suis bien sot d'aller me faire tuer pour les autres ou pour une idée qui n'existe peut-être que dans mon cerveau.

Mais si sa conscience individuelle se complète, s'il incorpore en lui l'espèce, ou simplement la collectivité réduite, dont il est, il peut lui devenir intolérable de ne pas se sacrifier à ce qu'il considère comme le bien commun. Il ira alors, d'un propos délibéré, au sacrifice que sa conscience lui aura représenté comme nécessaire à l'espèce ou à la collectivité. Mais, en réalité, c'est à lui-même qu'il se sera sacrifié ; il n'aura pas pu faire autrement, comme dit Guyau, que d'obéir à son propre besoin d'harmonie en mettant d'accord sa pensée et ses actes. Prétendra-t-on qu'un tel homme s'est fabriqué les idoles auxquelles il se sacrifie ? Il faudra d'abord prouver que c'est lui qui a créé la collectivité, et toutes les idées qui y sont attachées. Or, il est prouvé que c'est le contraire qui a lieu. Il faudra prouver ensuite que l'individu peut être soi en dehors de l'espèce. Et l'on verra que s'il prétend se tenir en dehors, il n'est plus qu'un pauvre être amputé de tout ce qui donne à l'existence individuelle son véritable prix, un misérable animal réduit à ne communiquer avec l'univers que par son tube digestif.

L'individu dont la conscience est faite de la plus grande part d'univers sait que les luttes auxquelles il participe ou se livre, qu'elles soient collectives ou individuelles, sont une partie intégrante de la coopération générale : non seulement parce que toute lutte a pour fin un accord, comme toute guerre a la paix pour objet, mais encore parce que toute lutte est essentiellement, fondamentalement, une coopération. Il ne peut lutter pour conserver et accroître son intégrité physique et mentale que s'il est armé des forces héréditaires qu'un milieu antérieur forma et lui transmit. Il est donc associé à ses ancêtres et aux ancêtres mêmes de ceux contre qui il lutte, comme eux-mêmes sont associés aux leurs et aux siens propres. Il est également armé des forces que le milieu actuel met à sa disposition, et ces forces sont incessamment créées par ceux-là mêmes contre qui il lutte, de même qu'il concourt à en créer qu'ils utilisent pour lutter contre lui. Nous sommes donc tous en coopération continue dans le temps et dans l'espace, quelles que soient nos mutuelles actions et réactions individuelles et collectives dans cette coopération générale.

Ce n'est pas davantage dans la lutte pour la vie sexuelle que l'individu peut prétendre trouver en lui-même, et seulement en lui-même, les moyens de s'assurer la victoire. Il lutte contre ses rivaux et aussi contre les résistances que lui oppose celle qu'il désire. La fin de toute lutte, en amour comme partout ailleurs, c'est l'accord. Il est certain que lorsque l'individu amoureux a vaincu ses rivaux, il y a accord entre eux, mais non coopération. Ils tirent chacun de leur côté, et, selon leur caractère ou leur tempérament, ils se résignent ou cherchent ailleurs leur revanche amoureuse. Mais l'amant qui a triomphé des résistances de celle qu'il aime, résout la lutte en accord, en coopération avec elle.

Par qui donc aura-t-il été secondé dans sa victoire ? Avec fatuité il répondra qu'il ne la doit qu'à lui-même. Or, si on l'approfondit un peu, cette expression : être aimé pour soi-même, ne signifie rien du tout. Les morts et les vivants coopèrent à la victoire sexuelle comme à toutes les autres. Les caractères physiques, intellectuels et moraux de l'individu qui lutte pour l'amour lui procurent la victoire parce qu'ils sont précisément conformes à un type social communément adopté, ce type social étant constitué par les éléments mêmes de la sociabilité d'une époque et d'un milieu déterminés. De ceux qui possèdent ces caractères, donnés par les morts et les vivants, par l'hérédité et l'éducation, on dit qu'ils sont aimés pour eux-mêmes. Il serait infiniment plus exact de dire qu'ils sont aimés en raison de leur harmonie avec le milieu social et moral et la sensibilité particulière de la société dont ils sont. Les fades petits marquis du temps de Louis XIV auraient fort peu de succès, je ne dis pas auprès des épaisses campagnardes de notre temps, et de tous les temps, qui tiennent pour marques d'amour des bourrades à vous démettre l'épaule et des pinçons à vous laisser des bleus sur la peau pour des semaines, mais auprès de nos mondaines, qui exigent l'affectation du scepticisme le plus désabusé, et qu'on n'intéresse qu'à la condition de paraître se désintéresser de tout et d'elles-mêmes.

Observons encore que la lutte pour l'amour est fondamentalement une coopération, surtout lorsque l'individu qui recherche réunit en sa personne les conditions qui lui permettent d'espérer la victoire. Il a pour alliée sa propre ennemie, en qui agissent les morts et les vivants. Quand ils ont cessé de se combattre en elle, elle n'a plus qu'à se rendre et à jouir délicieusement de sa défaite.

Si toute lutte a pour origine une coopération, surtout dans nos sociétés civilisées, toute lutte aboutit finalement à une coopération consciente ou non, volontaire ou non. Le vendeur et l'acheteur, même quand ils sont au plus fort de leur débat, font acte de coopération. C'est parce qu'ils ont besoin l'un de l'autre qu'ils s'opposent, et ils ne s'opposent que pour mieux s'accorder, ou plutôt pour tirer de l'inévitable et nécessaire accord final le meilleur bien ou le moindre mal. Il n'est pas jusqu'aux rapports de maître et d'esclave, de seigneur et de serf, qui n'aient revêtu, fondamentalement, les caractères simultanés de la lutte et de la coopération. Le salariat, qui est la forme dernière et atténuée des antiques servitudes personnelles, permet, quand on l'observe de près, de constater la simultanéité de la lutte et de l'accord. Les patrons et les ouvriers luttent, les premiers pour le plus grand profit et les seconds pour le plus fort salaire. Mais si une crise ruine les premiers, les seconds sont en péril de famine ; et si aux seconds il est laissé seulement des moyens de consommation inférieurs au stock de production, les premiers voient surgir le spectre de la faillite dans leurs magasins encombrés. Les conditions mêmes de la lutte établissent entre eux une solidarité générale, parce que cette lutte est en même temps une coopération. Cette coopération est basée sur l'injustice, sur le droit du plus fort, c'est-à-dire du plus riche. Elle est imposée, et non consentie. Ceux qui l'imposent cherchent leur propre bien, et non celui du public. Ceux qui la subissent s'y résignent, parce que, pour eux, il n'est de pain que moyennant travail. Qu'ils tissent des étoffes ou bâtissent des maisons, ni les uns ni les autres n'ont pour but de servir le public, mais de se procurer le bien ou de s'éviter la souffrance. Et, néanmoins, le public profite de leur effort. Comme, en somme, le public, c'est l'ensemble des individus à la fois producteurs et consommateurs, on peut être certain qu'à la coopération inconsciente, faite de luttes aveugles, succédera de plus en plus la coopération consciente, dans laquelle chaque individu poursuivra son bien propre dans le bien de chacun des individus avec lesquels il coopère.

IV. — INDIVIDUALISME ET COOPÉRATION

I. — Partout l'individu est limité, contenu et soutenu par l'individu, et ils sont les uns aux autres comme les pierres d'un même édifice. Mais les hommes ne sont pas des pierres, ils ne se juxtaposent point passivement pour donner à l'édifice son unité, son harmonie et son utilité. Les pierres sont réunies en vue de l'édifice, tandis que les hommes ne le sont pas en vue de la société, mais utilisent la société pour leur bien propre. Quand le mortier et le ciment les ont réunies, les pierres disparaissent dans le bloc monumental : Nul mortier politique, nul ciment religieux n'en peut faire autant des individus sociaux. Ils s'opposent, individuellement et par groupes, dans l'harmonie générale, et, par cette harmonie générale, ils s'opposent aux forces naturelles pour les vaincre et les utiliser. Dans toutes les manifestations de son être, et même par la lutte pour l'existence contre ses semblables, l'individu est donc en échange, en accord, en coopération avec l'individu. De même, dans sa lutte contre les forces naturelles, l'espèce victorieuse ne modifie pas en réalité ces forces ni ne les supprime, mais, les connaissant mieux, elle les évite ou les neutralise en ce qu'elles ont de nuisible et les emploie en ce qu'elles ont d'utile.

Quand un individu oblige un autre individu à coopérer avec lui, comme il arrive dans les relations de maître à esclave, le bénéfice initial et essentiel est évidemment pour le premier. Si le second profite de cette coopération imposée, c'est seulement d'une manière subsidiaire et indirecte. Le maître ne nourrit régulièrement l'esclave que pour tirer de lui un travail régulièrement productif. Et pourtant, arraché de force à la famine endémique et épidémique par un maître que guide uniquement son propre intérêt, l'esclave sort du cycle de sauvagerie pour entrer dans le cycle barbare. Il est soustrait à l'indépendance oisive qui faisait de lui l'esclave des choses, jouet des éléments et proie des fauves ; il est entré dans l'interdépendance humaine par la porte basse, mais il y est entré et n'en sortira plus. Il se tient encore, dans une posture humiliée, près de la porte ; mais déjà la chaleur du foyer réchauffe ses membres, et bientôt il s'en rapprochera, devenu l'égal des fils de son maître. Bientôt, c'est-à-dire au bout de longs siècles dont chacun lui apportera un droit, une clarté, c'est-à-dire un moyen de liberté.

Certes, à l'origine, bien que nourri chaque jour, abrité des intempéries et protégé contre la dent des fauves, l'esclave regrette sa précaire indépendance. C'est sous le fouet qu'il apprend le travail, et il déteste autant le travail que le fouet. Mais son fils, né dans la case, commence à prendre conscience de son droit de cité : et si on lui en ouvre la porte, il ne la franchira pas pour retourner au désert, mais pour aller sur la place publique réclamer et obtenir son droit de citoyen.

Donc, si inférieures qu'elles soient, les formes serviles de la coopération n'en sont pas moins de la coopération. Le maître est nourri par le travail de l'esclave, mais l'esclave, au contact du maître, acquiert des biens propres dont il voudra jouir de plus en plus complètement. Soustrait à l'arbitraire de la nature et placé sous l'arbitraire de l'individu, l'individu travaille à dégager son propre droit et, finalement, la loi succède à l'arbitraire et l'élimine.

Que ce soit par conflit ou par coopération, l'individu est en contact avec les individus sur tous les points par lesquels il se manifeste. Sans ce contact, je l'ai dit et je le répète, il ne serait pas. Ainsi que le disait Fichte, si le non-moi n'existait pas, le moi n'existerait pas davantage. Puisqu'il n'y a pas de conflit sans coopération, et inversement, et qu'on voit se résoudre finalement tout conflit en accord, imposé d'abord par le fort au faible, puis délibéré et consenti entre égaux, il se conçoit que, plus un individu a de points de contact, par conflit ou par coopération, avec les autres individus, et plus il est un individu complet. L'individu qui n'aurait de rapports avec ses semblables que pour satisfaire de la manière la plus rudimentaire ses besoins de nutrition et de reproduction serait, dans notre état actuel de civilisation, un individu singulièrement incomplet.

Laissons à la métaphysique du pessimisme la vaine recherche de savoir s'il ne vaudrait pas mieux limiter les besoins, tout besoin étant une souffrance qui ne cesse que par sa satisfaction. Contentons-nous d'observer, en passant, que si le pessimisme pratique avait prévalu, notre espèce n'eût jamais été en état de produire des individus susceptibles de philosopher sur ce point, ni sur tout autre plus utile à l'espèce. Nous constatons un phénomène général, que nous n'avons pas déterminé dans le passé : l'aptitude continue de notre espèce à multiplier les biens de chaque individu par une connaissance plus précise de l'univers et par une coopération plus générale et plus diverse des individus. Nous ne pouvons donc, en l'état actuel, nous diriger consciemment dans un sens inverse sans créer aux individus, par la privation des biens actuellement acquis, des souffrances mille fois plus grandes que celles qui les attendent pour la conquête des biens présents et futurs. Vivre est, par exemple, le premier bien ; sauf, naturellement, pour le philosophe pessimiste. Or, il me suffit de savoir que, dans l'état sauvage, où les besoins et leurs satisfactions sont réduits au minimum, la vie moyenne est de quinze à seize ans et que, dans l'état de civilisation, elle est de trente à cinquante ans, selon le degré de richesse des individus. Donc, indépendamment des biens autres que la vie elle-même, dès que je sais cela, je préfère vivre en civilisé, et en civilisé riche plutôt qu'en civilisé pauvre. Travaillons donc à nous faire tous riches, afin de vivre le plus longtemps possible, puisqu'il se trouve que la vie la plus longue est aussi celle où l'individu trouve les satisfactions les plus variées et les plus complètes.

Dans l'état de civilisation où nous sommes, l'individu a des besoins nombreux, et chacun d'eux tend à se satisfaire, cette satisfaction étant un bien positif. Mais chacun de ces biens est entre les mains, en réalité ou en puissance, des autres individus, à qui il les faut arracher ou acheter. Les arracher, c'est s'exposer à se faire arracher ceux qu'on possède, et la vie avec, bien essentiel et primordial, sans lequel nul bien ne serait. Pour acheter, il faut pouvoir payer. On ne va pas au marché sans argent ni marchandises. Or, toute la vie nous allons au marché, nous vendons et nous achetons. Naturellement, plus nous sommes riches, et plus nous tenons de place sur le marché, plus nos échanges sont actifs et multiples. Notre individualité est donc d'autant plus complète qu'elle participe plus activement et plus diversement à l'universel échange.

Mais si nous savons très bien en quoi consiste la richesse de l'individu, nous semblons ne pas savoir aussi bien d'où elle lui vient. Cette richesse est-elle son œuvre propre, absolument personnelle? Non. Elle est un héritage accru par les acquêts de la communauté. S'il peut vivre de la vie la plus complète et la plus épanouie, si même il est devenu apte à la vivre, c'est aux morts et aux vivants qu'il le doit. Certainement, les premiers pas dans la voie des acquisitions ont été on ne peut plus douloureux pour le plus grand nombre. Quand l'esclave apprend à travailler sous la menace du fouet, il jette plus d'un regard de regret vers le désert où une incertaine proie lui coûtait mille peines, mais où il n'était point battu ni astreint à un effort régulier. Les individus qui l'astreignent au travail lui font horreur, et il se désespère d'être forcé de travailler à leur profit. Il a raison, d'ailleurs, de ne leur savoir aucun gré de cette coopération forcée, car c'est leur propre bien qu'ils poursuivent, et non le sien. Il n'est entre leurs mains qu'un moyen, et s'ils lui abandonnent une poignée de la farine qu'il a moulue, c'est pour s'assurer le profit de sa tâche du lendemain.

On peut en dire autant du salariat. L'organisation capitaliste moderne, tout en multipliant le nombre des produits de l'industrie, n'a pas réduit le nombre des ouvriers, au contraire. Les non-propriétaires et les petits propriétaires des campagnes renoncent volontiers à l'existence réduite et précaire qui leur est faite au village. Ils ne vont pas dans les manufactures et les usines par amour du travail régulier, souvent pénible et parfois malsain, mais parce que la propriété des uns ne suffit pas à satisfaire leurs besoins et parce que l'existence des autres est trop incertaine. Quantité de ces derniers vivent de corvées temporaires et, s'ils ont des enfants, sont forcés de les envoyer quêter leur pain aux portes des bonnes gens. Aussi, dès que, dans une région agricole, une usine s'ouvre, on les voit affluer, désireux d'échanger leur pauvre indépendance contre la servitude industrielle. Et, contemplant cet empressement, l'usinier verse de douces larmes sur sa philanthropie qui assure un morceau de pain à ces misérables humains. Et, quand ils l'ont enrichi et porté aux honneurs publics, il les croit encore ses obligés. Aussi quand ils s'aperçoivent que, dans le marché, ils ont donné plus qu'ils n'ont reçu, et qu'ils réclament un salaire correspondant à leurs besoins nouveaux, le bon maître lève les bras au ciel et proclame qu'il a nourri des ingrats. Si, pourtant, il a pu passer avec eux un marché qu'il n'eût point consenti s'il n'y avait pas trouvé son avantage, c'est qu'eux-mêmes y ont trouvé leur intérêt propre. Ils ont apprécié la supériorité du travail régulier et appliqué sur les efforts vingt fois plus grands qu'il leur fallait faire pour prendre au piège, à travers mille dangers, un incertain lapin de garenne.

Nul être, en somme, ne se refuse à l'effort proprement dit. L'exercice musculaire et cérébral est une fonction organique à laquelle répugnent seuls les infirmes. Dans les sociétés de primitifs où la nature laisse pendre ou traîner ses dons à la portée de toutes les mains, le besoin organique d'activité se satisfait par des jeux et des danses, des récits et des chants. Aux lieux où la nature moins généreuse cache ses dons et contraint les hommes à les chercher, le travail est énorme, mais déréglé. L'imprévoyance, faite d'ignorance, augmente encore la somme des efforts inutiles. Dans nos sociétés civilisées, on met en pratique la théorie du moindre effort, non pour diminuer la somme totale de l'activité humaine, mais pour en tirer des satisfactions plus complètes et plus variées. Et quand nous tentons de réduire l'effort musculaire au minimum d'intensité et de durée, ce n'est pas pour nous reposer, mais pour satisfaire nos besoins d'activité cérébrale, qui deviennent plus impérieux à mesure que nous diminuons la part de notre activité musculaire en nous faisant suppléer par des machines.

Le travail ne prend donc sa pleine valeur que dans la coopération. C'est seulement par elle qu'on obtient le plus de résultats moyennant le moindre effort, et conséquemment que l'on augmente et multiplie les satisfactions que chaque individu recherche. Cela est d'une évidence telle qu'il suffirait de l'affirmer. Il est non moins évident que, s'il suit son intérêt, l'individu conscient de la valeur de son effort ne voudra plus coopérer à la manière de l'esclave et du salarié. Il acceptera d'être un moyen pour les autres individus, à la condition qu'ils lui soient un moyen équivalent, un moyen direct et non subsidiaire. Et comme il n'est d'autre mode concevable de l'activité humaine que par coopération, le jour où le nombre des individus conscients de la valeur de leur effort sera suffisant, la coopération volontaire, basée sur l'équité, succédera à la coopération obligatoire, où les uns donnent et les autres reçoivent. Dans cette forme dernière de la coopération, les satisfactions de l'individu seront à la mesure de ses efforts. Son être sera par conséquent impressionné agréablement sur un plus grand nombre de points : il aura donc la jouissance en toute quiétude, — et la quiétude elle aussi est un bien, — d'un plus grand nombre de biens. Dira-t-on que la coopération l'a désindividualisé ? Ce serait comme si l'on disait qu'un coureur est bien plus agile quand on lui a coupé les deux jambes. C'est au contraire grâce aux possibilités multipliées de satisfaire ses besoins, ses goûts, ses caprices même, qu'on reconnaît l'individu libre, et c'est précisément par la faculté de choisir entre des biens divers qu'il affirme sa liberté. Plus la coopération sera étendue parmi les hommes, plus chacun d'eux aura multiplié ses moyens d'échange de tout ordre avec ses semblables, et plus s'accroîtront les variétés et les différenciations qui peuvent assurer à chacun sa personnalité propre. L'individu libre n'est pas le pauvre hère qui trotte dans la brousse en quête de quelques vermisseaux, et redoute son semblable qui serait un concurrent, mais l'homme complet doué de tous les biens que procure la civilisation, et qui cependant mourrait misérablement de détresse si son semblable disparaissait.

II. — Il nous faut continuer à dire des vérités de M. de la Palisse, puisque c'est le seul moyen d'arriver aux vérités que le célèbre fabricant de truismes ignora. Une de ces vérités les plus solidement établies est que, dans l'ordre social, c'est-à-dire dans l'ordre humain, puisque l'homme est un individu social, le progrès se caractérise par le passage de l'inorganisé à l'organisé et de l'inconscient au conscient.

Autre évidence, indiquée déjà, mais sur laquelle je dois revenir pour y insister : tout contact entre les hommes se manifestant par la lutte ou par la coopération, ou plutôt par la lutte et par la coopération, plus les contacts se multiplient et plus se multiplient les motifs de conflit et aussi d'accord. Les hommes ne luttent ou ne s'accordent que dans la poursuite de biens qui leur sont communs. De même que, dans la basse-cour, le chien de garde ne dispute pas leur provende aux poules, dans la mêlée humaine chaque individu ne considère l'individu comme un obstacle ou un moyen qu'en tant que tous deux poursuivent un bien commun. Or, il est des biens qui ne sont pas communs à tous les individus. Si un naufrage faisait échouer sur leur côte désolée un de ces merveilleux morceaux de marbre qu'anime le ciseau de Rodin, on n'imagine pas que deux Fuégiens entrassent en querelle pour la possession de cet objet d'art.

Une charogne de poisson, voilà qui les ferait se battre à mort, si elle n'était pas assez grosse pour satisfaire la gloutonnerie des deux affamés ; et ils mettraient dans leur lutte plus d'acharnement que n'en mettent dans les enchères les riches amateurs, plus souvent mus par la vanité que par l'amour du beau.

Si, parmi les primitifs, les points de contact, et par conséquent les motifs de lutte et de coopération, sont peu nombreux et s'ils se limitent à peu près à la quête de la nourriture et à la possession des femmes, ils en sont d'autant plus aigus. Outre que ces besoins sont d'autant plus impérieux qu'ils sont peu nombreux et tiennent par conséquent une plus grande place dans les préoccupations de l'individu, ils sont aussi beaucoup plus difficiles à satisfaire que dans les sociétés plus complètement organisées. Sans aller chercher des exemples parmi les misérables peuplades où végète l'individu humain, nous n'avons qu'à considérer ce qui se passe dans les sociétés très réduites comme besoins et comme satisfactions que sont encore quantité de minuscules groupes agricoles dans nos pays civilisés. N'est-ce point dans ces groupes que sont commis d'effroyables viols par de malheureuses brutes humaines qui ne trouvent guère d'autre moyen de satisfaire le besoin génésique ? Dans nos cités populeuses, le besoin est peut-être davantage excité par cent causes artificielles, et la brute humaine s'y rencontre tout comme au village ; mais le relâchement général des mœurs y produit des consentements qui n'obligent pas aussi fréquemment ces brutes à recourir au viol.

Dira-t-on que le primitif, ayant avec son semblable des points de contact moins nombreux, est plus individuel et plus autonome que le civilisé ? L'ethnographie a fait justice de cette opinion que les moralistes et les critiques sociaux du xviiie siècle avaient avancée. Nul aujourd'hui ne s'attarde plus à ces moyens de polémique, employés alors comme d'ingénieux paradoxes destinés à souligner les imperfections d'une civilisation où les fonctions parasites, donc inutiles et dangereuses, faisaient d'autant plus scandale que la conscience générale s'éclairait davantage. On ne peut plus vanter aujourd'hui les vertus du primitif, ni son bonheur. On sait à peu près exactement ce que vaut ce pauvre animal humain, qui possède juste l'intelligence et la moralité réduites de son milieu si peu favorable au développement de la culture intellectuelle et morale, et qui est si étroitement asservi aux besoins les plus rudimentaires et les plus impérieux de l'individu et de l'espèce.

Il n'y a donc rien de moins individuel et de moins original que le sauvage. Son humanité rudimentaire, si imparfaitement dégagée des caractères communs aux autres espèces animales, le fait semblable sous toutes les latitudes, et il y a moins de différence entre un primitif du pôle Nord et un primitif de l'Équateur qu'entre deux frères dans une famille européenne douée de quelque culture et pourvue de quelque aisance. Or, il est incontestable que l'individu se manifeste et s'affirme par ses différences avec les autres individus, et c'est à la possibilité de satisfaire des besoins nombreux et variés que se mesure la liberté de l'individu. Soumis à un petit nombre de besoins, réduits à un petit nombre de moyens de les satisfaire, uniformisés par l'identité de ces besoins et de ces moyens, et conséquemment par l'identité des sentiments et des idées qui les expriment et en résultent, les primitifs sont nécessairement les moins individuels et les moins libres de tous les hommes.

Il n'est rien de plus misérable que l'individu qui se suffit à lui-même, ou plutôt, — car un tel individu n'existe pas, — qui a limité au minimum, volontairement ou non, son contact et ses échanges avec ses semblables. Il cultive son champ avec d'imparfaits instruments fabriqués de ses mains, il bâtit sa maison et la couvre du chaume de ses blés, il cuit son pain et la seule machine que lui ait fournie l'industrie des autres hommes est l'alambic qui lui permettra de se soûler de l'eau-de-vie qu'un triste privilège légal lui permet de distiller. Il ignore tout de l'univers, et s'abrutit dans son isolement. Son vocabulaire est aussi réduit que ses pensées, et ses pensées sont à la mesure de ses actions ; elles se répètent sans critique, tout comme ses gestes se répètent dans leur routine. Voilà l'individu autonome, l'homme libre idéal, qui ne participe à la vie de l'univers que par le boire et le manger, et dont l'esprit est asservi à l'erreur comme le corps au labeur.

Comparez son sort à celui de son riche voisin, pour qui les architectes ont construit maison de ville et maison de campagne commodes et spacieuses. Grâce à la coopération sociale, où la part du lion lui a été faite par ses aïeux ou par lui-même, ses revenus le font jouir de la vie par tous les pores. Les arts le récréent, et, s'il a quelque noblesse, il les favorise ; l'industrie l'enrichit, et, s'il a quelque intelligence, il la perfectionne, concourant ainsi à l'enrichissement général. Il prend de l'univers tout ce qu'un individu peut se procurer de jouissances. Il vit véritablement d'une vie supérieure, d'une vie sociale. Et si, dans un moment de spleen amené par la satiété, qui n'est que l'impuissance de jouir ou l'incapacité de choisir la meilleure jouissance, — et les plus élevées, les plus intellectuelles déçoivent et fatiguent le moins, — si, dans cet état, il se surprend à envier l'existence sauvage de son rustique voisin, il ne doit s'en prendre à personne, sinon au chétif et maladroit instrument de jouissance qu'il est lui-même.

J'ai dit plus haut que, même lorsqu'ils luttent, les individus coopèrent. Il me faut ajouter que plus l'état de civilisation est avancé, et plus les individus prennent conscience du caractère de coopération qui est au fond de toute lutte, et aussi du caractère de lutte interne que contient toute coopération. Dès que cet état conscient est suscité en l'individu, il produit ses résultats : La lutte se réglemente ; elle reçoit ou se donne des lois. La guerre elle-même, qui est la forme la plus primitive et la plus aiguë de la lutte, obéit à des lois, dont nulle nation civilisée ne peut s'écarter, sauf quand elle lutte contre des nations non civilisées, auxquelles elle applique leurs propres procédés avec une reviviscente férocité; et cela parce qu'elle n'en attend aucune autre réciprocité. Dans cette forme inférieure de la lutte qu'est la guerre, la moralité générale ne joue qu'un faible rôle. Par son caractère même, la guerre favorise chez les civilisés un retour aux brutalités ancestrales. Elles sont contenues, dans les conflits entre nations civilisées, non pas tant par l'ensemble des acquisitions morales que par la crainte d'un traitement réciproque. Comme le traitement le plus cruel est certain de la part des non-civilisés, les civilisés leur appliquent la cruelle réciprocité sans le moindre scrupule ; et parfois ils prennent les devants avec un entrain véritablement humiliant pour notre titre de civilisés. Il est certain qu'en ces matières, le sentiment de réciprocité est plus fort que les agents de moralité ; aussi, dans les guerres civiles, l'extermination des vaincus est la règle pratiquée généralement dans les pays civilisés, l'insurgé n'étant pas considéré comme un belligérant.

La lutte ne se réglementant que pour limiter ses effets meurtriers, les lois qu'elle subit la font nécessairement évoluer en concurrence et s'achever en concours. C'est là le processus inévitable de toutes les formes de la lutte et, de même qu'on ne fait la guerre qu'en vue de la paix, la lutte ne s'organise que pour établir finalement l'accord. Aussi, sans dépouiller le caractère interne individuel que nous avons constaté dans un chapitre précédent, sans que cesse la concurrence entre ceux qui se sont associés pour la lutte, elle tend de plus en plus à l'organisation et à la coopération. Quand ceux qui coopèrent pour lutter sont arrivés au plus haut degré connu d'organisation, ils prennent individuellement conscience de leur action propre dans la lutte, du but qu'ils poursuivent en commun, des avantages particuliers qu'en recevra chacun d'eux, et aussi de la situation réelle de l'adversaire individuel ou collectif.

Parfois, l'individu soumis à la loi de la lutte a des intérêts communs avec son adversaire, ce qui les oblige tous deux à circonscrire le champ de la lutte, pour le ménagement de ces intérêts communs. Entre les collectivités en lutte, le progrès général multiplie les points de contact, mais aussi les points d'accord, et l'on voit nécessairement se réduire les causes de conflit en quantité et en intensité. Chacun, dans les deux camps, pose des conditions et des limites au concours qu'il donne à ses coopérants ; ainsi s'éclairent à mesure les intérêts, les sentiments et les idées ; si bien qu'on peut prévoir la résolution des conflits collectifs en accords multiples et enchevêtrés dont sera fait, finalement, le tissu de la coopération générale.

C'est donc en se développant comme individu que l'homme social utilise le mieux la collectivité à ses fins personnelles. Et c'est donc aussi en coopérant le plus complètement, et dans tous les modes de son activité physique, mentale et morale, que l'homme social acquiert une individualité plus complète et plus libre. On ne peut donc pas dire que la coopération étendue à tous les actes humains multiplie les liens par lesquels sont enchaînés les individus. Il est cependant nécessaire d'indiquer que la coopération inconsciente, involontaire et obligatoire transforme en servitudes les rapports établis par elle. Mais, dès qu'elle devient consciente, volontaire et librement organisée, la coopération devient l'unique moyen de libération et d'extension de l'individu. Chaque individu a dès lors tous les autres individus pour moyens dans la recherche de son bien ; et d'être lui-même un des moyens par lesquels ils recherchent leur bien, est encore un bien pour lui.

III. — Dans les formes primitives, inférieures et inconscientes de la coopération, l'individu est bien un moyen pour l'individu, mais sans réciprocité. Quand elle commence à apparaître, d'une manière indirecte et précaire, cette réciprocité est, comme nous l'avons vu, aussi involontaire chez ceux qui l'accordent que peu appréciée de ceux qui la reçoivent : le bœuf nous doit-il de la reconnaissance pour le soin que nous prenons de le diriger vers les meilleurs pâturages ! Est-ce pour le faire jouir de la vie par les côtés qu'il est le plus à même d'apprécier que nous lui procurons une nourriture saine et abondante ! La coopération primitive ne connaît que des fins partielles et brèves, et elle n'a nul souci des fins générales dans le temps et dans l'espace.

D'autre part, se connaissant aussi peu et aussi mal qu'il connaît le monde extérieur, choses et gens, l'individu ne peut avoir la notion exacte de sa liberté propre, fût-il parmi ceux qui, dans la coopération, reçoivent plus qu'ils ne donnent. Même si, dans la cité, il appartient à la classe dominante, il ne peut songer à demander à la collectivité des moyens d'activité personnelle, des libertés, dont il n'éprouve pas le besoin et qu'il ne peut pas même concevoir. C'est pourquoi l'on voit, dans les sociétés antiques, la cité se subordonner aussi étroitement et aussi complètement l'individu. Cela nous apparaît très clairement, quand nous considérons que Socrate fut mis à mort pour un délit d'opinion au moment culminant de la civilisation athénienne ; et nous nous rendons ainsi un compte exact du faible degré d'individualisme intellectuel et moral atteint par le peuple le plus industrieux et le plus policé de l'époque.

L'individualisme dans les idées et dans les sentiments est toujours une conséquence de l'individualisation des phénomènes de notre activité, de nos rapports entre nous et avec les choses. Il se conçoit donc qu'en Grèce l'individualisme économique ait précédé l'individualisme mental. Cette vue nous permet de concilier, sans les diminuer, la conception matérialiste et la conception idéaliste de l'histoire, et de donner raison à Karl Marx sans donner tort à Fustel de Coulanges. Il n'y a en effet nulle contradiction entre le commencement de libéralisme économique né des spécialisations industrielles et le reste de tyrannie morale et civique qui frappe Socrate pour avoir donné à son enseignement un caractère non conformiste. Il faut d'abord bien se dire que ce libéralisme, cet individualisme économique, ne ressemblait que de très loin à ce qu'on a vu se développer sous ce nom à travers les xviiie et xixe siècles de notre ère. On n'exagère rien en disant qu'il y avait en Attique dix esclaves pour un citoyen. Par conséquent, la grande masse des travaux manuels était accomplie par des mains serviles ; car, bien certainement, cinq citoyens à peine sur dix s'y livraient eux-mêmes, et parmi ceux-ci faut-il compter les petits propriétaires qui vivaient de la culture de leurs vignes et de leurs oliviers. Il y avait donc bien des potiers, des tisserands, des cultivateurs libres, produisant pour l'échange ; mais la plus grande quantité des producteurs industriels et agricoles étaient des esclaves : seuls, étaient libres, économiquement, les maîtres de ces esclaves, les artisans et les petits propriétaires agricoles. Mais leur liberté ne ressemblait pas du tout à ce qu'on entend par là dans la société moderne. Des corporations encadraient les producteurs individuels et réglementaient leur production. Le commerce de l'Attique, si actif et en apparence si libre, était réglementé très étroitement.

Ensuite, et surtout, tous les gestes de l'individu, dans le monde antique, étaient dominés et dirigés par les dieux. La religion était étroitement mêlée à tous les actes de la vie civile et privée. L'ensemble des forces inconnues divinisées écrasait les hommes en raison de leur ignorance de la nature de ces forces et des lois qui les déterminent. Il y avait bien des philosophes, mais point d'hérétiques, et les esprits les plus affranchis n'osaient point se dispenser de faire les politesses obligées aux dieux. Dans la céleste hiérarchie, les hommes mesuraient leurs hommages à la puissance du dieu, et, comme les dévots de notre temps, ils se vouaient plus particulièrement au culte de telle ou telle divinité ; mais ils étaient en somme égaux et identiques dans l'asservissement mental le plus complet aux forces inconnues divinisées. Et quand on voit les comiques grecs railler la gloutonnerie d'Hercule, il ne faut pas pour cela croire à l'irréligion des foules, mais plutôt se souvenir qu'Hercule n'était en somme qu'un demi-dieu, et que ses défauts, qui faisaient tant rire les spectateurs, étaient les signes mêmes de l'humanité qui était en lui.

On comprend sans peine que l'ignorance des lois naturelles et la divinisation des phénomènes nous fasse nécessairement identiques, en dépit d'apparentes diversités. Chrysès adore Neptune et Polémon voue un culte plus spécial à Mars. Il n'y a pas entre Chrysès et Polémon de différence essentielle : dans un but identique, ils rendent un culte égal, sinon semblable dans la forme, aux forces qu'il s'agit pour eux de neutraliser ou de se rendre favorables. Cette commune soumission à des forces différentes, mais également tyranniques, ne peut donc les différencier, conséquemment les individualiser. Tout au plus Chrysès doutera-t-il de la puissance de Mars, et Polémon contestera-t-il celle de Neptune. Les individus entraineront bien les dieux dans leurs querelles, mais nul n'ira au combat sans avoir fait tout le possible pour s'assurer le concours de sa divinité particulière. Et cela encore fait identiques et égaux tous les individus, et par conséquent impersonnels.

Osera-t-on prétendre que l'évidence scientifique contraint, elle aussi, à être identiques et égaux devant elle ceux qui s'y soumettent, et qu'un Pasteur, un Berthelot ne sont pas plus libres devant la science qu'un Chrysès et un Polémon devant leurs dieux respectifs ? Absolument et au regard de l'universel déterminisme, oui. Mais relativement et dans la mesure de ce que l'homme peut sur lui-même et sur l'univers, non. Et, véritablement, pour nous qui sommes, qui savons que nous sommes, sinon ce que nous sommes, et qui tirons notre plus grand bien de notre plus complète action sur nous-mêmes et sur les choses, c'est ce relatif qui est l'absolu, notre absolu.

Ceux qui connaissent tout ce qu'on peut connaître des lois de l'univers, s'y soumettent et s'y adaptent tout comme le croyant antique se soumettait et s'adaptait à la volonté des dieux. Mais, pour tant qu'il prétendit connaitre ses dieux et par sa ferveur être bien vu d'eux, le croyant n'était pas leur maître. Il leur demandait bien des grâces et croyait bien en recevoir, mais nous savons qu'il n'en était rien et que d'autres lois que la volonté des dieux présidaient à la distribution de ces biens.

Quiconque, au contraire, connaît aussi bien que possible la nature des phénomènes et les lois qui les déterminent parvient à dominer ces phénomènes, non en les détruisant ou en s'y opposant, mais en les utilisant pour son propre bien. La dévotion de Chrysès à Neptune ne lui épargnera pas un naufrage si le temps est mauvais et si la barque est fragile ; car, de tout temps, la barque bien gréée de l'incroyant, obéissant aux lois physiques, a plus de chances d'arriver au port que la mauvaise carcasse vouée à tous les dieux de l'Olympe ou bénite au nom de tous les saints du Paradis. En effet, si les dieux ont des caprices ou des distractions, les lois physiques n'en ont pas. Devant l'arbitraire divin, tous les hommes, les meilleurs et les pires, sont égaux et impersonnels. Saint Antoine de Padoue peut refuser au pape de lui faire retrouver les sommes qui lui ont été volées ; la Vierge de Lourdes peut refuser la guérison au plus ardent de ses fidèles ; saint Corentin, insulté et fouaillé par les pêcheurs bretons, peut leur refuser le vent favorable : aucun de ces croyants n'a le droit de se plaindre ou d'alléguer ses mérites personnels. Devant la fatalité des lois de l'univers, au contraire, les hommes se sentent individuels et libres à la mesure de leur connaissance de ces lois. Ils tirent des phénomènes dont ils ont observé les lois tout ce qui est à leur convenance et en évitent tout ce qui peut leur nuire ; ce choix peut se diversifier à l'infini des combinaisons de ces phénomènes reconnus, classés et disciplinés par le savoir humain.

Partout où ces lois sont ignorées, partout où ce qu'on en connaît est subordonné à l'arbitraire divin et surnaturel, partout où la tradition s'oppose à la connaissance, l'individu est subordonné à la communauté. Il n'existe réellement que par elle et surtout pour elle. Tous ses actes sont réglés par l'opinion commune, qu'il est forcé de partager sous peine d'être retranché de la communauté. En vain, par la spécialisation industrielle, civique et sociale, il acquiert un semblant d'individualité. Comme potier, il est différent du tisserand, comme monarque du sujet, comme riche du pauvre. Mais ces différences sont aussi superficielles que limitées. Un concept commun plane sur eux et les fait essentiellement semblables, soumis aux mêmes terreurs et sujets aux mêmes espérances, et réduits aux mêmes fallacieux moyens d'écarter les unes et de réaliser les autres. Le mort saisit le vif et le paralyse. Artisan, la corporation lui impose des procédés de fabrication dont il ne peut s'écarter qu'en offensant les dieux de la cité. Roi des rois, Agamemnon est forcé de sacrifier sa fille au salut de l'armée. Tout riche qu'il est, ses dieux ne sauvent pas Crésus de la conquête perse. On voit également aujourd'hui les divinités chinoises s'opposer à l'établissement des chemins de fer et à l'exploitation des mines. L'avidité des exploitants a pu renforcer de sentiments moins chimériques l'attachement du Chinois aux génies de l'air qu'empeste la fumée des locomotives et aux génies de la terre que dérangent les travaux des mineurs ; l'imprudente propagande des missionnaires de toute congrégation et de toute confession a pu susciter en eux un fanatisme qui s'ignorait tant qu'il n'était pas contrarié : il n'en demeure pas moins que les Chinois sont tous impersonnellement égaux dans leur asservissement aux usages et aux rites. Ils opposent une commune et identique résistance aux rites nouveaux des chrétiens divers qui leur proposent de changer de dieux, et aux inventions des Européens qui les mettraient à même de s'acheminer, par un changement temporaire de servitude, vers la liberté et l'individualité. S'ils n'avaient pas été sous la servitude mentale qui les porte à préférer les géomanciens aux géomètres, ils eussent pu emprunter à l'Europe ses inventions sans y être contraints, et lui payer ce service au juste prix librement débattu.

Dans les sociétés où la pensée des individus asservit leurs actions, étant elle-même asservie par une commune erreur, on pourrait croire que la subordination étroite de ces individus à la communauté les unit tous entre eux par des coopérations obligatoires ou volontaires, inconscientes ou conscientes. Il n'en est rien. Chacun d'eux ignore son semblable autant qu'il s'ignore lui-même. On peut même dire que plus l'individu est subordonné à la communauté, et moins il a de points de contact avec ses semblables, moins il échange avec eux, moins ils coopèrent entre eux. Le culte des dieux locaux étant identifié à celui de la cité, la religion est pour eux le lien patriotique, et ils ne coopèrent complètement, les esclaves exceptés, que pour défendre la patrie ou pour attaquer les nations voisines. Mais il y a plutôt agglomération d'individus, dominés et commandés par les dieux de la cité, que coopération volontaire. L'association est absolue, l'individu s'y absorbe ; il ne réserve rien de sa personne, de sa pensée, de ses biens. Le droit des gens est encore à naître entre les cités, le vaincu n'y garde pas comme aujourd'hui la disposition de sa personne et de ses biens ; sa personne et ses biens sont vendus à l'encan, ses dieux sont détrônés, et il doit désormais hommage à ceux de son vainqueur et maître. Dans un tel état, où les points de contact économiques, sociaux et moraux réduisent les échanges à un minimum que nous pouvons à peine concevoir, et où ces échanges réduits sont encombrés de la fausse monnaie des erreurs, l'individu est véritablement isolé dans le troupeau, et il garde, sans pénétration possible, une personnalité cellulaire, réduite à sa plus simple expression.

IV. — Ce qui précède nous permettrait presque d'affirmer sans trop d'exagération que les citoyens romains courbés sous la tyrannie d'un Tibère étaient autrement libres et individuels que les citoyens grecs contemporains de Périclès. Sans même recourir aux textes qui montrent l'évidente supériorité des lois civiles de Rome sur celles d'Athènes, on conçoit en effet qu'il en ait pu être ainsi, la liberté de l'individu se mesurant à la grandeur, à l'universalité de la communauté dont il fait partie. Que si l'on présente la Chine comme faisant exception à cette loi, l'objection ne vaut : ce pays, qu'on ne l'oublie point, n'est pas une nation organisée, mais une agglomération de communautés réduites, reliées faiblement au pouvoir central et point du tout entre elles. Tandis que ses ports commercent avec l'Europe, telle de ses provinces meurt de famine non loin de telle autre où les bras manquent pour suffire à une récolte trop abondante. Tandis que telle de ses provinces déclare la guerre aux étrangers avec l'appui du pouvoir impérial, telle autre continue d'entretenir des rapports amicaux avec eux. Et ainsi de suite. Pourtant, la Chine possède une civilisation propre, et fort distincte, et qui fait concevoir les choses de la même manière à tous les Chinois. Mais cette civilisation a pour caractère essentiel l'uniformité dans l'unité, et non la diversité harmonique. Elle juxtapose les individus, elle ne les lie pas les uns aux autres d'une manière aussi multiple et aussi complète que le fit la civilisation de Rome à l'égard des nations qu'elle s'incorporait.

C'est ici qu'éclate la supériorité politique du peuple romain et que se découvre, bien plus que dans la force de ses armes, le secret de sa conquête universelle, qui dure toujours et dont nous éprouvons encore les bienfaits. A examiner les choses de près, Rome respectait les individus et leur situation locale bien plus que les institutions propres des cités conquises. Aux qualités et titres locaux de ces individus elle ajoutait des qualités et titres universels ; et le cadre des institutions locales s'emplissait vite, en s'élargissant, d'institutions romaines, c'est-à dire universelles. Elles étaient non pas imposées par la brutalité du vainqueur, mais acceptées et même sollicitées par la communauté locale mise en rapports, échange et communion, avec la communauté universelle. Les institutions romaines n'étaient donc point, pour la cité conquise ou plutôt incorporée, la loi du plus fort contre laquelle on prépare des revanches; mais un moyen de communication avec le reste de l'univers civilisé, un moyen de participer à la prospérité générale de l'empire. Elles n'étaient donc point subies comme une nécessité, mais acceptées comme un bienfait. Et c'en était un réellement. Le Romain était à la fois un rude conquérant et un doux maître. Ou plutôt il n'était pas un maître, puisque, par l'incorporation, il s'associait le vaincu. Il romanisait les classes dirigeantes, et ainsi la civilisation et le droit romains descendaient sans secousses jusqu'au plus profond des populations. Les plèbes locales ne faisaient en somme que changer de servitude; elles trouvaient néanmoins dans la conquête, ou plutôt dans l'assimilation, les germes de leur émancipation future.

Est-ce que Rome portait essentiellement en elle le germe de la libération de l'individu ? Non, évidemment, et la Rome des temps primitifs, enfermée dans les étroites limites du Latium, se composait de citoyens assurément moins libres et moins individuels que les concitoyens de Périclès, qui, à cette époque, semaient de colonies les côtes de la Méditerranée et de comptoirs celles de l'Atlantique. Ce germe naquit en elle, se développa, se communiqua, s'universalisa au fur et à mesure de sa conquête universelle. Pour se rendre compte du chemin parcouru, on n'a qu'à comparer la part faite à l'individu dans la loi des Douze Tables et dans le code Justinien. La lutte des cités, cet immense chaos de conflits réduits, ayant pris fin par la constitution de la cité universelle, les individus n'étaient plus aussi étroitement liés et asservis à la cité locale. Ils participèrent davantage à la vie de la cité universelle à mesure qu'elle grandit en puissance et en harmonie. Devenues inutiles, les étroites disciplines locales se transformaient en disciplines générales plus larges, et dont l'utilité, facilement reconnue, les faisait accepter sans répugnance et de propos délibéré. La défense de la cité universalisée contre les mouvements intérieurs, ou sur des frontières qui devenaient plus lointaines à chaque incorporation nouvelle, n'exigeait plus le concours et le don absolu de tous les citoyens en âge et en état de porter les armes. Une profession spéciale était désormais chargée de ce soin. Ce nouveau et décisif degré de spécialisation sociale, en rendant moins étroite et moins absolue la subordination de tous à la cité, ne pouvait que favoriser le développement de l'individu.

A la cité universelle devait nécessairement correspondre une religion universelle. On représente le christianisme comme la réalisation de la promesse faite par Dieu au peuple élu et ingrat, ou comme le triomphe du platonisme alexandrin vulgarisé, alors qu'il est si simple et si naturel de voir en lui l'expression religieuse de l'universelle cité romaine. Si Rome n'avait pas existé, on peut être certain que le christianisme ne se fût jamais dégagé des minuscules sectes juives qui se chamaillaient à Jérusalem et des écoles qui disputaient à Alexandrie. Libre, après cela, aux historiens de l'école de Bossuet, s'il en reste encore, d'affirmer que Dieu a suscité la puissance romaine pour en faire le véhicule du christianisme. Il leur est loisible, par le même raisonnement, de le bénir pour la précaution qu'il a prise de faire passer les grands fleuves au milieu des grandes villes.

Le monde antique eut une religion unique et universelle le jour où fut constituée la cité unique et universelle. Il fut facile à ceux qui voyaient leur cité locale s'incorporer à la cité universelle de renoncer aux dieux locaux qui n'avaient pas su préserver leurs fidèles de la conquête ; ils accueillirent d'autant plus volontiers le dieu unique et universel qu'ils voyaient la cité unique et universelle également gouvernée par un César, non moins unique et non moins universel. On peut ajouter que les Césars orientaux qui se divinisaient préparèrent, sans s'en douter, les esprits à concevoir le dieu unique. D'ailleurs, le christianisme, qui ne fut pas plus la création d'un homme que la révélation d'un dieu, mais l'expression religieuse du romanisme universel et l'œuvre de cent peuples fondus en un seul, ne procéda point par substitution brutale et par suppression absolue. Les cités, les corporations, les familles gardèrent dans une assez large mesure leurs divinités particulières, que le christianisme sut incorporer dans la nouvelle hiérarchie divine. La famille antique avait ses dieux lares ; le christianisme, produit de l'individualisme romain, fit mieux : il individualisa la religion et donna un dieu à chaque fidèle en le plaçant personnellement sous l'invocation d'un saint patron. Il y eut transformation plutôt que substitution, évolution plutôt que révolution, et, dans l'ordre religieux, on voit le romanisme suivre la même marche et employer les mêmes procédés que dans la politique et le droit civil.

Prenant encore une fois l'effet pour la cause et donnant à cette cause prétendue un caractère surnaturel, les apologistes attribuent à l'Église le mérite d'avoir préparé, sinon accompli directement, la suppression de la servitude personnelle, en admettant l'esclave dans la communion religieuse universelle. Faut-il lui reconnaître ce mérite en propre? Je ne le crois pas, et voici mes raisons : il est très exact qu'en tant que chrétien l'esclave était l'égal de son maître. Mais, dans la famille antique pré-chrétienne, l'esclave adoptait également les dieux de son maître, et les lares du foyer étaient siens, puisqu'il était un prolongement de la famille. Les dieux de la famille et de la cité recevaient, sauf réserves et exceptions, les hommages de l'esclave; mais ils étaient également dus au dieu général que, sous des noms divers, les peuples helléniques et latins adoraient : le Zeus, le Jupiter, fut véritablement le précurseur, l'introducteur dans les esprits, du Jéovah des judéo-chrétiens. Puisque l'esclave participait au culte dans les communautés réduites de l'antiquité, il se conçoit qu'il ne pouvait être expulsé du culte universalisé par le fait de l'universalisation de la cité. Ayant participé à la religion réduite de la cité, il participa également à la religion agrandie dans la cité agrandie. Certes, cette extension religieuse fut pour lui un bienfait, il y trouva le titre initial de son émancipation à venir, et il n'eût pu le trouver dans la communauté réduite où les hommes et les dieux faisaient la guerre aux hommes et aux dieux de la communauté voisine. On voit donc que ce bienfait ne lui vint pas du christianisme, mais de la formation de la cité universelle, qui rendit nécessaire l'unification religieuse.

Nous voici amenés ainsi à constater que l'individu coopère davantage, et sur un plus grand nombre d'objets et avec un plus grand nombre d'individus, dans les communautés étendues que dans les communautés réduites. La paix romaine, assurant la sécurité des échanges, favorise l'activité industrielle. Sur les territoires où se heurtaient naguère des troupes armées semant partout la dévastation, des marchands utilisent librement les routes.

construites par les soldats, qui n'ont fait la guerre que pour acquérir la paix. Toute marchandise nouvelle en circulation contient une notion, une idée, qui s'additionnera aux idées et aux notions de son acquéreur. L'Orient et l'Occident, le Septentrion et le Midi enrichiront leur mentalité de cet incessant échange. La richesse et ses loisirs susciteront l'activité industrielle et mentale des classes supérieures, et l'unité se fera de la diversité et de la multiplicité des besoins et de leurs moyens de satisfaction. En même temps qu'elles deviendront plus générales et plus communes, les utilités économiques prendront une plus grande valeur par leur appropriation à des besoins nombreux et divers. Mais cette brillante civilisation, cette richesse d'idées et de produits, ne sera qu'à la surface ; les masses serviles n'en recevront qu'un bienfait indirect, partiel et à lointaine échéance. Dans cette coopération qui tend à l'universalité, elles auront toute la peine, et leurs maîtres tout le profit. Aussi, quand viendront les Barbares, elles accepteront ces nouveaux maîtres avec la même résignation qu'elles subissaient les anciens. Réduites par ceux-ci aux besoins essentiels et aux notions simples qui y correspondent, elles seront sans défense possible et même imaginable contre le recul de civilisation imposé par ceux-là.

Mais, en dépit des apparences, la conquête barbare ne rompra pas absolument l'unité romaine. Ces peuples neufs, aux naïfs et brutaux étonnements, seront subjugués sans même s'en être aperçus; et tel Ostrogoth, qui brisera les adorables marbres de l'Attique pour édifier un grossier fortin, subira l'ascendant hellénique et, avec des grâces d'ours, il s'efforcera de n'être point considéré comme une brute par ses nouveaux sujets: Les Barbares entreront dans Rome, et Rome se les incorporera, les romanisera. Ils diminueront la pensée romaine, mais elle sera en eux avec toutes ses vertus et toutes ses puissances de développement et d'expansion.

Gardons-nous surtout de croire que l'infinitésimal émiettement féodal fut une réaction individualiste contre ce qu'on appelle, dans l'acception générale du mot, le communisme latin. Le romanisme helléno-latin était individualiste; nous avons vu sous l'empire de quelles causes nécessaires il se développa dans ce sens. Même en l'absence de tout document établissant le caractère non individualiste des Barbares, et l'histoire ne nous eût-elle conservé que leur nom, nous ne pourrions croire à leur individualisme. Il nous suffirait de les comparer aux peuples actuellement demeurés au même plan de civilisation et vivant en communautés réduites, semblables les unes aux autres et cependant impénétrables mutuellement. Il était donc de toute impossibilité qu'un développement individualiste se produisît chez les Barbares avant leur contact avec Rome, avant que celle-ci les eût pénétrés, imprégnés et, finalement, modifiés.

Pour éviter d'être dupé par de fausses apparences, il faut se garder de considérer la féodalité comme un bloc. Le féodalisme germain primitif est une chose; et le féodalisme européen, clarifié et ordonné par le romanisme finalement vainqueur, en est une autre. Pour idéaux qu'ils soient, les liens très lâches, si souvent rompus en plusieurs endroits, qui rattachent le dernier des serfs à l'empereur, ces mille obligations et solidarités enchevêtrées auxquelles chacun travaille à se soustraire, tout cela est romain autant que germain. C'est au nom du droit latin individuel que l'asservi proteste et réagit contre la force germanique qui compte l'individu pour rien et l'asservit, seigneur ou manant, à la terre. La féodalité n'est un tout harmonique que par une opération de l'esprit destinée à simplifier l'histoire universelle et à en faciliter la vue d'ensemble. Cette simplification est surtout avantageuse à ceux qui veulent donner à l'Église le mérite d'avoir établi l'ordre moral et réel dans le chaos médiéval. La vérité est qu'étant la plus puissante des institutions nées du romanisme universel et aspirant à la domination absolue, l'Église, en travaillant pour Rome, travaillait pour elle. Les bienfaits qui en rejaillirent sur les peuples furent si chèrement payés qu'ils ne lui doivent plus rien.

On peut dire qu'à mesure que les Barbares se romanisaient, l'Église romaine se féodalisait. La civilisation supérieure de Rome les avait conquis en tous les points par où ils la pouvaient concevoir et s'y adapter. Inversement, l'Église féodalisée s'adaptait aux conditions du nouveau monde barbare. Par cette adaptation, elle y conquérait une puissance que les césars romains ne lui eussent jamais laissé prendre et contre laquelle luttèrent efficacement, non les féodaux, mais les empereurs et les rois à mesure qu'ils dégagèrent leur propre puissance de la puissance féodale et réduisirent celle-ci. Ce n'est que dans la période féodale pure qu'on voit l'Église unir la puissance temporelle à la puissance spirituelle et établir une confusion des pouvoirs que ne connurent ni Athènes ni Rome. Dès que cesse le chaos, dès que des souverainetés plus générales manifestent des communautés nationales plus étendues et plus libres, l'Église doit renoncer à la puissance temporelle, et, comme elle ne le fait pas de bon gré, on la voit entamer contre la société civile une guerre qui dure encore. Elle n'a proprement gardé du romanisme que sa tendance à la domination universelle, et c'est malgré elle que les peuples ont constitué des cercles de solidarité sans cesse plus étendus et portant sur un plus grand nombre d'objets. Ne la voit-on pas encore aujourd'hui, dans nos cantons de la Basse-Bretagne et de la Flandre française, tenter d'isoler ses fidèles de la communion nationale en n'employant dans ses rapports avec eux que le dialecte local et en s'opposant de toutes ses forces à la diffusion de la langue nationale ! Rome régna sur les peuples en les réunissant, en établissant entre eux une féconde communication, en les pénétrant et en les poussant à se pénétrer mutuellement. A la faveur de l'émiettement féodal, l'Église, demeurée une et romaine dans le sens universaliste du mot, tenta de régner sur les peuples en les isolant, ou plutôt en s'opposant à leurs tentatives de communication et de pénétration réciproques. Au bienfait positif que la Rome impériale leur apportait, et qui les décidait sans peine à subir sa domination, la Rome cléricale substituait ses lourdes disciplines intellectuelles et ses dogmes impératifs. Si bien qu'elle ôta au romanisme, dont elle était désormais l'unique représentant réel, tous les caractères qui lui avaient permis de développer le sentiment individualiste. Mais ce sentiment était né ; il avait résisté à la couche de barbarie qui l'avait recouvert après la dislocation de l'empire romain ; il poussait à travers cette couche de frêles pointes que l'Église s'acharnait à extirper. L'individualisme, trouvant en elle un ennemi résolu, se laïcisa nécessairement, puisque toute pensée critique, puisque toute manifestation d'activité mentale était considérée comme un acte de révolte contre l'Église. On sait quels longs et furieux combats elle livra dans l'Université de Paris, dans les Universités d'Espagne, pour empêcher l'exhumation d'Aristote, et comment, dès qu'il ne lui fut plus possible de résister, elle tenta de l'utiliser dans sa lutte perpétuelle contre toute dérogation à ses disciplines.

Mais à mesure que le chaos féodal, un instant ordonné par la féconde tentative d'unité carolingienne, faisait place à un état organique, ses solidarités idéales et verbales s'exprimaient davantage en réalités. On peut le dire : la féodalité se réalisait à mesure qu'elle disparaissait, tels ces insectes qui meurent dès qu'ils ont donné la vie aux êtres qui perpétueront l'espèce. Les communes, les hanses et les corporations de métiers sont originairement des formes féodales de la vie civile et économique; mais elles ne se réalisent et ne se développent au sein de la féodalité qu'en en détruisant un à un tous les caractères. Certes, dans la commune qui se libère de ses devoirs féodaux par rachat ou par conquête, dans la corporation de métier qui achète le droit et le monopole de son industrie, le droit de l'individu compte pour peu de chose, autant dire pour rien. Mais, de même que la forme féodale fut l'enveloppe d'où se durent dégager les communautés civiles et économiques, de même ces communautés furent les enveloppes dont, ensuite, dut se dégager l'individu comme citoyen et comme producteur.

V. — LES THÉORIES INDIVIDUALISTES

I. — La coopération a tellement enrichi l'individu que cette prospérité l'a gâté et rendu ingrat, tout au moins dans la personne des théoriciens de l'individualisme. A présent qu'au moyen de cette échelle ils se sont élevés au-dessus des mille misères de l'état de nature, qui ne laissent guère le loisir de philosopher, ils la repoussent du pied, et, pour un peu, ils iraient jusqu'à prétendre qu'elle les a plutôt gênés dans leur ascension. Ceux d'entre eux qui ne vont pas jusqu'à nier les bienfaits de la coopération dans le passé et dans le présent affirment que la coopération de l'avenir sera également une harmonie générale obtenue par la lutte perpétuée entre les collectivités et entre les individus. Il serait vraiment à croire que leur sens de l'évolution, si éveillé par ailleurs, est plongé dans le plus profond sommeil quand il lui faut concevoir d'ensemble les grands mouvements humains.

Qu'est-ce donc qui fait que M. Herbert Spencer, par exemple, pour ne citer que le philosophe de l'évolutionnisme, semble incapable de suivre la double évolution de la coopération et de la lutte jusqu'à leur résolution finale à l'unité? Il sait pourtant que toute lutte a pour fin une coopération, et que toute coopération est un total de luttes particulières qui s'achèvent en concours. Cependant, quand il arrive aux conséquences des principes que nous tenons de lui, en somme, il se dérobe à notre attente légitime : La conquête de l'État par la classe des travailleurs le hante comme un cauchemar, et, créant une opposition factice de la partie contre le tout, il arme en guerre l'individu contre l'État. Le caractère scientifique, positif, de sa philosophie lui interdit de se payer de mots, et cependant nous le voyons dépouiller la liberté des conditions et des attributs qui seuls peuvent en faire une réalité vivante. Pourquoi? Parce que, se refusant à la résolution finale de la lutte et de la coopération, il lui faut présenter comme un libre contractant l'ouvrier pauvre et ignorant en face du patron riche et instruit. L'esclavage est aboli; cela lui suffit pour déclarer que le travail est passé de la phase de coopération obligatoire à celle de coopération volontaire. Le droit écrit lui suffit, et le fait de chair et d'os devient négligeable.

Pour se soutenir sur ce terrain, qui n'est pas le sien, et qui met si évidemment son œuvre en contradiction avec ses conclusions, M. Herbert Spencer s'enfonce en pleine idéologie : Il oppose le droit naturel au droit social, et pourtant il sait qu'il n'est pas de droit naturel, et que le droit social n'est pas le droit de la société, mais le droit des individus dans la société. Il oppose l'individu à la société, et pourtant il sait que l'individu est un être réel, le seul être réel, tandis que la société n'emprunte sa réalité toute idéale qu'à la réunion des individus qui la composent. Que si l'on objecte sa théorie de la société-organisme comme une précaution qu'il aurait prise pour se permettre en toute sécurité philosophique l'opposition de l'individu et de la société, l'objection ne vaut. Dans notre individu, la cellule ne s'oppose pas à l'organisme, non plus que l'organisme à la cellule. En admettant, donc, la théorie de l'individu-société, comment la cellule sociale qu'est notre individu pourrait-elle s'opposer à l'organisme, et réciproquement? Dans l'individu-société comme dans l'individu-homme, les cellules agissent et réagissent les unes sur les autres par la lutte et par la coopération, mais non contre l'organisme lui-même, dont la vie est précisément faite de ces actions et réactions.

Pour montrer par un trait de plus, et qui me paraît décisif, l'impossibilité d'assimiler la société à un organisme autrement que par une comparaison purement littéraire, il suffit de rappeler un double fait, examiné plus haut en détail, que seul un amour exagéré de la symétrie pourrait prétendre identique. Quand il connaît les lois de son organisme, par une hygiène bien entendue, une médication appropriée, l'individu règle les rapports de lutte ou de coopération de ses cellules organiques, qui ne se doutent probablement pas des opérations et des combinaisons auxquelles il les soumet, et en tout cas ne protestent ni ne se rebellent. Dans la société en travail de conservation et de perfectionnement, au contraire, ce n'est pas elle qui agit volontairement sur les cellules que lui sont les individus, mais eux sur elle. Quand ils travaillent à modifier la société, en bien ou en mal, peu importe, ce n'est pas la vie ou la mort de la société que les individus ont en vue, mais la leur propre. Ce n'est donc point contre elle qu'ils luttent, mais entre eux. Et si cette lutte l'affaiblit ou la tue, ce n'est pas elle seulement qui souffre ou meurt, mais aussi les individus.

Appliquant ainsi et d'une manière aussi étroitement mécanique les lois de la biologie à la sociologie, M. Herbert Spencer peut affirmer que l'intervention sociale en faveur des individus moins bien armés que les autres pour la lutte a pour résultat une sélection à rebours qui assure la survie des moins aptes aux dépens des mieux doués. C'est, on le conçoit tout de suite, se mettre en contradiction avec l'histoire et nier que l'État soit, comme tous les autres phénomènes, soumis aux lois générales de l'évolution. C'est affirmer qu'il a conservé tous les caractères de la coopération obligatoire, alors que nous voyons manifestement au contraire qu'il se fonde de plus en plus sur le contrat. En effet, la démocratie a justement pour but de faire coopérer volontairement la totalité des individus en société, pour ôter à l'État les attributs de l'autorité, et pour lui confier des tâches de sécurité et d'administration générales que des coopérations réduites ne pourraient accomplir aussi bien que lui. Dans l'État fondé sur ce que M. Spencer appelle le *status*, en opposition au contrat, l'autorité sur les individus est le principal, et l'administration pour les individus le subsidiaire. Le souverain, alors, est une chose, le peuple en est une autre. Dans l'État moderne, qui se fonde de plus en plus sur le contrat, à mesure que chaque individu prend une conscience plus précise de son caractère de citoyen, l'administration pour les individus devient de plus en plus le principal, et l'autorité sur les individus le subsidiaire. On conçoit, en effet, que le citoyen Tout-le-Monde ne peut pas opprimer le citoyen Chacun. A moins que le citoyen Chacun n'ait des mœurs d'esclave, cependant. Mais, dans ce cas, le citoyen Tout-le-Monde serait lui-même un esclave, et, dès lors, la démocratie ne serait pas, ne pourrait pas être. Remarquez que je ne dis pas que la démocratie soit; mais en considérant que le citoyen Chacun s'est déjà fait des mœurs moins serviles que celles qu'on lui connut naguère, j'ai le droit d'affirmer que, si la démocratie n'est pas encore, du moins elle devient.

Il suffit d'observer ce qui se passe dans le propre pays de M. Herbert Spencer pour acquérir la preuve que la théorie trop étroitement darwiniste de la survie des moins aptes ne s'applique pas aux sociétés humaines avec la rigueur constatée parmi les autres espèces organisées. Protégés et soutenus par une organisation sociale où se développent et s'exercent « les sentiments de sympathie active » dont nous a si éloquemment parlé le philosophe anglais, les moins aptes ne sont pas un poids mort qui entraîne les plus aptes vers une déchéance commune. Relevés de leur propre abaissement par l'effort de la communauté, les moins aptes acquièrent une valeur personnelle et sociale, qu'il légueront agrandie à leurs enfants. Pour beaucoup d'entre eux, sinon pour tous, leur déchéance, même physiologique, était d'ordre social, et non d'ordre naturel. Et, lorsqu'on voit la science contrarier une désastreuse hérédité organique, et rendre à la santé les enfants de parents dégénérés, comment peut-on croire à la déchéance sociale irrémédiable des victimes d'une organisation sociale défectueuse? Je le répète, l'expérience s'est faite en Angleterre sous les yeux de M. Herbert Spencer. Malgré ses protestations, qui sont celles de l'esprit de système contre les faits victorieux, le développement des services municipaux d'hygiène, d'assistance, d'enseignement, de transports, d'éclairage, etc., a diminué la mortalité, réconforté physiquement une classe ouvrière qui s'étiolait, pénétré graduellement les lamentables bas-fonds sociaux et commencé l'œuvre d'assainissement intellectuel et moral, réduit un peu la dépense du pauvre et la fatigue du faible, etc.

Peut-on prétendre qu'une débilitation sociale et industrielle s'en soit suivie? Si, dans le mouvement général de la civilisation, l'Angleterre semble ne plus marcher du même pas que naguère, n'est-ce point à d'autres causes qu'il faut s'en prendre, et ne sont-ce point ces causes qui ont déterminé M. Herbert Spencer à protester contre la politique impérialiste de son pays? Que remarquons-nous, en effet, au moment même où j'écris cette page? Que le développement du socialisme municipal en Angleterre est enrayé par le conservatisme impérialiste qui affole ce pays et, d'autre part, que la rivale heureuse de l'Angleterre, dans la conquête économique de l'univers, est l'Allemagne. Or, il y a en Allemagne une législation spéciale, protectrice de la survie des prétendus « moins aptes ». Cette législation, encore si incomplète, a été cependant assez appréciée par eux pour diminuer, à mesure qu'elle se développait, l'exode des ouvriers allemands aux États-Unis.

Il faut en finir avec cette cruelle théorie du danger que présente la survie des moins aptes. Elle n'est pas évolutionniste, mais spartiate. Peut-on dire que les cinquante pour cent d'enfants russes qui meurent au cours de la première année ont en eux-mêmes un vice organique qui les empêche de vivre. Nous avons connu en France cette effroyable mortalité infantile, au temps où la grande affaire de l'État était de faire des lois sur le colportage des livres; nous ne la connaissons plus, encore que beaucoup reste à faire, depuis que l'État et les communes s'avisent de protéger les enfants contre la misère et l'ignorance de leurs parents. Est-ce à dire que ces enfants arrachés à la mort sont devenus des non-valeurs sociales ? Pour ma part, moi qui ne me crois point tout à fait inutile dans la société, j'apprendrais avec fierté, mais sans étonnement, qu'un de mes ancêtres fut un mendiant, ou encore qu'il naquit d'une prostituée. En revanche, si j'étais un parasite titré, un inutile à vingt-quatre quartiers, je me sentirais profondément humilié de descendre, dans tous les sens du mot, d'une lignée de héros et de saintes.

Un temps fut où notre pays connut les pires maux : les épidémies, les guerres, les disettes avaient épuisé nos campagnes vers la fin du moyen-âge. Une névrose générale s'était emparée de ce peuple anémié. S'il était né dans ce terrible moment historique, M. Spencer eût déclaré ce peuple bon à mettre au tombeau. Ce peuple a vécu, cependant : il s'est refait du sang, des muscles, un cerveau. Il n'est certainement point parfait, il ne prétend pas non plus être supérieur aux peuples à qui ces maux ont été épargnés, — encore qu'ils aient été à peu près le lot de tous. Il n'est point question de cela, d'ailleurs ; mais de ceci : qu'une espèce, une nation, un individu est toujours apte à vivre, pourvu que les conditions de la vie soient à sa portée. On ne vit pas de soi-même et par la vertu de son propre organisme, sain ou défectueux, fonctionnant dans le vide; on vit dans un milieu cosmique, ethnique, social, moral, économique, qui offre ou refuse les moyens de vivre. Si le milieu cosmique et ethnique les offre et que le milieu social, moral et économique les refuse, il est tout de même cruel autant qu'inique de s'en prendre au malheureux qui veut vivre. M. Herbert Spencer, cependant, nous a appris à reconnaître l'action croissante de l'individu sur le milieu à mesure qu'il se civilise davantage, c'est-à-dire entre davantage en contact et en échange avec l'individu ; comment donc peut-il se contredire ainsi ?

Si, en effet, il croit que l'action individuelle, spontanée, sans intervention volontaire et réfléchie de la collectivité, se suffit à elle-même, et que l'individu passe par son propre effort de la servitude à la liberté, du moins conçoit-il cette liberté finale comme un résultat de coopération volontaire étendue à tous les individus. Ce n'est donc pour lui qu'une question de moyen? Non. Il y a plus de métaphysique que cela au fond de la pensée de M. Spencer. Il croit trop à la vertu de la liberté en soi, de la liberté verbale, c'est-à-dire isolée des conditions qui la réalisent. En sorte que, pour lui, c'est le vouloir qui éveille le pouvoir, et non celui-ci celui-là. Il nous ramène ainsi, sans s'en douter, à la querelle de Faust et de Jean l'Évangéliste, et il prend parti pour celui-ci. Pour nous qui croyons qu'au commencement fut l'action, et non le verbe, nous persistons à penser que le pouvoir fut, et que le vouloir devint. D'autre part, M. Herbert Spencer a certainement de l'État une conception insuffisamment évolutionniste, et il se refuse par trop à en constater la résolution en tous les individus à mesure que chaque individu s'élève à la conscience civique. Mais, tout en méconnaissant que l'individu servait hier l'État et qu'aujourd'hui l'État sert de plus en plus l'individu, il n'a jamais affirmé, bien au contraire, que la liberté finale de l'individu soit faite de son isolement parmi ses semblables, par je ne sais quelle impossible autonomie. Nous voilà donc revenus à la simple question de moyen, ou plutôt de mesure. Cette question, nous la reprendrons quand nous examinerons le rôle de la loi comme facteur de liberté individuelle.

II. — Si M. Spencer n'a jamais conçu, et encore moins admis, cette étrange théorie qui mesure la liberté de l'individu à son isolement parmi les autres individus, ce n'est pas dans son œuvre que nous trouverons des armes pour la combattre, bien au contraire. Parallèlement à cette œuvre, il s'est formé en Allemagne une philosophie littéraire, née du romantisme de Schiller et du réalisme de Stendhal, bizarre et cependant très naturel mélange de la révolte et de la force, également divinisées. Une révolution venait de passer, balayant les respects divins et les subordinations humaines; l'individu, libéré soudain, eut l'ivresse de sa victoire. Pour mieux s'affirmer, il nia en bloc et les contraintes dont il venait de s'affranchir et les moyens par lesquels il s'était affranchi. Ayant sondé les mensonges des religions et percé les hypocrisies des morales, il fut radicalement athée et amoral. Ayant condamné l'ordre ancien pour tous les maux qu'il y avait soufferts, il décréta le chaos, dont chaque individus aurait bien su se dégager tout seul pour se réaliser en pleine indépendance. Et tant pis pour les faibles, les « esclaves », qui ne sauraient pas se dépêtrer. Ainsi nous fut présenté l'égoïste comme le type humain le plus complet, conséquemment celui qu'il fallait s'efforcer de réaliser.

Non seulement ce radicalisme incomplet, trop purement idéologique, est, je le répète, plus littéraire que philosophique, mais encore il ne peut avoir de valeur que comme instrument critique. Il est proprement un souffle attardé de la révolution destructive du siècle passé. Pris ainsi, et non comme règle de vie personnelle et sociale, il peut rendre quelques services ; mais à la condition expresse qu'une critique attentive l'empêche de nous les faire acheter trop cher. Mais écoutons-le s'exprimer : l'individu a été jusqu'à présent esclave, dit Max Stirner, et il veut continuer de l'être. Après avoir adoré les dieux et s'être asservi à la puissance que sa pensée leur donnait, il attribue aujourd'hui la toute-puissance aux idées, il les adore et s'asservit à elles. Or, l'idée d'humanité est aussi pernicieuse que l'idée de divinité. Quand j'agis, ce n'est pas pour l'humanité, mais pour moi. Je ne me suis pas révolté contre la divinité pour m'asservir à l'humanité. C'est moi que j'entends servir, et nul autre que moi. Moi seul suis réel, moi seul m'importe. Ce n'est donc point à moi de concourir aux fins de l'humanité, mais à elle de concourir aux miennes, ou plutôt c'est à moi de l'employer à ces fins qui me sont propres. Sinon, je ne la connais pas, n'ayant rien à tirer d'elle. Si elle prétend me faire agir pour elle, je me révolte, car je ne lui dois rien. Ses usages, ses concepts, ses lois, je ne les accepte que s'ils me sont utiles et seulement comme moyens de me réaliser.

Jusqu'ici, cela va bien, et nous sommes à peu près d'accord. Stirner nous met en main un instrument critique très aigu, le plus aigu qu'une conception purement intellectualiste de l'individu ait jamais forgé. Mais on voit tout de suite où il est allé le chercher. C'est l'arsenal puisé par les droits de l'homme dans la philosophie du xviiie siècle qui le lui a fourni. Mais, en aiguisant cet outil pacifique de construction, il en a fait une arme destructive, un poignard dont la pointe se tourne d'elle-même contre qui le manie. Nous savions en effet officiellement depuis un siècle qu'une société dans laquelle un seul individu est asservi, appelle la révolte et la légitime. Nous le savions, mais nous agissions comme si nous l'ignorions ; l'originalité première de Max Stirner est d'avoir arrêté notre esprit sur ce principe fondamental du libéralisme et de nous avoir forcés d'en mesurer les conséquences. Sa seconde originalité, non moins bienfaisante en soi, est de nous avoir rappelé que nous ne devons pas nous asservir aux idées, que nous ne devons pas adorer les créations de notre esprit, ni nous y asservir, attendu qu'elles sont faites pour nous servir. Ainsi armés, pouvons-nous faire une critique utile de toutes les lois et de toutes les morales, de toutes les institutions et de toutes les coutumes? Sommes-nous sûrs que cet incomparable instrument révolutionnaire, auquel ne peuvent résister les routines, les respects et les soumissions, ne va pas du même coup trancher les liens de solidarité que notre intérêt forma? Le remède, alors, serait pire que le mal, car il laisserait l'individu misérablement seul et, comble de misère, enflé de l'idée qu'ainsi amputé il est tout l'univers se suffisant à lui-même !

Max Stirner n'ajoute rien d'essentiel à ces principes de

critique ; ils semblent se suffire, eux aussi, à eux-mêmes. Leur vice est donc dans leur périlleuse unilatéralité. Ils dépouillent l'individu de tout ce qu'il avait ; ils en font un point dans l'espace, un pauvre petit point perdu qui ne reçoit plus chaleur ni lumière de nulle part. Certes, ses servitudes ne lui pèsent plus, à présent ; mais plus rien ne lui pèse, puisqu'il n'est plus rien d'humain. L'infirmité de ces principes, on le voit, c'est de prétendre former un tout complet ; c'est de se présenter à l'état de doctrine homogène, alors qu'ils ne sont que des instruments de critique, et qu'ils ne sont pas tous les instruments de la critique. En admettant même qu'ils en soient les uniques instruments, on reconnaîtra bien qu'il n'y a point de critique sans critère. Que si l'on nous dit : l'individu est le critère, encore faut-il qu'on ne laisse pas l'individu à l'état d'abstraction, comme font Max Stirner et Frédéric Nietzsche. L'individu n'est pas seulement un cerveau qui cogite dans le vide : c'est à la fois des membres qui agissent, un estomac qui digère, un cerveau qui profite de cette digestion et commande cette action ; c'est un organisme en perpétuelle communication et en incessant échange avec le reste de l'univers. Le prendre en soi et l'emplir seulement de lui-même, c'est le vider de toute la portion d'univers qu'il contient, c'est le réduire à néant.

Aussi, voyez ce qui advient : nos métaphysiciens de l'individualisme renversent les vieux principes : au culte de la société, cette abstraction tyrannique, ils substituent le culte de l'individu, cette réalité libératrice. C'est au mieux, et l'on sait si j'abonde dans ce sens. Sur ce point, j'y abonde même plus que Max Stirner et Nietzsche réunis, puisque je tâche que l'individu soit en réalité positive, et non à l'état d'abstraction. Aussi, je me garde bien de l'isoler et de le dépouiller de tout ce par quoi il est réellement un individu. Car, je le répéterai jusqu'à perte de souffle : plus l'individu est complet et libre, plus il est en rapports avec l'univers, puisque c'est dans ces rapports qu'il trouve ses moyens d'agir et de se satisfaire. L'individu le plus complet, le plus libre, n'est pas celui qui s'enferme dans sa masure et y crève de faim et d'ennui ; mais celui qui passe sa vie sur le marché, donnant ce qu'il a, recevant ce qui lui manque. La sympathie, ce second secret que l'égoïsme théorique de Max Stirner et Nietzsche semblent si complètement ignorer, joue alors son rôle sur un plus grand théâtre. Elle s'éclaire et se dépouille, et s'exerce d'une manière plus réfléchie d'individu à individu, pour s'étendre à tous les êtres. Quand il en est à ce point, l'individu sent vivre en lui l'univers entier, et non plus seulement ses semblables humains. Si, alors, à cette sublimation de l'univers résorbé en lui, il fait le sacrifice joyeux de sa vie, les théoriciens de l'égoïsme resteront incompréhensivement ahuris.

Chose étrange, eux qui, pour réaliser l'individu, commencent par l'inhumaniser, ils se demanderont à quoi rime cet individu qui s'abolit, ou plutôt veut vivre sa vie surhumanisée dans un instant sublime. On voit immédiatement comme ils sont incapables de concevoir, et à plus forte raison de créer, le type supérieur d'humanité : l'individu agrandi au point de concevoir l'espèce dans son cerveau et dans son cœur, et devenant ainsi lui-même, en un magnifique exemple dont les siècles s'inspireront, son propre moyen de jouissance supérieure et divine. Est-ce donc qu'il sera, comme le prétend Max Stirner, possédé par une idée, croyant la posséder ? Cela reviendrait à dire que celui qui vit la vie la plus intense, la plus belle, la plus noble et la plus libre est le misérable esclave d'une idée. Si un tel individu est un esclave, que sont donc les autres !

Mais non, l'homme qui possède en idée la part d'univers accessible à un entendement humain n'est point l'esclave de l'idée. Elle est l'instrument de sa liberté, et c'est délibérément qu'il se sert d'elle. Par elle, il connaît et juge, il compare et estime. Par elle, il se satisfait dans la plénitude de sa volonté éclairée et réfléchie. Et, s'il va jusqu'au sacrifice volontaire, il le fait pour réparer un défaut de l'univers qui choque son sens de l'harmonie, autant que pour demeurer en harmonie avec lui-même. Il ne dispose donc pas seulement de lui-même, condensant à sa volonté une longue et terne existence en une minute de toute-puissance et de toute beauté qui vaut mille existences, mais il dispose aussi de la part d'univers qu'il s'est appropriée. L'ayant réfléchie en lui, il l'exprime modifiée et magnifiée selon son propre plan. Si le surhomme rêvé par Nietzsche existe, n'est-ce pas lui qui est ce surhomme !

Voilà ce que peut découvrir le second secret, inconnu de Nietzsche et de son précurseur. Faute de l'avoir pénétré, Zarathustra aura parlé fort éloquemment, mais en vain. Ce bouddhiste déformé et retourné, que Nietzsche hérita d'une trop longue fréquentation de Schopenhauer, ne nous attirera pas dans le vertigineux nirvâna où il s'abolit avec d'incomparables magnificences verbales. Et ce n'est pas parce qu'il nous égare que nous refuserons de le suivre; nous en avons suivi bien d'autres, et qui ne nous ont pas moins égarés ! C'est parce qu'il nous méprise ; et nous ne voulons suivre que ceux qui nous aiment. Ce prétendu surhomme est un non-homme. Il laisse à son départ l'univers dans l'état où il l'a trouvé, faute de s'en être assimilé quoi que ce soit de réel. Il ne s'est pas empli de la part d'univers qu'il pouvait contenir ; il a au contraire rejeté hors de soi tout ce qui lui avait été donné par l'univers, il s'est vidé de toute humanité. Jeu périlleux dont Nietzsche a été la première et exemplaire victime. Un cerveau qui tente de contenir l'univers réel peut s'élargir jusqu'au génie. S'il se place hors de l'univers, il se vide et sombre dans la folie. Sacrifice inutile auquel je préfère celui du modeste interne d'hôpital qui donne délibérément sa vie à l'univers en échange d'un de ses plus infimes secrets.

Mais je crains d'être injuste envers le poète de l'égoïsme, sinon envers sa pensée. Même, vis-à-vis de celle-ci, un scrupule me tient. Il fut, en somme, un magistral instrument de critique, un de ces bouleverseurs de notre vieux magasin d'idées qui nous obligent, après leur passage, à tout remettre en ordre, ce qui est une excellente occasion pour nous débarrasser de celles qui ne valent rien. Il ne faut donc pas dénier une haute valeur philosophique au bouleverseur par excellence que fut Nietzsche. Si tout le monde pensait comme il pensa, ce serait atroce et insupportable. Mais, s'il n'avait pas existé, que d'esprits secoués par son impitoyable critique eussent continué de vivre dans leur vieux magasin d'idées tout encombré de rossignols. Paix, donc, à ce damné qui nous fit une si bienfaisante guerre. Mais guerre impitoyable aux imbéciles qui prennent une critique pour une règle et aux coquins, ces autres imbéciles, qui, bassement, ne voient dans la magnifique et révoltante théorie du « surhomme » que la justification de toutes leurs paresses physiques, intellectuelles et morales.

Or, il ne fut un paresseux d'aucune manière, celui dont ils se réclament et dont ils ont fait leur oreiller. Faute de matière, il travailla dans le vide et s'y abîma, après s'être de plus en plus isolé de toute humanité. On ne peut, cela se conçoit, s'envoler à la recherche du mot final de l'homme et de l'univers, et planer si haut au-dessus des ordinaires préoccupations du commun, sans éprouver fatalement quelque mépris pour les mesquins labeurs, les chétives ambitions, les menues douleurs et les passagères amours de la fourmilière humaine. De même que la nonne, recluse dans l'attente d'une éternité délicieuse, apprend d'un œil sec et d'un cœur froid la mort d'une mère jadis chérie, de même celui qui s'attaque à l'absolu est forcément un aristocrate de la pensée et de l'action. Que lui importent, dans cet état, les sentiments et les intérêts humains, tout relatifs et momentanés, à lui qui s'inhumanise, croyant se surhumaniser, et se place au seuil de l'absolu et de l'éternel! Au seuil, je dis, et non au centre, quelque illusion qu'il se fasse sur ce point. Il est, en tout cas, trop loin de l'humanité pour comprendre même ses joies et pour compatir à ses maux, qui ne sont rien auprès de l'immense angoisse qui l'étreint. Lui qui refusa sa pitié et dont le mot d'ordre, cent fois répété dans son œuvre, fut : « Soyons durs », mérite toute la nôtre. D'abord, parce qu'il souffrit. Ensuite et surtout, quoi qu'il ait prétendu, parce qu'il souffrit par nous et pour nous.

Qu'est-ce, en somme, que Nietzsche? Un idéaliste forcené. Il veut réaliser l'être parfait qu'il a conçu. Sa faute est d'avoir conçu par l'opération du pur esprit, ceci soit dit et entendu sans jeu de mots. Il ne connaît l'homme que par les traités de métaphysique; son organisme souffrant déforme et raréfie ses rapports avec l'univers sensible; on voit quelles lacunes existent dans sa connaissance du principal objet de son étude. Son génie les comblera, mais comment, et à quel prix! A côté d'intuitions fulgurantes qui vont au tréfond de l'individu pensant, il y aura les imaginations délirantes qui viennent du tréfond de cet organisme souffrant. Les unes et les autres sont de Nietzsche; c'est sur lui-même qu'il travaille, c'est lui-même qu'il déshumanise. Puis, sa conception pessimiste de l'univers agissant à son insu, il mesure d'un regard douloureux la misérable réalité qu'il voit en nous à la radieuse idéalité qu'il a construite en lui. Alors, il nous fuit, et il s'élance seul dans la voie qu'il croit avoir frayée, vers la perfection entrevue, — car c'est surtout à lui-même qu'il est « dur », et c'est lui-même qu'il surmène jusqu'au martyre. De temps en temps, il s'arrête et se retourne vers le troupeau des « esclaves ». Certes, il contemple avec orgueil la distance qui les sépare de lui; mais il reste encore en lui de l'humanité, car il appelle les plus agiles et les exhorte à cheminer à sa suite vers les sommets.

Cependant, toujours il est seul : nous portons un si lourd bagage d'affections et d'afflictions; notre marche est si lente, et notre route ne nous mène pas vers lui ! Par instants la pitié saisit cet impitoyable, et aussi la peur des vertiges de la solitude. Il est sur le point de revenir sur ses pas pour nous remettre sur son chemin, il est tenté de prendre notre croix sur ses épaules, il voudrait tenir une main humaine dans sa main divine, et sans doute se fortifier du contact de cette faiblesse. Mais les sommets l'attirent; il sent que le jour s'avance : les vérités qu'il croit voir rayonner là-haut, jamais il ne les atteindra s'il ne se hâte. Il nous abandonne donc, et sa bienfaisante cruauté n'est point de l'égoïsme absolument : il poursuit sa course effrénée pour atteindre seul, avant tous les autres, le but magnifique, c'est vrai; mais s'il nous abandonne avec des invectives méprisantes qui sont l'expression de son désespoir fraternel, c'est aussi pour garder la force d'atteindre ce but et, y étant parvenu, se donner la joie de le découvrir à nos yeux ravis et de nous le rendre accessible.

Il est tombé dans l'abime. Aventurier de l'idéal, il a le sort d'Icare. De tels esprits ne surgissent point en vain, cependant. Nous qui labourons pesamment le champ humain dans l'espérance des moissons de justice et de liberté, ne soyons pas injustes pour ces enfants perdus de l'idée. Leur large vol purifie l'atmosphère à grands battements d'ailes, et le soleil n'en répand que mieux sa chaleur sur les germes que l'avenir verra fructifier.

III. — Il y a beaucoup de manières d'être dans l'erreur, tandis qu'il n'en est qu'une seule de concevoir la vérité. On pourrait donc croire que ceux qui sont dans l'erreur sont plus individuels et plus libres que ceux qui ont acquis une vérité. C'est pourtant le contraire qui arrive. Mille individus se partageant les mille manières erronées de concevoir un fait, ou un seul individu ayant à choisir entre ces mille conceptions, n'ont pas la liberté et l'individualité de celui qui ne conçoit un fait que d'une seule manière, mais qui est la bonne. Prenons trois individus d'égale situation sociale, d'égale constitution physique et d'égale aptitude à connaître, mais dont un seulement possède une connaissance exacte des choses et de ses rapports possibles avec elles. Les deux autres, ayant sur toutes choses des notions erronées, seront identiques dans leur erreur, fût-elle diamétralement opposée sur tous les points et les mît-elle en querelle constante ; tandis que le premier se différenciera d'eux radicalement. Non seulement, il sera différent de ces deux semblables, et par conséquent plus individuel, plus libre qu'eux, c'est-à-dire plus apte à diriger ses actes dans le sens de ses satisfactions propres ; mais encore, tandis que les deux autres seront également les jouets de leur erreur respective, il sera, lui, le maître de sa vérité, puisqu'il pourra l'employer soit à se procurer le bien, soit à s'épargner le mal. S'il a eu le cauchemar, par exemple, il n'ira point demander l'explication de ce phénomène à une tireuse de cartes : il se rappellera judicieusement qu'il a mangé la veille un mets indigeste, du boudin, par exemple ; et, connaissant la relation de cause à effet qui existe entre les mets indigestes et le cauchemar, il sera libre dorénavant de s'éviter les songes désagréables ; inconvénient contre lequel les cartes ne peuvent rien, s'y prît-on de mille manières.

La connaissance individualise donc, puisque l'homme qui connaît l'hygiène de son estomac échappe à l'inconvénient auquel sont également soumis ses deux voisins qui ne la connaissent pas. Mais supposons qu'il apprenne ce qu'il sait là-dessus à l'un de ces deux voisins. Le troisième, qui continue d'aller vainement chez la tireuse de cartes, et qui est désormais différent des deux premiers, pourvus d'une connaissance qui leur est commune, sera-t-il plus individuel qu'eux ? Non, certainement, car, tandis qu'il demeurera semblable à tous ceux qui ne connaissent pas les effets d'un plat indigeste sur le sommeil, les deux premiers, et cent autres qui savent, et mille autres, pourront appliquer à leur gré individuel la connaissance acquise. L'un d'eux est gourmand, mais il connaît et redoute les suites de la gourmandise : il cèdera à son penchant et s'en épargnera les suites en faisant une bonne promenade avant d'aller se coucher. L'autre est également gourmand, mais il n'aime pas la promenade : il activera sa digestion au moyen d'un des sels chimiques que le pharmacien met à la disposition des estomacs paresseux. Chacun d'eux évitera le cauchemar par des moyens différents, alors que le troisième, et tous ceux qui, comme lui, ne connaissent pas les relations de cause à effet continueront d'avoir également le cauchemar quand ils auront mangé du boudin, en dépit de toutes les cartomanciennes du monde. Les premiers seront libres d'éviter le cauchemar, libres de se le donner même à volonté, si telle est leur fantaisie. Les autres ne le pourront pas. Ils resteront sous la loi du boudin, faute de la connaître.

On objectera que s'il est mille manières de concevoir l'erreur, et une seule la vérité, mille individus en proie à l'erreur seront plus différents entre eux, de par la diversité de leurs erreurs, que mille individus en possession d'une vérité identique. Cela serait vrai si nous considérions l'individu en soi, sans considérer ses rapports avec l'univers ni l'action qu'il y exerce. Mais si nous prenons l'individu en action et en réaction, c'est-à-dire tout l'individu, nous constatons chez les mille individus en proie à l'erreur l'identité dans l'impuissance d'agir ou de réagir sur l'univers et, chez les mille individus possesseurs de la vérité unique, une variété infinie d'actions et de réactions sur l'univers. Ainsi, les vérités mathématiques ne sont pas de plusieurs manières, mais d'une seule. Ceux qui les possèdent ne les conçoivent donc que d'une seule manière, tandis que ceux qui ne les possèdent pas peuvent les concevoir de manières différentes à l'infini. Il n'y a qu'une manière d'additionner exactement deux et deux et d'en obtenir quatre, alors que l'on peut épuiser les infinies combinaisons des chiffres si l'on ne veut ou ne peut savoir que deux et deux font quatre. Mais, tandis que, par la connaissance de cette unique vérité mathématique, et d'autres moins élémentaires, mais également uniques, ceux qui possèdent identiquement ces vérités peuvent agir de mille manières différentes, construire des machines, bâtir des maisons, prévoir des tempêtes, etc., ceux qui sont en proie à l'erreur de calcul, fût-elle variée à l'infini, demeurent identiques dans une commune impuissance. De plus, et ceci est essentiel, ceux qui possèdent ces vérités mathématiques pourront communiquer entre eux, échanger et coopérer, et augmenter ainsi leur puissance respective. Ceux qui ne les possèdent pas demeureront au contraire, sur ce point, incommunicables et impénétrables entre eux, donc, impuissants ; l'échange de leurs erreurs n'aura pas d'effet plus utile que les cailloux que se donnent les enfants en guise de monnaie quand ils jouent au marchand.

C'est surtout dans les banalités de la conversation qu'il nous est donné d'observer combien peu nous sommes individuels et libres dans nos pensées et dans leur expression. Les lieux communs sont la ressource principale des gens qui croient que parler c'est communiquer, et qui veulent parler, ne fût-ce que par politesse; comme si c'était être poli que de se montrer stupide et de contraindre son interlocuteur à montrer également sa stupidité. Prenez-en au hasard, de ces lieux communs, et, en dehors de quelques truismes solidement établis par l'expérience, demandez-vous si vous oseriez les proférer après seulement une demi-minute de réflexion. Ainsi, à l'enterrement, fût-ce du plus abominable coquin, il est décent de dire : « Ce sont les meilleurs qui s'en vont ». Comme si nous ne nous en allions pas tous, les meilleurs et les pires ! En dépit, ou à cause, de leurs contradictions, les proverbes sont d'une grande ressource pour les gens qui ne savent pas penser. Ils prendront donc leurs pensées toutes faites, en confection, dans le magasin des proverbes. Il est si commode de dire comme tout le monde au gré de l'incident amené par la conversation : « Tel père, tel fils, » ou : « A père avare, fils prodigue ». Personne, dans le premier cas ne s'avise de remarquer qu'il connaît plus de vingt fils qui ne ressemblent pas à leur père, ni, dans le second, qu'il en connaît vingt autres qui sont tout aussi avares que leur père.

Il en est des actions comme des pensées et des propos. On ne peut songer aux sujétions que la mode impose sans en sentir le ridicule profond. Une femme ne se vêt point selon son goût ou sa conception particulière de l'harmonie, mais reçoit passivement les formes et les couleurs que lui impose la mode du moment. Ces formes et ces couleurs, si elle s'en pare vingt-quatre heures avant les autres, la rendront ridicule à ses yeux et surtout aux yeux du monde, ou plutôt de ce qu'on appelle ainsi ; si elle s'en pare vingt-quatre heures après que la mode les a abandonnées, elle sera également ridicule. Pour n'être point aussi étroitement assujettis à une aussi stupide tyrannie, les hommes ne s'y sont pas encore soustraits, il s'en faut. Un comique du Palais-Royal arborait dans ses rôles des chapeaux haute-forme d'une excentricité qui mettait toute la salle en délire dès qu'il paraissait sur la scène. Ces chapeaux extraordinaires entraient pour plus de moitié dans les succès qu'il obtenait. — Comment faites-vous pour avoir des coiffures aussi invraisemblables ? lui demanda un jour un de ses amis. Cela doit vous donner des efforts d'imagination inouïs, pour inventer des formes aussi drôlatiques. — Je ne me donne nulle autre peine, répondit simplement l'acteur, que de faire passer mes chapeaux de ma garde-robe de ville à ma garde-robe de théâtre, quand ils ne sont plus à la mode.

Les tyrannies d'opinion commencent aux lieux communs et aux modes, pour s'étendre à tous ceux de nos actes par lesquels nous n'avons pas su ou pu nous individualiser encore. Et quiconque s'individualise en quoi que ce soit, se permet d'exprimer des pensées propres ou de porter des vêtements qui ne sont pas de la coupe consacrée ; quiconque s'avise d'exercer sa critique sur ses actes, afin de les déterminer dans le meilleur sens, au lieu de les accomplir pour faire comme tout le monde, est traité en révolté. Cette sorte de révoltés étant plus rare dans les milieux de peu de culture et peu étendus, ils y sont plus mal considérés et plus mal traités que dans les grandes villes, où une culture supérieure a individualisé sur des points divers un plus grand nombre d'individus. En matière de religion, ces tyrannies d'opinion sont tout particulièrement oppressives, et, dans les temps et les milieux où ces tyrannies exercent leur plein empire, elles vont jusqu'à mettre en péril de mort ceux qui tentent de s'y soustraire. C'est que la religion est la plus grande affaire des hommes, tant que la connaissance du réel ne les a pas individualisés et diversifiés. Son empire s'étend hors du réel; donc, plus la connaissance du réel échappe aux hommes, plus ils sont sous la domination de l'imaginaire, et plus l'action religieuse est forte en eux et sur eux. Dans les groupes humains où la connaissance du réel est presque nulle, et d'autant peu utilisée au bien des individus, la religion préside à tous leurs actes individuels et collectifs. Dans de tels milieux, renoncer à la religion de ses ancêtres, ce n'est pas seulement quitter une opinion commune sur l'ordre universel et sur la survie personnelle; c'est encore sortir du droit commun civil et civique, c'est être un ennemi de la famille, de l'État et de la morale. Si bien que, se mettre hors la loi divine, c'est se mettre hors toutes les lois.

C'est par le caractère universel de la religion, dans les temps et les milieux où la connaissance du réel n'a pas encore individualisé les divers actes de la vie de relation, qu'il faut expliquer la violente réprobation envers les dissidents, réprobation qui s'exprime par des atrocités dont nous demeurons stupéfaits et que nous imputons à la seule exagération du sentiment religieux. Précisément, si ces atrocités nous stupéfient, c'est parce que nous ne nous rendons pas assez compte que, dans notre civilisation moderne, relativement tolérante, la religion a cessé de dominer et diriger toutes les relations humaines, et qu'elle se réfugie, bon gré mal gré, dans le for intérieur des consciences individuelles qui lui ont conservé ce dernier asile. Mais la religion ne se résigne pas à ces conquêtes de l'individualime, elle ne peut pas s'y résigner tant qu'elle conserve intacts ses caractères essentiels. Il serait plaisant, en effet, que la règle des consciences ne fût pas la règle des actes, et que ceux qui représentent l'infini dans le temps et dans l'espace n'eussent point la garde et la direction des chétives et transitoires sociétés humaines. Aussi, l'étude du droit canon, dans les facultés de théologie catholiques, continue-t-elle de préparer des docteurs pour le moment où l'Église pourra reconquérir son antique puissance. Pour la même raison, mais en caractère plus accentué de survivance, on voit, dans les États protestants, les lois punir des infractions à la morale religieuse qui sont des péchés plutôt que des délits.

Ce n'est pas la religion, dans ses caractères intérieurs et dogmatiques purs, qui rend les hommes fanatiques, mais les caractères extérieurs et sociaux qu'elle y ajoute nécessairement tant que ces caractères n'ont pas été individualisés par la critique et soustraits à l'influence religieuse. Par exemple, tous les voyageurs s'accordent à nous vanter la tolérance des Chinois en matière de dogmes religieux et à les considérer comme les moins fanatiques des hommes. Comment donc se fait-il que les massacres de chrétiens soient aussi fréquents en Chine ? Parce que le Chinois qui se convertit au christianisme renonce au culte des ancêtres et sort du milieu familial, civil et juridique dont la religion est, par ses rites bien plus que par ses dogmes, le lien et la sanction. A prendre la société pour un organisme, en Chine, c'est la famille, et non l'individu, qui est la cellule sociale. En s'installant dans le pays, les missions ont accepté et revendiqué comme un privilège les droits et les charges de la famille vis-à-vis de l'individu qu'elles convertissaient. Pour augmenter le nombre de leurs fidèles, elles se sont livrées tout naturellement à la surenchère. Aussi, beaucoup se firent chrétiens afin de s'assurer la quasi-impunité de méfaits pour lesquels les juridictions autochtones étaient d'une extrême sévérité. Ce ne furent assurément pas les meilleurs et les plus inoffensifs qui se convertirent, on s'en doute bien. Ainsi se forme autour des missions une population dangereuse dont, quand ils sont excédés de ses rapines, les Chinois laborieux et honnêtes se débarrassent par l'extermination, avec l'entrain que mettraient les propriétaires de notre banlieue parisienne à faire la chasse aux maraudeurs, si nos lois et nos mœurs leur en donnaient licence. Ajoutons, pour être exact, que leur misonéisme bien connu doit leur rendre agréable entre toutes cette chasse aux disciples des diables étrangers, si différents d'eux, et qu'à défaut de motifs les prétextes ne doivent pas manquer aux Chinois pour s'y livrer en toute sécurité de conscience.

La Réforme a été, on le sait, une victoire de l'individualisme sur l'Église. Même, par elle, l'individualisme est entré dans le domaine religieux ; la critique humaine a joué, là comme partout, son rôle libérateur. Bien que la Réforme fût surtout le christianisme se critiquant lui-même, et sans aucun autre instrument apparent que les livres sacrés, cela suffit à l'individualiser à un point tel, que le protestantisme put se segmenter en une infinité de sectes sans que sa force en fût diminuée. En supprimant les intermédiaires entre l'homme et Dieu, la Réforme se conforma au mouvement d'individualisme suscité par la Renaissance gréco-latine, et la religion devint ainsi de plus en plus une affaire privée. Bien que sa critique soit limitée par la Bible et par l'Évangile, d'autres instruments se sont imposés au protestantisme. Tenu par son origine semi-rationaliste à une certaine pudeur vis-à-vis de l'absurde, le chrétien réformé est ainsi placé trop près de l'arbre de science pour que le démon ne le tente pas. Il n'a point en face de lui un sacerdoce organisé pour limiter sa recherche inquiète. Il va donc devant lui, les yeux ouverts sur le monde. Et quand il le découvre différent des vérités que le Testament lui impose, il se rappelle qu'il est déclaré libre, et qu'il peut en conséquence employer sa liberté non à suivre la lettre qui tue, mais l'esprit qui vivifie. La géologie lui montre-t-elle l'impossibilité de la création du monde en six jours, il ne donne pas pour cela tort aux géologues ; mais point davantage à la Bible. Il cherche un accord entre cette vérité évidente qu'est la science, et cette vérité non moins évidente pour lui qu'est la religion. Et il le trouve en transformant les six journées de la Genèse en autant de périodes correspondant à peu près aux périodes de la formation géologique et organique ; et il accorde du même coup les théories évolutionnistes aux récits du livre saint.

Bien qu'il résiste davantage, le catholicisme subit, lui aussi, cette individualisation religieuse. Dans les pays où, comme aux États-Unis, la force des choses l'a obligé à n'être pas la loi de tous les rapports humains, il ne s'exprime pas en partis politiques et sociaux comme dans les pays d'Europe où il croit avoir conservé des chances de reconquérir la puissance d'autrefois. Mais, même dans les États où il espère de telles revanches, et s'y prépare, un nombre croissant de catholiques individualisés par le milieu social les lui refusent de propos délibéré. Ils acceptent de lui soumettre leur foi religieuse, mais non leur personne civile, civique et sociale. Ils n'accordent à leur religion qu'une partie restreinte et purement mentale de leur individualité, — celle qui n'a pas encore été individualisée par la critique, par la science.

IV. — C'est tôt fait de blâmer la Révolution française d'avoir proclamé l'individualisme sans songer à autre chose qu'un individu abstrait, un être de raison, qui aurait à se débrouiller ensuite comme il pourrait parmi les réalités civiles, familiales, juridiques, civiques et économiques. Mais c'est une tâche qu'on ne peut faire au nom d'un prétendu réalisme social qui compte la société pour tout, et l'individu pour rien ; car on est alors placé trop en dehors du sujet pour y rien comprendre, et par conséquent pour en tirer un enseignement qui vaille. On peut dire, en considérant les phénomènes d'avant et d'après la Révolution, que l'individu s'est, en somme, à peu près débrouillé ; armé de principes aujourd'hui moins incertains, il travaille de toute son énergie à se compléter ; toutes choses qu'il n'eût point faites, si les principes qui l'éveillèrent n'avaient eu en eux aucune vertu.

Une première observation, à mon sens capitale, est à faire : il faut tenir compte, et grand compte, que la Révolution française a eu un caractère destructif plutôt que constructif. D'ailleurs, dans toute révolution, c'est le caractère destructif qui domine. Qu'est-ce, en effet, qu'une révolution ? Un terme d'évolution, une crise finale où ce qui veut vivre, et s'est constitué spontanément pour vivre, s'est développé d'abord sous la protection des institutions, puis malgré leur compression, — et qui doit les briser pour ne pas étouffer sous leur poids devenu intolérable. On peut dire que tout grand acte de création, dans la pensée comme dans les faits, est nécessairement destructif. Nulle vérité ne s'affirme sans détruire une légion d'erreurs, et la plus insignifiante réforme administrative écrase une nichée d'abus. Toute œuvre est préparée et accomplie par une négation, de même que tout terrain est déblayé et fouillé avant que l'on puisse construire dessus. Une révolution est une critique en action.

Point de critique sans critère. Celui de la Révolution fut l'individu. Elle critiqua donc en action, c'est-à-dire détruisit ou réduisit toutes les institutions qui lui paraissaient s'opposer à l'expansion de l'individu. Elle lui donna une existence propre dans la famille : il n'y tint plus son droit de propriété de la date de sa naissance, mais du fait même d'y être né ; et, dernier né, son droit y fut égal à celui du premier né. La famille n'était plus l'unité économique aussi complètement que dans la période féodale, la division sociale du travail par les spécialisations industrielles et commerciales ayant individualisé l'homme comme producteur et comme possédant. Les lois qui le contrariaient en cette dernière qualité, il les brisa ; et le droit d'ainesse le céda au partage égal. Mais il était également gêné comme producteur ; son activité était entravée par des règlements professionnels et d'État, jadis protecteurs de sa sécurité et de son labeur, mais devenus oppressifs et parfois purement fiscaux. La Révolution le débarrassa de ces entraves et l'individualisa comme producteur, de même qu'elle l'avait individualisé comme possédant. Sur ces deux points, il n'y a nulle trace d'idéalisme métaphysique ; un réalisme très précis inspire l'action révolutionnaire : c'est le fait, ici, qui crée l'idée et s'exprime en loi.

Comme citoyen, l'individu était peu de chose, mais enfin il était. Depuis trois cents ans et plus, malgré le développement des théories et des faits de droit divin, les écrivains lui ont rappelé les champs de mars et de mai, où la monarchie a reçu de lui délégation du pouvoir. Mais encadré dans une classe, il n'est rien, sinon par la grâce du prince ; et, jusque-là, les États généraux, qui lui rappellent de loin son droit originel, ne l'ont encore exprimé par aucun signe sensible. En brisant les classes, en supprimant la délibération par ordres, ceux de 1789 font de lui un citoyen ; ou plutôt, s'ils l'appellent seulement à le devenir, il sait qu'il n'y a plus personne entre sa souveraineté et lui, que lui-même. Pour bien s'affirmer qu'il n'y a plus de souverainetés particulières, et que la seule souveraineté générale réside dans la nation, il brise les corporations religieuses comme il avait brisé la noblesse et le clergé en tant que classes politiques, et il plie au droit et au régime individuels la propriété des communautés religieuses et toutes les propriétés féodales.

Il faut donc avouer, en présence de cette individualisation réelle, que, pour n'avoir eu de l'individu qu'une notion abstraite, la Révolution n'a point trop mal travaillé en faveur de l'individu réel et concret ; j'entends l'individu qui avait en soi, par sa culture, et autour de soi, par sa propriété, les moyens de se réaliser et de se développer. Ou plutôt, et c'est ce qui explique le réalisme de la Révolution, l'individu ne s'est point trop maladroitement servi d'elle. Mais était-ce une hypocrisie que cet idéalisme verbal s'exprimant en réalisme actif? Assurément non. La Révolution, faite par tous, le fut également pour tous ; mais n'en profitèrent immédiatement que ceux-là seuls qui avaient en eux ou à leur portée les moyens d'en profiter. Il est bien certain que ne profitèrent point du partage égal ceux qui n'avaient nul patrimoine à hériter. Il est non moins certain qu'en brisant les entraves de l'industrie et du commerce, on ne procurait nul avantage direct aux ouvriers et aux commis. Le besoin de communiquer, d'échanger, sur une plus grande étendue et par de plus nombreux moyens, était un résultat de l'individualisation croissante de l'activité humaine. Ceux qui exerçaient leur activité dans ce sens, ou qui avaient conscience de son utilité générale, ne pouvaient vouloir autre chose que la disparition des obstacles opposés à l'individualisme économique : barrières intérieures, octrois, règlements de métiers et de corporations, etc. Ils croyaient du même coup servir les véritables intérêts du peuple ouvrier. Désormais, il n'aurait plus besoin de ces compagnonnages qui anéantissaient l'individu dans la communauté et l'empêchaient, lui aussi, de se manifester, de se réaliser, par son activité propre et distincte. N'était-il pas, s'il demeurait dans la condition de salarié, un libre contractant vis-à-vis de son patron ? Ne pouvait-il sortir de cette condition et devenir patron plus facilement qu'au temps où la maîtrise était donnée au fils du patron et vendue très cher à l'ouvrier ? Donc, renouer, même par des coalitions temporaires, les antiques liens de solidarité ouvrière, c'était retourner vers les servitudes qu'ils avaient imposées.

C'est ici qu'on voit l'idéalisme métaphysique venir au secours du réalisme bourgeois de la Révolution française, qui trouve son compte à cette systématisation de l'individualisme abstrait ; et c'est en ce sens qu'on peut dire que, de la noix révolutionnaire, les possédants ont eu le fruit et les non-possédants les coquilles. Mais non, on ne peut pas dire absolument cela. Ne tombons pas dans le travers littéraire des comparaisons. Ce que la Révolution ne donnait pas en réalité à ceux qui étaient dénués de savoir et de propriété, elle le leur donnait, non seulement par une attribution purement verbale, mais en puissance ; car elle croyait donner réellement à tous les individus les moyens d'avoir accès au savoir et à la propriété. Dans la théorie individualiste révolutionnaire, tous les hommes naissent égaux et libres. Entre l'individu et son droit, elle ne voit comme obstacle que l'individu lui-même. Et comme elle le suppose libre, en vertu des principes métaphysiques alors dominants, l'individu n'aura qu'à vouloir pour se réaliser comme citoyen et comme propriétaire, puisque les obstacles juridiques qui l'en empêchaient n'existent plus.

Cette théorie envisage d'une manière très réaliste le caractère négatif des lois et d'une manière ultra-idéaliste leur caractère positif, puisqu'elle va jusqu'à croire que, pour supprimer des contraintes et réaliser la liberté de l'individu, il suffit de supprimer des lois. Aussi, pour elle, si l'individu ne se réalise pas comme propriétaire et comme citoyen, ce sera sa faute et non celle du milieu social. En conséquence de ce principe métaphysique de la liberté, les indigents ne sont considérés que comme des citoyens passifs, seuls étant déclarés citoyens actifs les individus qui possèdent. C'est par son propre effort d'homme désormais libre d'entraves extérieures, et déclaré originellement libre de toute entrave intérieure, que l'indigent acquerra la propriété, et de citoyen passif deviendra citoyen actif. On voit comment, dans la pensée du xviiie siècle, l'idée est déclarée l'unique génératrice du fait. Elle est un cadre que l'homme a mission de remplir ; tant pis pour lui s'il n'a que lui-même à placer dans ce cadre, c'est-à-dire une individualité réduite et isolée, privée de tous les moyens réels de la liberté. Quand Montesquieu nous parle « des rapports d'équité antérieurs à la loi positive qui les établit », il nous livre en cette courte phrase le secret de l'idéalisme révolutionnaire et de ses inévitables contradictions avec les faits.

Si imparfait qu'il nous paraisse aujourd'hui, cet instrument philosophique eût cependant fourni une tâche plus complète si le césarisme militaire et le pseudo-libéralisme bourgeois ne l'avaient, à tour de rôle et pendant un siècle, tantôt paralysé et tantôt faussé. Pour tant qu'elles semblent les méconnaître et s'en éloigner, les théories, en somme, naissent des faits qui leur sont antérieurs et contemporains. Si, par exemple, l'animal humain avait attendu de connaître les lois de l'équilibre du corps avant de se décider à se tenir debout sur ses jambes et à s'en servir pour marcher, il n'eût certainement jamais découvert ces lois, et par conséquent il fût demeuré à quatre pattes pour l'éternité. On comprend donc que, si la théorie individualiste née de la philosophie du xviiie siècle et appliquée par la Révolution française fut nécessairement idéologique dans sa partie positive, constructive, et non moins nécessairement réaliste dans sa partie négative, destructive, cette dernière et essentielle tâche n'en fut pas moins accomplie. On peut même ajouter qu'à moins d'un miracle, il n'en pouvait guère être autrement. La théorie individualiste fit la critique du vieux monde au nom d'un idéal humain que l'état des sciences naturelles et sociales ne pouvait faire plus approchant des réalités. A côté des Diderot et des Condorcet qui commencent à pénétrer le sens de l'évolution des sociétés, et d'ailleurs s'appuient sur des raisonnements plutôt que sur des faits observés et classés méthodiquement, il y a les Voltaire et les Jean-Jacques, les Montesquieu, même, pour qui la liberté innée de l'homme n'a besoin que d'être débarrassée des entraves que lui oppose l'homme. La philosophie du xviiie siècle, du moins celle qui domina, fut essentiellement spiritualiste et fondée sur le libre arbitre : elle proclama qu'il suffirait de rendre les hommes à leur liberté, avec la certitude qu'elle les ferait naturellement égaux, et sans nul autre secours. C'est ce que fit la Révolution, inspirée par cette philosophie : elle supprima les entraves qui s'opposaient à la prétendue liberté naturelle de l'individu ; elle supprima les privilèges de droit, et assura à tous également les garanties d'une loi commune, sans se demander si des privilèges de fait ne seraient point destructifs de cette égalité purement formelle devant la loi.

Et l'on sait ce qu'il est advenu pour les moins forts, les moins instruits, les moins organisés en groupes résistants et conscients ; on sait ce qu'est devenue leur liberté verbale, privée des attributs qui la réalisent et lui donnent son prix. Aujourd'hui, encore, nous vivons sur des idées, corps informes où manque l'ossature puissante des faits. En politique, libéralisme signifie toujours : abstention de la collectivité organisée devant l'écrasement des isolés par des puissances individuelles fortement armées et solidarisées, et aussi : protestation contre l'instruction publique, contre les secours publics aux indigents et aux infirmes. En économie politique, il en est de même : le libéralisme c'est la puissance sans contrôle ni contrepoids des associations qui, par la concurrence, tuent la concurrence et créent le monopole de fait ; et, malgré les belles théories sur le contrat, le libre contrat, c'est l'opposition à toute tentative qui a pour objet de créer le contrat en égalisant si peu que ce soit les contractants. En face de ce pseudo-libéralisme qui, dans notre siècle et en présence des faits, ne peut présenter d'autre excuse que son conservatisme borné, nous avons vu se dresser le libéralisme non moins métaphysique de l'égoïsme, qui n'est que son prolongement exaspéré en révolte de logiciens purs, ivres de littérature romantique et de philosophie pessimiste. Craignons, si nul autre choix n'est offert aux esprits de ce temps, de voir surgir le réalisme incomplet et brutal du césarisme personnel ou collectif. Ce péril peut être évité, si nous cherchons la liberté de l'individu social, non dans son isolement, non dans son antagonisme, mais dans son contact et dans sa coopération avec l'ensemble des autres individus.

VI. — L'INDIVIDU ET LA LIBERTÉ

1. — Jusqu'à présent, deux catégories de gens ont parlé de la liberté : ceux qui la méconnaissent et ceux qui la nient. Pour les uns comme pour les autres, elle est une sorte de divinité dont les premiers disent qu'elle est partout et qu'elle peut tout, et les seconds qu'elle n'est nulle part et ne peut rien, pour la raison qu'elle n'existe point ailleurs que dans le cerveau des premiers. Entre ces dévots et ces athées, c'est ici le moment de se prononcer. Il nous faut donc examiner en quoi ils diffèrent et en quoi ils s'accordent. Nous savons déjà qu'ils diffèrent sur l'existence même de la liberté, radicalement et irréductiblement, puisque les premiers l'affirment et que les seconds la nient. Cette opposition ne viendrait-elle pas de ce qu'ils s'accordent dans une commune définition de la liberté, qui ne serait pas la bonne? Voilà ce qu'on ne se demande pas, et qu'il faut se demander, cependant. Pour les uns et pour les autres, la liberté est la faculté que possède l'homme d'agir comme il veut. Cette faculté est en lui, immanente et éternelle, et la volonté est son instrument. L'homme ignorant et inerte est aussi libre que l'homme instruit et actif, et c'est volontairement qu'il refuse d'exercer sa liberté, c'est-à-dire qu'il emploie sa liberté à ne pas vouloir être libre. Il est donc juste qu'il supporte la peine de son mauvais vouloir. Et, ainsi, la notion de res-

ponsabilité s'enchaîne à celle de liberté. Voilà l'absolu sur lequel se querellent les croyants et les athées de la déesse liberté.

Sur ce terrain, ceux-ci ont beau jeu pour combattre leurs adversaires. Les philosophes du fatalisme et du déterminisme y ont remporté de brillantes victoires, que rendront sans doute décisives les recherches de la psychologie physiologique moderne. Mais, comme les tenants du libre arbitre ont pris la sage précaution de déclarer que, si la liberté est en nous, l'éducation lui permet de se manifester en vouloirs et en actes, les tenants du déterminisme sont incapables de les forcer dans ce refuge par l'unique secours des armes qu'ils ont employées jusqu'ici. Néanmoins, laissons pour l'instant ce point, et constatons que, partout où des rapports constants entre des phénomènes sont constatés et formulés en lois, la liberté s'évanouit et disparait. Enivrés de leur victoire sur cette catégorie de l'absolu, les déterministes étendent logiquement à l'univers entier l'idée de loi et en éliminent totalement l'idée de liberté. C'est leur droit et c'est leur devoir ; ils font de leur victoire un usage légitime et nécessaire, et, bien loin de nous y opposer, nous les encouragerions plutôt à pousser leurs avantages jusqu'au bout et à consommer la ruine de la métaphysique de l'arbitraire.

Revenons à présent à la définition de la liberté, sur laquelle s'accordent ses croyants et ses négateurs. Si elle est pour l'individu la faculté d'agir selon sa volonté, les lois naturelles prennent nécessairement, pour les uns comme pour les autres, un caractère limitatif, et même destructif de la liberté. Les deux camps vont être donc d'accord sur ce point encore que la loi détruit la liberté. Non pas tout de suite, car le combat serait trop tôt fini. Ce n'est pas pour rien que les combattants du libre arbitre ont fait de la volonté un agent libre, en lequel réside essentiellement la liberté. La volonté, disent-ils, est mère des actes. Au commencement était le Verbe, répètent-ils avec l'évangéliste, qui avait lu et médité Platon. C'est par la volonté que l'homme manifeste sa liberté. Cette volonté peut connaître ou non les lois naturelles : il n'importe, puisque, même les connaissant, elle peut faire comme si elles n'existaient pas et agir contre elles ou dans leur sens, à son gré ; ainsi elles disparaissent comme obstacles à la liberté. A quoi les combattants du déterminisme répliquent avec raison que la liberté ne s'exerce donc que pour nuire à l'individu, puisque, s'il obéit aux lois naturelles, il n'est pas libre, et que, s'il affirme sa liberté en s'opposant à elles, il devra supporter de ce fait des conséquences pénibles et même mortelles qu'il ne sera point libre d'éviter.

Laissons se poursuivre un combat qui finira nécessairement lorsque les idées exprimeront des faits et des rapports de faits, c'est-à-dire lorsque, cessant d'imaginer tout l'univers par des opérations de raisonnement pur, l'esprit humain se contentera d'en coordonner les parties sur lesquelles, en observant la répétition constante des phénomènes qu'elles manifestaient, il a pu acquérir des certitudes. Quand viendra ce moment que nous appelons de tous nos vœux, nous verrons la liberté métaphysique, c'est-à-dire l'arbitraire, — car il faut enfin lui donner son vrai nom, — s'enfuir dans des lointains tellement inaccessibles à tout entendement, que ses adorateurs eux-mêmes devront renoncer à lui offrir leurs hommages. Pourtant, essayons de saisir cette divinité avant qu'elle ait disparu de notre horizon mental, et voyons s'il n'y aurait pas moyen, après l'avoir préalablement humanisée, de la faire travailler pour nous. Le temps des divinités fainéantes passe, comme est passé le temps des divinités à qui on laissait tout faire. Craignons, si nous laissons partir celle-ci sans l'avoir utilisée, qu'on ne la remplace par une nécessité qui, ne laissant plus rien faire à l'homme, le ferait retomber, corps et pensées, aux paresses originelles auxquelles, somme toute, l'illusion de sa liberté l'avait arraché. Les idées furent des maîtresses tyranniques, aveugles de tout notre aveuglement; faisons d'elles nos servantes dociles, clairvoyantes de toute notre clairvoyance. L'idée de liberté peut être de celles-ci, puisque, même imparfaitement conçue, elle nous a donné les biens qui nous fondent à croire que nous pouvons nous passer d'elle aujourd'hui. N'est-ce pas, en effet, de la notion de liberté qu'est né l'esprit d'examen et de critique, et n'est-ce pas la volonté éclairée niant les volontés aveugles qui les a finalement libérées des fatalités de leur commun aveuglement !

Il ne suffit point que les partisans du déterminisme et ceux de l'arbitraire soient d'accord sur l'opposition entre l'idée de liberté et l'idée de loi pour que cette opposition soit acceptée sans critique. Les uns et les autres peuvent se tromper : si, par exemple, l'arbitraire et la liberté sont deux choses distinctes, l'échafaudage d'affirmations et de négations bâti péniblement par les partisans de l'arbitraire et ceux du déterminisme ne sera plus qu'une vaine construction de l'esprit. Demandons-nous donc sur quoi les uns et les autres se fondent pour déclarer que l'idée de loi et l'idée de liberté s'excluent. Les déterministes disent excellemment : Le hasard, l'arbitraire n'existent que dans notre esprit; ils en disparaissent dès qu'il acquiert la notion des relations de cause à effet. Sans oser nier ces relations, les partisans du libre arbitre affirment que la volonté peut les ignorer, ou faire comme si elles n'existaient pas, puisqu'il lui suffit de s'affirmer contre elles, et que rien ne peut empêcher cet acte de volonté. C'est donc dans la possibilité de l'absurde et du suicide qu'ils placent la liberté de l'individu ? Absolument, oui. Relativement, non. Empruntant leurs armes à leurs adversaires, les partisans du libre arbitre utilisent l'idée de loi. Par l'éducation, c'est-à-dire par la connaissance des lois naturelles, l'individu apprend à user de sa liberté d'une manière qui ne le conduise ni à l'absurde ni au suicide. Il est toujours libre d'être absurde ou de se suicider, mais il n'use point de cette liberté. En soi, la loi naturelle est donc bien contre la liberté naturelle; mais, à moins d'être perverti, l'individu préfère les accorder dans ses actes pour son bien propre ou celui de l'espèce. Quand il ne les accorde pas dans ses actes, c'est qu'il préfère le mal au bien, et c'est précisément dans cette faculté de préférer le mal au bien que réside sa liberté.

Comme il ne s'agit point ici de combattre le libre arbitre au profit du déterminisme, mais de constater que, théoriquement tout au moins, les partisans des deux doctrines opposent, les premiers la liberté à la loi, les seconds la loi à la liberté, et d'examiner les conséquences pratiques de cette double opposition; nous allons voir comment les uns et les autres se comportent en face de la réalité, c'est-à-dire en face des phénomènes concrets de la vie individuelle et sociale.

Pour ceux qui s'inspirent de la doctrine du libre arbitre, la liberté résidant en chaque individu, il suffit, pour qu'il soit libre, que l'individu soit débarrassé des obstacles qui s'opposent à l'exercice de sa liberté. Nous avons vu plus haut que la Révolution française s'inspira de cette doctrine, dont l'expérience nous a fait constater l'insuffisance à donner à l'individu les libertés de tout ordre qu'il en attendait. Cela se conçoit : pour tout doctrinaire du libre arbitre, en l'esprit de qui réside l'opposition fondamentale de la liberté naturelle et de la loi naturelle, toute loi positive est une limitation, une aliénation partielle de la liberté de l'individu. De l'abstrait au concret, l'analogie est étroite; et, les théories étant faites pour être appliquées, le doctrinaire libéral est conséquent avec lui-même en appliquant sa conception métaphysique aux phénomènes concrets que sont les hommes et les institutions. Il justifie ainsi sa théorie, en même temps qu'il l'utilise. Mais, alors, voici ce qui arrive : l'idée enveloppe le phénomène-individu et le fait disparaître. Ce n'est plus une théorie abstraite qu'on applique à ce phénomène concret, il s'est volatilisé dans l'idée qui le représente, il s'est englouti dans sa propre liberté, comme escamoté par elle : et le voilà devenu l'unité abstraite d'une quantité abstraite. Et, pour avoir voulu l'individualiser plus complètement, on l'a en réalité désindividualisé en le dépouillant de tous les attributs réels de sa personnalité, en le séparant de tout contact avec l'univers pour le laisser, nu et seul, enveloppé de sa liberté originelle, qui est censée suffire à tout. Pour la philosophie du libre arbitre, voilà l'homme libre par excellence. Vis-à-vis de la loi positive, par exemple, il est le vague « quiconque » qu'elle déclare impersonnellement responsable, justiciable, punissable, à l'égal de tous les autres individus également désindividualisés. Mais, pour se réfléchir dans des cerveaux de métaphysiciens, la réalité concrète ne perd jamais absolument ses droits : elle s'impose à eux à des degrés et sous des angles divers. Le libéralisme sera donc, pour les uns, la suppression des servitudes personnelles ; pour les autres, il sera la limitation des nécessaires lois positives au maintien de l'ordre matériel et au respect des contraintes réelles que, sous le faux nom de contrat, les forts ont imposées aux faibles ; pour d'autres, enfin, il sera la suppression de toute loi positive. On va ainsi de Guizot à Jean Grave, en passant par Bastiat.

Voyons à présent comment se comportent, en face des

faits, les partisans du déterminisme. Pour eux, il n'y a que des lois, et la liberté n'est qu'un mot. Cependant, ils ont constaté que l'individu augmente son action sur les choses, utilise mieux son activité, grâce à la coopération sans cesse plus générale, et que cet accroissement de l'individu est précisément en raison de sa connaissance des relations de cause à effet, du développement en lui de l'idée de loi. Afin de rester conséquents avec leur théorie générale, que font-ils? Nous savons qu'ils abandonnent dédaigneusement à la liberté naturelle tout le domaine que la loi naturelle n'a pas encore conquis. Pour eux, être libre c'est ignorer pourquoi l'on se détermine et par quoi l'on est déterminé, puisque, dès qu'il conçoit des rapports et des lois, l'individu n'est plus libre de les méconnaître ou de s'y opposer : il est dès lors actionné par le mobile le plus fort, intérieur ou extérieur ; il est une balance dont le plateau est obligé de s'abaisser dès qu'on y dépose le poids. Puisqu'ils tiennent en un juste mépris ce fantôme de liberté qui s'évanouit dès que la loi apparaît, les déterministes vont donc être, dans l'application individuelle et sociale, pour la loi contre l'arbitraire, puisque, socialement, la liberté originelle c'est l'arbitraire ? Non, car ils auraient trop peur de déranger le mécanisme de l'univers, et ils sont trop imprégnés de fatalisme pour l'oser. Que font-ils, alors ?

Ils avaient poursuivi la liberté et l'avaient forcée de se réfugier dans l'inconnaissable ; ils la rappellent et la réincorporent dans l'individu. Ils font à leurs adversaires cette concession de déclarer libre l'individu pris en soi, considéré comme un être autonome, et de le déclarer non libre dès qu'il constate des rapports, en établit et s'y soumet. Comment en arrivent-ils à objectiver un phénomène subjectif pour lequel ils n'ont que dédain, puisqu'ils le voient s'enfuir dans l'absurde dès qu'ils le serrent d'un peu près? En subissant, malgré eux, l'erreur qu'ils ont combattue, mais dont ils ont accepté les données consécutives. Voici l'opération : elle est très simple : — « L'homme est libre, disent ceux-là. — L'homme n'est pas libre, disent ceux-ci. — Sa liberté s'oppose aux lois. — Les lois s'opposent à sa liberté. — Les lois naturelles et les lois sociales sont opposées à la liberté de l'individu, » concluent-ils ensemble, cette fois d'accord, au fond du fossé où les premiers ont entraîné les seconds. Et quand ceux-ci veulent définir, au regard de l'individu, l'état qui s'oppose à la loi, naturelle ou sociale, ils ne trouvent pas d'autre mot que celui de liberté. Et voilà comment, après avoir recréé la liberté naturelle, ils l'étendent à l'individu réel en faisant de la loi sociale l'opposé de la liberté individuelle.

D'autre part, et ceci est capital, en calquant étroitement les rapports humains sur les rapports biologiques, et en constatant que, dans ceux-ci, la lutte pour l'existence a pour résultat la survie des espèces et des individus les mieux adaptés au milieu, les partisans du déterminisme sont dominés par l'idée de perfection absolue des lois naturelles. Il ne leur faut donc pas faire un grand effort pour être amenés à croire que les lois sociales sont nécessairement inférieures aux lois naturelles, puisqu'étant l'œuvre des hommes elles contiennent la part d'arbitraire qui est en eux. Établir, donc, des lois sociales, c'est contrarier les lois naturelles, c'est entrer en révolte contre elles : c'est opposer l'arbitraire à la loi. On voit à quels sophismes peuvent glisser les déterministes ainsi égarés. Herbert Spencer, qui oppose la liberté individuelle à la tyrannie des lois sociales, nous en est un illustre témoin. Pour être totalement incapable de se dégager, il suffit de supposer que les lois sociales sont toujours faites par les individus qui méconnaissent le plus les lois naturelles, et qu'il en sera de plus en plus ainsi. Il est vrai que c'est aussi tourner le dos aux principes mêmes de l'évolutionnisme et considérer l'individu comme radicalement imperfectible. Mais, quand on est lancé sur cette pente, on y glisse trop vite pour apercevoir ce détail. Et, finalement, se rencontrent, pêle-mêle, au fond du fossé, des évolutionnistes et des spiritualistes, des anarchistes et des aristocrates.

Nous les prenons ainsi en flagrant délit, les uns et les autres. Ils se sont emprunté leurs armes respectivement, afin de dépouiller plus complètement l'individu de tout ce qui le réalise. L'opération s'est faite très simplement, en toute bonne foi et par pur amour de l'individu. Les uns niaient, les autres affirmaient la liberté de l'individu; mais les uns et les autres considéraient l'individu en soi, rendu à sa liberté naturelle ou soumis à la loi naturelle. Pour les premiers, sa liberté naturelle suffisait à le rendre heureux; et, pour les seconds, sa soumission aux lois naturelles était également l'unique condition de son bonheur. Les uns ont donc protesté contre la loi sociale, parce qu'elle est une imitation maladroite de la loi naturelle, et qu'elle limite la liberté naturelle de l'individu; les autres, parce que cette imitation maladroite va contre la loi naturelle, et par conséquent contre les véritables intérêts de l'individu.

Et nul d'entre eux ne s'est avisé de ceci : que l'individu laissé à son propre arbitraire n'est pas libre, mais dépendant de toutes les forces extérieures. Au contraire, lorsqu'il est armé de la connaissance des lois naturelles, il cesse d'être déterminé comme une chose inerte : il acquiert la faculté de vouloir, d'agir pour se déterminer, c'est-à-dire de se conformer délibérément aux lois naturelles qui lui sont bienfaisantes, et de se préserver de celles qui sont un obstacle à son bien. Si cette faculté, qui est bien la liberté, j'imagine, naît en lui et s'accroît à mesure que s'accroît son pouvoir de détermination sur lui-même et sur les choses, elle n'a donc rien de commun avec l'arbitraire, qui doit disparaître dès qu'apparaît la loi. Donc, si la loi positive, la loi sociale, est l'œuvre volontaire des individus, qui la perfectionnent à mesure qu'ils connaissent mieux la loi naturelle, elle n'a rien d'incompatible, au contraire, avec la liberté de l'individu. Plus celui-ci coopérera avec ses égaux à étendre et perfectionner la loi sociale, plus il sera libre. Mais il ne suffit pas d'affirmer par le raisonnement. Il faut démontrer par les faits. C'est ce que je vais essayer de faire.

II. — Encore un peu de raisonnement, cependant, mais sur des idées qui expriment des faits et des relations réelles. Prenons parti pour Gœthe contre Jean l'Évangéliste, pour l'action contre le verbe, et, au lieu de dire : La liberté est la faculté que possède l'individu de faire ce qu'il veut, disons : La liberté est la faculté que l'individu acquiert d'exercer son pouvoir sur l'univers. Comme toute faculté, elle est déterminée et limitée par les lois mêmes de l'univers. Quand l'homme connaît, c'est-à-dire possède en esprit, les phénomènes qui déterminent et limitent son pouvoir, il peut les rechercher ou les écarter, les combiner, les utiliser; il est libre. Quand il les ignore, il les heurte et les subit en aveugle; il n'est pas libre. La liberté n'est donc pas immanente à l'individu ; elle naît et croît en lui à la mesure de son pouvoir sur l'univers. Ainsi, la liberté acquise, loin de s'opposer aux lois naturelles, en est l'expression réfléchie en l'individu, qui n'agit qu'en vertu et au moyen des lois naturelles ; et c'est leur connaissance qui détermine la volonté de l'individu.

La volonté n'est pas libre. Elle est, ou livrée à l'arbitraire, c'est-à-dire soumise aux lois qu'elle ignore, ou agent de la liberté de l'individu, c'est-à-dire soumise aux lois qu'elle connaît. Car notre volonté n'est pas essentiellement distincte de notre pouvoir. Elle n'en est pas le schéma préexistant et indépendant, et, par conséquent, ne se suffit pas à elle-même. On peut dire que le pouvoir réel, celui qui constitue la liberté de l'individu, se compose de deux temps : la volonté et l'action. Considérée comme inséparable de l'action, la volonté, premier temps du pouvoir, est donc l'instrument primordial de la liberté. Séparée de l'action, elle n'est plus qu'une stérile opération de l'esprit, sans valeur propre. L'individu qui peut et ne veut pas n'est pas libre. Celui qui veut ce qui ne se peut pas n'est pas libre non plus. Notez que je ne parle pas de celui qui veut et ne peut pas ; car, si celui-ci veut ce qui se peut, il ne lui reste qu'à compléter son pouvoir pour devenir libre, et nous pourrons voir que l'action, deuxième temps du pouvoir, ne lui est pas radicalement impossible. L'homme qui veut et qui peut beaucoup est très libre ; celui qui ne veut ni ne peut beaucoup est peu libre. La liberté est donc une acquisition de l'individu. Elle est relative à sa volonté et à son action, c'est-à-dire à son pouvoir. Elle s'exprime par la volonté, se manifeste par l'action, se réalise par le pouvoir.

J'ai dit que la volonté précède l'action et la dirige. En effet, l'individu qui ne délibère pas ses motifs n'est pas libre, ne peut pas l'être. Lorsqu'il agit sans avoir délibéré ses motifs, il subit nécessairement l'arbitraire du plus puissant mobile. Si, au contraire, il a délibéré ses motifs, il se déterminera par le meilleur, c'est-à-dire celui qui sera le plus propre à réaliser son bien. Jusqu'à présent, on a déclaré libre l'individu le moins conscient de ses motifs de vouloir et d'agir, et par conséquent le plus soumis à l'arbitraire des mobiles. Que dis-je! Forcés de reculer devant les conquêtes du déterminisme et de se rendre aux évidences scientifiques qu'il apporte, les partisans de l'arbitraire sont tenus, sous peine d'inconséquence, d'affirmer que l'individu le plus libre est précisément celui dont la volonté échappe aux lois naturelles en les ignorant. Or, c'est tout juste le contraire, puisque celui qui est dans ce cas ne fait pas ce qu'il veut. Ne sachant pas diriger cette première partie du pouvoir qui est la volonté, comment veut-on qu'il puisse diriger la seconde qui est l'action? Donc, l'individu qui est déterminé par des mobiles qu'il ne connaît pas n'est pas libre; tandis qu'est véritablement libre, à la mesure de son pouvoir, l'individu qui se détermine lui-même par des motifs qu'il connaît et qu'il a délibérés. Dès qu'il s'est arrêté au meilleur motif, qui s'impose d'ailleurs à lui de toute la force et de toute l'évidence de son adaptation à la fin poursuivie, sa volonté est servie par son acte, son pouvoir s'exerce et sa liberté est.

C'est donc la connaissance des rapports réels, des lois naturelles, qui est la condition nécessaire de la volonté. De même que nous ne pouvons vouloir réellement ce que nous ignorons, nous ne pouvons vouloir utilement si nous ignorons les conditions de notre volonté. Si nous voulons en dehors des lois naturelles ou contre elles, nous voulons en vain, et le drame s'arrête au premier acte; un premier acte incomplet, incohérent, qui ne peut amuser que son auteur sans lui être d'aucune autre utilité. Et s'il a voulu sous la pression d'un besoin physique impérieux, voilà un auteur en grand péril de mourir d'inanition devant son œuvre inachevée. Comme la volonté est la manifestation délibérée d'un besoin exprimé par les organes, si elle ne sert point à le satisfaire, elle ne sert à rien; et, dans ce cas, il vaut mieux la laisser sommeiller dans l'inconscient que de l'avoir évoquée pour constater son impuissance et son inutilité. Le désir, qui accomplit mécaniquement son office, sans prétendre raisonner, suffit à donner aux actes l'impulsion qui les portera à satisfaire tant bien que mal le besoin exprimé par les organes. Mais nous ne sommes pas les maîtres de notre besoin et de notre désir. Nous pouvons refuser de les satisfaire, mais nous ne pouvons les empêcher d'exister, et ainsi ils nous échappent dans une certaine mesure ; il en est même auxquels nous ne pouvons échapper sans cesser d'exister. Il n'en va pas ainsi de notre volonté. Elle n'est pas immanente en nous comme le besoin et le désir. Elle est, non une fonction organique, mais une acquisition de notre esprit. Elle est le résultat d'une relation établie entre l'individu et l'univers, elle est proprement une participation consciente de l'individu à l'univers. On ne peut vouloir nulle chose qui ne soit point de l'univers, et l'on ne peut vouloir nul acte qui ne nous mette point en relation avec l'univers, choses ou individus. La volonté est donc nécessairement une réaction de l'individu sur l'univers ; comme les mobiles qui l'ont fait surgir, et par elle sont devenus des motifs, étaient une action de l'univers sur l'individu. La volonté est donc un acte, plus ou moins conscient, de l'universel échange que tout individu accomplit par le seul fait qu'il existe.

J'ai mis à part, tout à l'heure, l'état de l'individu dont le pouvoir ne suit pas la volonté. Sa réaction sur l'univers est incomplète, il est incapable de passer du premier acte au second et de réaliser son pouvoir. Mais si ce qu'il veut et ne peut pas est désirable et possible, si sa volonté est faite de l'adhésion éclairée aux lois naturelles pour utiliser celles qui le servent et se préserver de celles qui lui nuisent, le second acte, c'est-à-dire l'action, par lequel se complète le drame, ne sera que différé. Il se jouera nécessairement un jour ou l'autre, le jour où l'individu, communiquant à d'autres sa volonté et ses motifs, et les leur faisant partager, aura fait surgir un accord de volontés pour une coopération à l'action reconnue conforme aux lois naturelles, c'est-à-dire possible, et au bien propre des individus, c'est-à-dire désirable. La volonté se forme donc par la relation consciente de l'individu avec l'univers et, au moyen de l'action, s'achève en pouvoir par la coopération de l'individu avec ses semblables.

Et nous voici au second acte, et définitif, du drame, qui consiste dans l'exécution de la volonté, par l'action. Nous ne pouvons agir que sur ce qui est ; voilà qui n'a pas besoin d'être démontré, puisque nous sommes d'accord pour n'agir que lorsque nous voulons et pour ne vouloir que lorsque nous savons. Rien ne nous empêche, évidemment, d'agir sans vouloir, de même que rien ne nous empêche de vouloir sans agir. Mais, alors, notre pouvoir n'est pas, puisque les deux actes qui le constituent ne sont pas réunis ; et, si, d'aventure et par une rencontre fortuite à laquelle notre conscience est étrangère, notre action se traduit en pouvoir, de ce pouvoir nous ne sommes pas les maîtres ; par conséquent, nous ne sommes pas libres. Nous ne sommes pas plus libres que ne l'est de se procurer de la lumière l'enfant laissé dans l'obscurité et qui, en tâtonnant pour sortir de la chambre où il est, aura par mégarde tourné le commutateur de l'électricité. Jusqu'à ce qu'il se soit rendu compte du phénomène, il s'imaginera que pour avoir de la lumière il suffit de se promener en tapant contre les murs : il ne sera donc pas libre de se procurer de la lumière tant qu'il ne connaitra pas l'usage du commutateur.

Mais, qu'il s'agisse de la manifestation la plus infime ou la plus grandiose de notre volonté, de même qu'elle ne peut naître que de notre participation consciente à l'univers, elle ne peut se transformer en pouvoir que par notre participation active à l'univers, puisque notre pouvoir est un acte complet de réaction sur l'univers, dont l'action sur nous a fait surgir notre volonté. Notre liberté sera donc d'autant plus grande que nous serons en communication plus complète et plus étendue avec l'univers, puisque notre liberté est à la mesure de notre pouvoir. Si, tandis que l'univers agit sur nous, il ne nous est possible de réagir sur lui que d'une manière inconsciente, incertaine, incomplète, notre liberté sera nécessairement réduite, et pourra même n'être pas. Si, au contraire, notre réaction volontaire est égale ou même supérieure à l'action que l'univers exerce sur nous, notre faculté de pouvoir sera nécessairement étendue à la mesure de notre réaction, et notre liberté sera.

L'individu le plus libre est donc celui dont la participation consciente à l'univers est la plus complète et la plus étendue. La suppression des contraintes extérieures qui entravent son action pourrait suffire à le faire libre, si sa liberté était en lui à l'état d'attribut immanent. Plus il serait seul et plus il serait libre. Mais si, au contraire, la liberté naît et se développe dans l'individu à mesure que, connaissant mieux l'univers, il le possède plus complètement par la pensée et par l'action, plus il participera à l'univers et plus il sera libre. La liberté ne consiste donc pas seulement ni surtout essentiellement dans la suppression des contraintes extérieures, mais dans l'acquisition des secours extérieurs, puisqu'elle n'est pas originellement en nous et qu'elle nous vient du dehors par notre participation consciente à l'univers.

Si notre liberté n'est pas originelle, immanente, ce n'est pas elle que le déterminisme nous a contraints d'abandonner derrière nous, mais l'arbitraire. Et c'est par la liberté, qui est devant nous, à l'état d'acquisition extérieure sans cesse accrue par notre participation à l'univers, que nous avons pu supprimer l'arbitraire, dernier pseudonyme de la fatalité à l'usage de ceux qui croyaient la supprimer en la niant.

III. — Quand, par la Révolution libérant l'individu des entraves qui s'opposaient à l'exercice de sa prétendue liberté naturelle, la société française eut passé du régime féodal au régime individuel, elle se trouva n'avoir accompli que la partie négative de l'œuvre individualiste.

La partie positive resta, et demeure encore, en souffrance. Tandis que ceux qui considèrent la Révolution française comme une œuvre funeste prennent avantage de cet inachèvement; ceux qui se réclament d'elle croient que, pour l'achever, et par conséquent réaliser l'individu dans la plénitude de sa liberté, il suffit de supprimer des lois, toute loi étant considérée par eux comme un obstacle à la liberté absolue de l'individu. Le simple examen des faits suffit à démontrer que, pour achever la Révolution, il faut donner en réalité à chaque individu le pouvoir qui ne lui a été donné ou reconnu qu'en idée.

Quand tombèrent les entraves que l'ancien régime opposait à l'individualisme, que se passa-t-il? Ceci, qu'un très grand nombre d'individus, rendus par décret à leur prétendue liberté naturelle, en fait à leur propre arbitraire, furent fort embarrassés de cette liberté qu'on disait être en eux et dont ils ne voyaient nulle part, ni en eux ni autour d'eux, les moyens de la réaliser, et, conséquemment, de s'en servir. Pour le plus grand nombre, cet embarras dure encore. En rompant les liens de servitude, la Révolution avait du même coup rompu les liens de solidarité, l'individu pourvu de sa seule liberté étant censé se suffire à lui-même. Ceux qui n'étaient pourvus que de cela se suffirent fort mal. Ceux qui y joignaient le savoir et la richesse ne furent point si en peine. Même sous son aspect négatif, la liberté signifiait pour eux quelque chose, servait à quelque chose. Rendus à l'indépendance naturelle et à leur propre arbitraire, ils armaient leur volonté de savoir et leur action des moyens matériels que leur donnait la propriété, et ils réalisaient leur pouvoir, c'est-à-dire leur liberté. Ils considérèrent nécessairement la société comme un champ clos, où l'individu est pour l'individu un adversaire. Il ne s'agissait pas pour eux de la liberté de tous les individus, mais de la leur propre ; d'autre part l'expérience leur avait démontré qu'en associant leurs forces, en coopérant, les individus augmentent le pouvoir de chacun d'eux. Ils formèrent, ou plutôt continuèrent de former, avec une activité que n'entravaient plus les règlements et les prohibitions de l'ancien régime, des coopérations industrielles et commerciales où, naturellement, ne furent admis que ceux qui pouvaient apporter quelque chose à l'avoir commun. Tandis qu'ils proclamaient théoriquement que l'individu isolé, seul en face de tous, est libre, ils constituaient pratiquement leur liberté individuelle par la coopération. Comme bien on pense, ils y trouvaient trop leur avantage pour être capables de réfléchir sur cette contradiction.

D'ailleurs, et ceci eût suffi pour embrouiller le problème et, par la dissimulation de ses données, en retarder la solution, tous les possédants n'étaient pas entrés dans le régime nouveau de coopération par la mobilisation de la propriété. A la fois nécessitée et favorisée par l'application de la vapeur à l'industrie et par les innombrables transformations qui découlèrent de cette invention capitale, cette mobilisation de la propriété ne s'est pas encore étendue aujourd'hui au domaine agricole ; il s'en faut même de beaucoup qu'elle le soit absolument à l'industrie au commerce et aux moyens de transport. C'est dire qu'au lendemain de la Révolution française, les possédants qui mobilisèrent la propriété et s'associèrent pour mieux la posséder, furent en somme peu nombreux. Ceux qui impersonnalisèrent ainsi leur propriété en furent réellement les maîtres, au regard de ceux qui demeuraient liés à la leur dans toute sa matérialité et dans toute son immobilité. Tous les propriétaires du sol, grands et petits, furent nécessairement dans le second cas. Pour les grands propriétaires, la plupart appartenant à la caste que la Révolution avait destituée de ses privilèges séculaires, la rente du sol était un reste précieux de ces privilèges féodaux tant regrettés. Elle s'ajoutait, dans leur esprit, aux rémunérations que l'État dispense à ceux qui le servent. Entretenue dans cette pensée par les souvenirs de son ancienne grandeur et par les réactions politiques qui lui rendirent un instant le pouvoir, cette catégorie de possédants se trouva fatalement enfermée dans un égoïsme de classe étroit, ignorant et rétrograde. Les individus qui la composaient n'exercèrent désormais leur action d'ensemble et ne coopérèrent plus que pour s'opposer aux progrès sans cesse étendus de la coopération industrielle et politique. Les autres propriétaires du sol peuvent se diviser en deux catégories : nous trouvons, dans la première, les grands propriétaires, bourgeois enrichis qui, par paresse et par vanité, s'annexèrent aux féodaux et dont beaucoup, ornés aujourd'hui de la particule nobiliaire et conservateurs forcenés, sont les petits-fils d'acquéreurs de biens nationaux, guillotineurs de nobles. Les moyens et petits propriétaires de la seconde catégorie furent forcément isolés par leur dispersion sur le sol auquel ils étaient attachés; courbés au travail du matin à l'aube, trop pauvres et trop peu instruits pour profiter des progrès mécaniques qui transformaient les autres modes de l'activité productive, ils oscillèrent entre le conservatisme des féodaux et le libéralisme des partisans du régime moderne. Aujourd'hui, la majorité d'entre eux est acquise au libéralisme politique, mais ils sont encore tous adhérents au conservatisme économique ; et, dans toutes les questions d'intérêts, ils sont à la remorque des féodaux.

Ne purent non plus entrer dans le mouvement de mobilisation de la propriété, les innombrables chefs d'industrie dont le matériel ne fut pas immédiatement atteint par le mouvement de transformation créé par les applications de la vapeur, ou qui, trop pauvres pour opérer d'eux-mêmes cette transformation, durent assister impuissants aux progrès de leurs concurrents. Ce fut également le cas des commerçants ; et, lorsque les chemins de fer et les navires à vapeur, les télégraphes et les câbles sous-marins vinrent successivement reculer les limites du marché et lui donner une activité qu'on n'eût point osé concevoir un siècle auparavant, le négoce se constitua des organes collectifs dont ne fit naturellement point partie la masse des commerçants éparpillés sur tous les points du pays. Le mécanisme du crédit s'était perfectionné, cependant, mais il ne fonctionnait qu'au profit des puissants coopérants de la propriété mobilière. Les isolés, commerçants et industriels, furent tributaires des banques, même d'État, et non bénéficiaires, du moins au même degré que les détenteurs de la propriété immobilière devenus bien réellement les maîtres de leur propriété dans toutes les formes nouvelles qu'elle revêtait : actions de mines, de banques, de chemins de fer, etc.

Tandis qu'au moyen de la coopération, ceux qui avaient été réellement libérés de leurs entraves par la Révolution française, constituaient les conditions réelles, matérielles et solides, de leur liberté ; les autres restaient livrés à leur propre arbitraire, c'est-à-dire courbés sous toutes les servitudes extérieures, contre lesquelles leur « liberté immanente » ne pouvait les défendre. Les uns, ceux qui possédaient, luttaient entre eux et contre la puissance croissante des coopérations économiques ; et chaque crise, chaque transformation d'outillage, faisait parmi eux plus de victimes que la plus meurtrière bataille ne couche de soldats sur le sol. Les autres, ceux qui ne possédaient que leurs bras et leur acquis professionnel, n'étaient libres que de vendre le tout, quand ils trouvaient acheteur, sous peine de périr d'inanition dans les bras de leur fantôme de liberté. Et chaque transformation d'outillage, augmentant la distance qui séparait les ouvriers de la propriété des instruments de travail, rendait plus complète et plus étroite leur subordination économique. Des réactions politiques et sociales successives avaient même reformé pour ceux-ci les obstacles à leur liberté verbale décrétée par la Révolution ; et leur droit civique, un instant entrevu, leur avait été rapidement enlevé. Ils tentèrent de se concerter pour échapper aux puissances économiques qui pesaient sur eux ; on leur opposa leur liberté individuelle. Ce ne fut qu'en 1864 que le droit de grève leur fut reconnu par la loi, et l'on sait de quelles restrictions il fut entouré. Tandis que se formaient les colossales puissances capitalistes par le moyen de la coopération, les prolétaires étaient contraints à l'isolement ; leur entente eût été pour eux un moyen de liberté réelle naissante ; on lui opposa la liberté, c'est-à-dire l'arbitraire individuel. On les destituait de leur droit réel au nom d'un droit verbal dont on leur refusait en même temps les précaires bienfaits.

Néanmoins, bien que constituée seulement dans sa

partie négative, la liberté portait en soi une vertu active et puissante. Nous avons vu que les possédants s'étaient comme formés en deux camps : le camp de la propriété immobilière, conservateur, et celui de la propriété mobilière, nécessairement progressif, et fatalement entraîné au libéralisme par la clientèle énorme de possédants et de non possédants qui s'était spontanément groupée autour de lui. Tandis que les féodaux et leurs clients de la moyenne et petite propriété agraire étaient pour la tradition, les contraintes, l'État fort ; les capitalistes et leurs clients du commerce, de l'industrie et du travail étaient pour le progrès, l'individualisme, l'État amoindri. Malgré eux, et pour ainsi dire par la vertu qui était en eux, ceux-ci étaient favorables à l'instruction populaire, à la démocratie. Ils continuaient à leur insu la Révolution arrêtée par l'effort conservateur, et en même temps ils tremblaient de la déchaîner. Il n'était pas jusqu'à leur indifférence en matière politique, religieuse et sociale qui ne servît le mouvement émancipateur. La classe moyenne des villes, nécessairement libérale, prenait la direction politique ; et c'est pour le peuple que ses grands écrivains produisaient leurs œuvres, pour un flot sans cesse accru de lecteurs et de spectateurs. Et quand les grandes luttes d'intérêts mettaient aux prises les féodaux et les capitalistes, ce n'est pas ceux-ci qui allaient au combat, mais les représentants de la classe moyenne, qui n'avaient qu'à pousser le cri de liberté pour trouver dans le peuple un écho formidable. Mais quand les ouvriers exigeaient non le mot, mais la chose, et demandaient que des droits positifs leur fussent constitués, conservateurs et libéraux faisaient la paix et s'accordaient pour les maintenir dans les servitudes réelles. Selon les uns, les prolétaires ne devaient jamais en sortir, et, selon les autres, ils n'en sortiraient qu'à la suite de longues générations ; et ce ne serait point par l'action collective, exprimée ou non par les lois, mais individuellement et par le secours de leur seule liberté.

C'est sur le terrain économique que se décèle avec le plus d'évidence l'infirmité de la métaphysique libérale. Cela se conçoit. De tous les phénomènes sociaux, le phénomène économique est le plus essentiel et fondamental. Il constitue la charpente, l'ossature des sociétés humaines. On peut n'être pas un citoyen, on peut être courbé sous l'arbitraire le plus écrasant, et néanmoins vivre, vaille que vaille; tandis qu'on ne peut vivre sans manger. Dans un régime social basé sur l'universel échange, et où les phénomènes de la production et de la circulation ont été bouleversés par une révolution sans précédent dans l'histoire humaine, la question économique apparaît au premier plan. D'autre part, le phénomène économique est assurément le plus concret de tous les phénomènes sociaux. En cette qualité, il ne se paie pas de mots; ce sont des faits qu'il lui faut.

Il surgit donc de très bonne heure des esprits clairvoyants qui s'aperçurent que la destruction pure et simple des contraintes de jadis avait remplacé l'arbitraire organisé de l'ancien régime par l'arbitraire inorganisé, individuel, du nouveau régime, et que, pour l'immense majorité des individus, cette liberté négative était un obstacle à leur liberté positive. Ceux qui, par le savoir et la richesse, avaient acquis le pouvoir et réalisé leur liberté, pesèrent naturellement de tout leur pouvoir sur ceux en qui s'éveillait la volonté d'être libres autrement qu'en paroles. L'ombre de la liberté fut évoquée contre la liberté réelle, et toute loi demandée par la démocratie pour égaliser seulement les chances de la lutte économique fut déclarée attentatoire à la liberté naturelle. A mesure que grandit la démocratie, le libéralisme verbal s'épouvanta;

et, voyant désormais dans l'État l'instrument de la démocratie contre les privilèges de fait, il lui déclara la guerre; il opposa le droit naturel au droit social, et l'individu à l'État ; il emprunta des lumières à la science pour en aveugler ses adversaires, et mit la théorie de l'évolution au service de la réaction économique. Plus que jamais, la loi fut considérée dans ses caractères négatifs et prohibitifs, et, comme telle, tenue pour l'ennemie de la liberté.

Pourtant, qu'est-ce que la loi ? L'expression de la volonté du souverain. Quand le souverain est un seul individu, la loi, faite par lui et pour assurer sa propre liberté, est l'arbitraire pour tous les autres individus. Elle lui donne autant de pouvoir qu'elle leur en ôte. Elle est soumise à toutes les variations de sa volonté, à tous les mouvements de son intérêt, à tous les caprices de son arbitraire. Quand le souverain s'incarne dans une caste ou une classe, la loi qui règle les rapports des membres du souverain entre eux assure leur propre liberté, les soustrait à l'arbitraire, c'est-à-dire à une indépendance personnelle qui, en l'état de société, prend rapidement fin par l'assujettissement des faibles aux forts. Mais, sauf dans les parties où cette loi reconnait des droits aux classes ou aux castes qui ne sont point souveraines, celles-ci sont sous l'arbitraire du souverain collectif. Quand le souverain est le citoyen Tout-le-Monde, la loi est l'expression de la volonté de tous, et le citoyen Chacun y trouve les moyens de sa liberté. Quand il n'y a pas de loi du tout, c'est-à-dire pas de société organisée, chacun est laissé à son propre arbitraire, à ce que les métaphysiciens du libre arbitre et du déterminisme appellent improprement la liberté naturelle ; et c'est pour chaque individu un état d'indépendance qui cesse dès que deux individus se trouvent en présence : soit par la coopération, qui établit la loi ; soit par la lutte, qui asservit au plus fort le plus faible et lui enlève son indépendance. La loi est donc essentiellement l'instrument du contrat social, et elle est d'autant moins imparfaite qu'elle exprime plus complètement les rapports réels et conscients d'un plus grand nombre de contractants. Quand le contrat social, qui n'est pas derrière nous, à nos origines, mais devant nous, dans l'avenir, exprimera les rapports réels et conscients de tous les individus, chaque individu tiendra sa liberté de la loi.

Mais déjà, dans son état imparfait, la loi est un moyen de liberté par le seul fait que, dès qu'elle apparaît, l'arbitraire s'évanouit. Il est certain qu'en ce moment même où la démocratie semble souveraine, et l'est nominalement, les citoyens n'expriment pas toujours leur volonté et que, par conséquent, la loi n'est pas toujours leur loi. Mais de ce que le souverain n'a pas encore constitué sa volonté, qui est la délibération pour se déterminer en faveur du meilleur motif, s'ensuit-il que la loi ne soit pas un moyen de liberté? De ce qu'il agit sans avoir délibéré ses motifs faute de les connaître, croit-on qu'il sera plus libre si on le replace sous la loi d'un seul ou de quelques-uns? Si imparfaite que soit la liberté qui naît de sa volonté encore obscure, c'est déjà la liberté. Et, grâce à la disparition des contraintes qui empêchaient la propagation de la pensée, on voit, sous ce régime, des volontés éclairées s'attacher à faire sortir de l'inconscient d'autres volontés, afin que, de la coopération des volontés, naisse une loi délibérée par tous et utile à chacun. Ici, l'on voit s'associer et coopérer les forts, non pour réduire les faibles et les dominer, mais pour les fortifier et les faire coopérer à la libération commune. La loi devient alors le moyen de cette libération, ou plutôt elle continue de l'être; puisque, dès qu'elle apparaît, si imparfaite soit-elle, elle fait disparaître une part d'arbitraire. L'individu social, qui n'a pas sa liberté en soi, mais qui la constitue par coopération avec les autres individus et la développe à la mesure de son pouvoir conscient, doit lutter contre les individus qui la lui refusent, et la leur arracher pièce à pièce. Cette lutte se poursuivra jusqu'à ce qu'il ait réduit leur pouvoir sur lui aux proportions de son pouvoir sur eux, et qu'un accord commun ait transformé ce pouvoir réciproque en loi égale formulée par des individus égaux.

Mais prenons l'individu dans ses rapports sociaux, et voyons comment il se comporte. En lui enlevant, non sa liberté naturelle, qui n'est pas, ni son indépendance, que la plupart n'ont pas même connue de souvenir, mais son arbitraire, ou en le soustrayant à l'arbitraire d'autrui, la loi constitue, disons-nous, sa liberté. Nous croyons avoir fait la démonstration théorique de cette vérité. Passons à la démonstration pratique et examinons l'individu social moderne comme personne civile et juridique, politique, économique et morale, dans ses rapports avec les lois et avec tout ce qui, dans la société, n'est pas lui-même.

Nous avons déjà dit que, s'il ne possède rien, ni par lui-même ni par les siens, le code civil est pour lui un livre fermé ; les lois qui assurent la possession et la transmission de la propriété ne sont pas faites pour lui ; et, si on l'avait appelé à les faire, il se serait fort justement désintéressé de cette tâche. Si, au contraire, il possède, son pouvoir de possédant se trouve assuré et protégé par les lois civiles et pénales. Celles-ci sont donc pour lui des garanties et des moyens de liberté ; elles le sont même pour tous, possédants ou non, en dépit de leur caractère coercitif. En réprimant les attentats contre les personnes et les propriétés, elles ne sont pas seulement dirigées contre les auteurs éventuels de ces attentats, qui sont toujours en minorité dans toute société policée; elles sont surtout établies pour protéger également les personnes et les biens. Or, si tous n'ont pas de biens, chacun de nous est une personne; et, n'eût-il que cela et si réduite fût-elle à sa plus simple expression, cette personne est à lui, grâce à la loi. Les lois civiles et pénales sont donc bien dans le sens de la liberté de l'individu; on peut les dire d'autant plus complètes qu'elles assurent la liberté d'un plus grand nombre d'individus; on pourrait les dire parfaites, si, comme les lois naturelles, elles intéressaient l'unanimité des individus. Nul, alors, ne pourrait même songer à les enfreindre, puisque nul ne va sciemment à l'encontre de son propre bien. On sent immédiatement comme nous sommes éloignés encore de cette perfection idéale; mais on aperçoit aussi que nous en sommes moins éloignés qu'au temps où la population criminelle était à la fois plus nombreuse et plus assurée de l'impunité, et où la conquête étrangère et le caprice du souverain exposaient toute propriété à la confiscation. Si ceux qui ne possèdent rien peuvent à bon droit se dire exclus du bénéfice des lois civiles relatives à la propriété, leur protestation ne fait que mieux ressortir l'utilité de ces lois pour ceux à qui elles s'appliquent et la nécessité d'en assurer les bienfaits à tous par la participation de tous à la propriété. Et, si les lois civiles actuelles qui règlent la transmission de la propriété s'opposent à ce qu'elle soit universalisée, la coopération consciente de tous ceux qui voient dans la propriété la garantie essentielle de la liberté, et désirent la liberté pour tous, saura modifier les lois de manière que chaque individu trouve son pouvoir dans la propriété et sa liberté dans la loi.

Nous voici à présent en face de l'individu considéré comme une personne politique. C'est surtout et parfois uniquement en cette qualité que, dans les démocraties, il est déclaré libre, même par ceux qui, au nom du déterminisme universel, nient la liberté naturelle. Ici, véritablement, l'évidence, plus encore que les nécessités du vocabulaire, s'est imposée à eux. Si peu qu'elle soit, en effet, la liberté du citoyen existe dans une démocratie, si mal organisée soit cette démocratie. Par la loi, et seulement par elle, la liberté est née ; plus complètement l'individu délibère sa loi, et plus sa liberté est. Mais, si tous les individus sont déclarés égaux devant les constitutions politiques qu'ils se sont données avec une liberté plus ou moins complète, plus ou moins éclairée, il s'en faut qu'ils le soient en réalité ; ils ne sont donc pas également libres, bien que nulle autre loi politique que la leur ne vienne faire obstacle à leur liberté. Et c'est ici qu'apparaît bien le caractère relatif de la liberté, et comme elle n'est que par les conditions intérieures et extérieures qui la réalisent, conditions que réunissent à des degrés inégaux les citoyens à qui elle est censée attribuée également. Ainsi, par exemple, tous les emplois publics sont accessibles à tous les citoyens. Or, qui donc pourrait affirmer, non pas que n'importe quel citoyen peut occuper n'importe quel emploi, ce serait l'absurde et l'arbitraire, mais que tel citoyen apte à tel emploi est précisément celui qui en est pourvu, sans faveur ni passe-droit, ce qui est véritablement la liberté ? Pourtant, si la liberté ne place pas encore absolument l'individu dans l'emploi auquel il est propre, on ne voit plus que dans le lointain du temps ou de l'espace le cheval d'un empereur devenir consul ou le valet d'un despote devenir ministre. Ne fussions-nous actuellement qu'à mi-chemin entre ces deux extrêmes, ce n'est pas vers celui-ci que se dirige la démocratie.

Mais tout le monde n'est pas fonctionnaire public, tandis que chaque individu est citoyen, excepté les enfants, les incapables, les déchus par condamnation infamante, — et les femmes, que nos lois considèrent bien comme des individus complets au point de vue pénal, mais non au point de vue civique. Mais si chaque individu non frappé d'incapacité est citoyen en droit, il ne l'est pas en fait. Ou, plutôt, il ne l'est qu'à des degrés divers. Dans les scrutins où le citoyen s'affirme, tous les bulletins sont parfaitement égaux, et c'est de leur total, comme quantité et non comme qualité, que sort la loi ; et, pourtant, ce sont des citoyens inégalement libres qui ont exprimé des suffrages, absolument égaux. Et les citoyens sont inégalement libres parce qu'ils sont inégalement pourvus des moyens sans lesquels la liberté n'est pas. C'est même sur cette inégalité de fait que les théoriciens et les praticiens du libéralisme se sont longtemps appuyés, dans une vue étroitement réaliste, pour mesurer le pouvoir politique du citoyen, conséquemment son droit, à son pouvoir réel, représenté pour eux par la richesse.

Nous avons dit que l'élément essentiel de la liberté, le premier acte du pouvoir, c'est la volonté, c'est-à-dire la délibération que prend l'individu sur le meilleur motif. Comment l'ignorant, qui ne discerne pas les mobiles par lesquels il est déterminé à agir, pourrait-il les transformer en motifs, et de la délibération passer à l'action? Sa volonté sera donc remplacée par une impulsion arbitraire, extérieure, de moment et de milieu ; il sera une onde dans un courant, pas même une unité dans un total ; et son bien, qu'il a désiré, mais non voulu par délibération éclairée, ne se réalisera pas. Il aura été la dupe d'un ennemi de son bien, ou le jouet d'un incapable au gosier sonore. Un tel citoyen sera aussi peu libre que possible ; et plus une nation comptera de citoyens semblables, et moins elle sera réellement une démocratie. Livrée à son propre arbitraire, elle ira à la perte de sa liberté, sinon à sa propre perte, et les citoyens auront échangé leur arbitraire individuel et collectif contre celui d'un seul.

Si, au contraire, la volonté de l'individu est éclairée; si elle se détermine sur le motif le plus propre à réaliser son bien, sera-t-il libre ? Pas encore, car la liberté ne se réalise que par l'action unie à la volonté et dirigée par elle. Mais déjà sa liberté sera née en lui. Cependant un citoyen n'est pas plus la cité qu'une hirondelle n'est le printemps. Pour réunir l'action à la volonté et en extraire sa liberté réelle, il devra lutter contre les volontés ou les arbitraires hostiles et les réduire à sa volonté propre ; il ne pourra mener cette lutte à bonne fin que par la coopération avec des volontés identiques à la sienne, également éclairées, et le triomphe de ces volontés unies lui donnera sa liberté. Il ne la recevra donc pas uniquement de son propre effort isolé, mais de l'adhésion éclairée de tous ceux qui unissent leur effort au sien pour se procurer la liberté que chacun d'eux aura voulue. Donc, de même que comme personne civile, l'individu considéré comme personne civique n'acquiert le pouvoir, c'est-à-dire la liberté, que par coopération avec les autres individus.

Nous avons vu plus haut qu'il en était de même pour l'individu considéré comme personne économique, et constaté que le possédant est plus libre que le non-possédant ;-et aussi que, parmi les possédants, ceux qui s'affranchissent de la propriété en la mobilisant et pratiquent entre eux la coopération acquièrent une liberté aussi complète que possible. Il n'est donc point nécessaire de revenir sur ce point, sinon pour remarquer que l'individu qui n'est pas libre économiquement est, par la force même des choses, une personne civique incomplète. Nous avons vu en effet que les lois civiles expriment et règlent des rapports auxquels celui qui ne possède rien demeure forcément étranger. Cette infirmité civile s'étend forcément à sa personne civique. Non seulement il fait ou est censé faire des lois qui ne lui servent point, mais encore son pouvoir de faire ces lois, et toutes autres, peut être annulé par quiconque voudra acheter ou contraindre son suffrage pour le diriger contre son propre bien. On ne peut nier que les servitudes économiques engendrent de telles servitudes morales et civiques.

Il va donc de soi qu'en tant que personne morale, l'individu le plus libre est celui dont la liberté civile, civique et économique est le plus complètement réalisée. Dans un chapitre précédent, nous avons parlé des servitudes que l'opinion impose à l'individu. Il nous faut ajouter que, les mœurs dictant les lois, il est impossible que les lois développent beaucoup de liberté au profit de l'individu quand il est asservi aux mœurs, c'est-à-dire quand il suit les usages et les coutumes aveuglément, sans délibération. Ainsi, on a vu récemment un juge, aux États-Unis, acquitter avec des félicitations quelques goujats convaincus d'avoir maltraité une femme parce que, pour aller à bicyclette, elle avait remplacé sa jupe par un pantalon. A première vue, il semble bien, par cet exemple choisi entre mille, que l'individu le plus seul est moralement le plus libre, et que la liberté morale ne semble pas devoir naître de la coopération comme les autres formes de la liberté que nous avons examinées. Mais nous nous apercevons vite que ce n'est qu'une apparence, et que la liberté morale n'est pas déterminée par d'autres conditions que les autres formes de la liberté. Malgré tous les juges et toutes les tyrannies de l'opinion, en effet, si vraiment l'individu féminin veut, d'une volonté éclairée, son propre bien, et que dans ce bien soit comprise la faculté de revêtir le costume qu'il lui plaît, elle vaincra nécessairement les juges et l'opinion, qui sont encore sous l'arbitraire et forcément l'imposent; et elle réalisera sa liberté. Dans le conflit entre cette masse qui ne délibère pas ses mobiles et agit à l'aveugle en vertu de traditions auxquelles elle obéit servilement, et l'individu qui agit selon sa volonté et affirme sa liberté, ne fût-ce qu'un instant et au prix de contraintes injurieuses et infamantes, il n'y a pas de doute : c'est la liberté qui aura le dernier mot. Et c'est la coopération de tous les individus, enfin libérés de leur arbitraire, c'est-à-dire éclairés sur leurs motifs d'action, qui le lui donnera.

IV. — La coopération étant un moyen de liberté, et la loi un résultat de coopération générale, on doit se demander si la révolte contre la loi est un acte dans le sens de la liberté. L'exemple que nous venons d'invoquer ne laisse point de doute sur la réponse lorsque la question est aussi nettement posée : quand la loi exprime inexactement des rapports réels, quand elle contient tout l'arbitraire qui restait dans l'esprit de ceux qui l'ont faite ou consentie, elle suscite des révoltes contre elle. Mais ces révoltes n'ont pas pour but de supprimer la loi défectueuse ; c'est au nom d'une loi moins imparfaite qu'elles surgissent. Cette lutte, car c'en est une, a pour fin la coopération générale ; et elle ne peut, comme toute lutte, se soutenir que si elle est le conflit de coopérations éclairées et de coopérations livrées à l'arbitraire des individus coopérants. Or, de même que l'individu passe de la servitude à la liberté en passant de la coopération forcée à la coopération volontaire, il passe de la lutte naturelle, dans laquelle sa volonté subit sans contrôle l'impulsion de ses besoins, à la lutte sociale, dans laquelle il prend une conscience sans cesse accrue de la meilleure adaptation des moyens aux fins qu'il poursuit. Ainsi s'éclaire sous son véritable jour ce qui restera de lutte dans les coopérations, pour les élever sans cesse vers plus de conscience et de liberté. Toujours les lois, les mœurs, les intérêts trouveront des individus qui les combattront, tant que ces lois, ces mœurs et ces intérêts ne seront pas adaptés au bien propre de chaque individu, délibérément voulu par lui et mis à sa disposition sans contrainte ni obstacle.

Car l'indifférence n'est pas possible. Il faut que l'individu soit pour ou contre les lois sociales. Il est pour elles quand il les considère comme suffisantes à lui donner la liberté dont il a besoin, dans la mesure où il peut manifester sa volonté et exercer son action. Il est contre elles de deux manières : 1º En tentant de réaliser un concept supérieur de la loi par des moyens de coopération générale et par des volontés également éclairées sur les mobiles propres à réaliser le bien de tous les coopérants, c'est-à-dire de chacun d'eux. Ici, c'est une forme supérieure de la loi et de la liberté qui s'oppose à leurs formes inférieures ; 2º En réagissant, sous l'impulsion des besoins et par des désirs laissés à leur propre arbitraire, contre une coopération générale à laquelle il n'est pas adapté et dans laquelle il ne trouve pas les moyens de sa liberté. Là, c'est l'arbitraire qui s'oppose à la loi, l'indépendance inorganique du primitif qui s'oppose à la liberté organique du civilisé. Le premier et le second cas placent également l'individu en dehors des lois ; mais, dans le premier, il est au delà et au-dessus, et, dans le second, il est en deçà et au-dessous.

On voit qu'il n'y a point de place ici pour l'indifférent, ce brave citoyen passif qu'Épicure nous propose comme un exemplaire de sagesse et de bonheur, et qui n'échappe aux tyrannies des mœurs et des lois qu'en s'y soumettant avec d'ironiques réserves qui dissimulent piteusement sa sujétion réelle. En élevant son âme au-dessus des vaines agitations qui contraignent ses gestes, en fuyant les honneurs, les périls et les travaux de la vie publique, il croit réaliser sa liberté ; il ne fait que souscrire à sa servitude et la rendre plus flagrante, puisque, chez lui, elle est consciente, sinon volontaire. Pour masquer sa défaite et la colorer d'un prétexte élevé, il prétend prouver sa liberté en y renonçant. En réalité, il se recroqueville dans son ataraxie morale et sociale, et c'est ce repliement sur lui-même qui le met à l'abri des lois. Il se croit au-dessus d'elles, alors que, si imparfaites soient-elles, et si imprégnées d'arbitraire, son abstention le place réellement au-dessous. Cette règle de vie peut, à la rigueur, inspirer quelques individus résignés à ne pas vivre complètement et à limiter leur individualité, parce que leur pessimisme les porte à croire que, vivre et agir, c'est souffrir. Mais, si elle devenait celle de tous les individus, l'arbitraire, et toutes les servitudes de fait qu'il comporte, reprendrait rapidement le dessus ; et c'en serait fait de la civilisation, et, par-dessus le marché, de la faculté qu'elle laisse aux « sages » et aux « philosophes » de contempler l'action sans s'y mêler. La littérature des Max Stirner et des Nietzsche procède de cet esprit pessimiste et nécessairement rétrograde ; c'est pourquoi leur prétendu « individualisme » est aristocrate et fait brutalement de l'esclavage de presque tous la condition essentielle de la libération de quelques-uns. On le voit, quand ce bouddhisme social, qui est un commode refuge pour les corps paresseux et les esprits lâches, prétend transformer ses velléités en actes, il tourne le dos au mouvement même de l'univers. Comment pourrait-il jamais régler la volonté et l'action de ceux qui veulent vivre à pleins poumons et à plein cerveau la vie largement agissante et pensante de l'homme libre !

Mais revenons aux révoltés. Nous avons dit que ceux de la seconde catégorie ne se sont pas encore élevés à la notion de la loi sociale. Abandonnés ou rendus à leur propre arbitraire par un ordre social défectueux, ils sont les ennemis de l'individu, de tous les individus. Ils s'opposent à la coopération générale, qui ne les a pas appelés, ou dont ils n'ont pas compris l'appel; ils se refusent aux actes de coopération, qui leur procurent plus de maux que de biens, ou dont ils ne savent pas tirer les biens qu'elle contient; incapables de constituer leur liberté personnelle par la coopération générale, ils subissent l'arbitraire de l'instinct. Si ce type inférieur dominait, c'en serait fait de toute société. Entre l'honnête homme d'Épicure et ce criminel, ne faisons pas de différence. Ce sont également des individus antisociaux dont le premier, par la volonté, et le second, par l'action, se placent également du mauvais côté de la loi : en dehors, en deçà et au-dessous.

Le révolté de la première catégorie agit, lui, au nom d'un idéal supérieur. La métaphysique peut lui jouer le mauvais tour de l'égarer sur ses propres mobiles et lui faire chercher son bien où il n'est pas; mais ce bien, il ne le sépare pas du bien de tous les autres individus. Il peut croire que, pour rendre l'essor à sa liberté immanente, il suffit de la débarrasser des entraves qui la tiennent éloignée de l'action; mais c'est par la coopération universelle qu'il se propose son bien. On comprend aisément que, plus, dans son esprit, la liberté de l'individu est absolue, et plus le monde idéal se magnifie au regard du monde réel. Celui-ci lui apparaît alors comme une véritable monstruosité, et si la grandeur de l'idéal lui donne en même temps le sentiment de son impuissance à le réaliser, le désespoir s'empare de lui. Il se fait, pessimiste agissant, le justicier, par la bombe et le poignard, de ces individus, « vagues humanités », qui s'abandonnent au crime de vivre d'une manière si peu conforme à l'idéal. Et pour avoir rêvé l'ange, au lieu de le vouloir d'un volonté patiente et réfléchie qui est seule capable de créer, il est retombé à la bête et à ses instincts destructeurs. Devenu ennemi de la société et de toutes ses lois, il glorifie le voleur et l'assassin abandonnés à la tyrannie de l'instinct, s'identifie insensiblement à eux et tombe au-dessous et en deçà de la loi.

Mais ce révolté n'est pas toujours, ni exclusivement, un produit et une victime de la métaphysique de l'arbitraire et de l'incapacité de mesurer le vouloir au pouvoir par une plus approximative connaissance des lois naturelles. Le déterminisme le domine et le pénètre, mais d'une manière étroite et incomplète; en sorte qu'au lieu de l'éclairer il contribue à l'aveugler davantage sur le discernement de ses motifs. Le révolté se perd alors dans un chaos de contradictions. Il est pour la liberté absolue de l'individu, et il le proclame en même temps irresponsable. Il souffre des mœurs, des contradictions entre la morale prêchée et la morale agie, et, proclamant que la morale n'est qu'un mot, il se replace sous l'arbitraire des instincts. Il reconnaît que la lutte qui ne se résout pas en coopération est un mal, et il considère l'univers comme un champ clos où les forces aveugles sont condamnées à lutter éternellement. Il ne peut s'exprimer qu'en se niant, et tous ses actes sont forcément contratradictoires à ses affirmations. C'est ainsi qu'Ibsen, considéré comme le théoricien littéraire de cet individualisme de l'arbitraire, nous montre Peer Gynt et Solness vaincus pour avoir voulu ce qui ne se peut pas. Son Stockmann, qui a lutté contre tout un peuple, non pour le vaincre, non pour le dominer, mais pour le libérer d'une servitude, proclame bien comme une vérité que l'homme qui est le plus seul est le plus puissant. Mais nous voyons cet « ennemi du peuple » demander à son enfant de lui amener, « pour commencer, » une douzaine de garçons, des vauriens, dont il veut faire des hommes libres. Et cet appel à la coopération pour l'action, qu'est-ce, sinon un reniement de la métaphysique de l'arbitraire, de la liberté par l'individu seul et de la plus grande liberté par l'individu le plus seul? Ce vaincu voulait ce qui est conforme à la loi, c'est-à-dire ce qui est bon pour tous les individus. Il sent donc qu'il pourra les amener à vouloir leur bien dès qu'ils le connaîtront; aussi ne désespère-t-il pas, et c'est par un cri d'optimisme, un vœu de coopération, qu'il en appelle du présent à l'avenir. Il s'est révolté contre une loi incomplète, encore toute imprégnée d'arbitraire, au nom d'une loi idéale conçue par sa raison éclairée, délibérément voulue par lui, et pour la réalisation de laquelle il compte sur l'action collective, sur la coopération. Mais c'était bien la peine, alors, de maudire la société. Tenons ces malédictions littéraires, et d'origine romantique, pour ce qu'elles sont, c'est-à-dire pour les cris douloureux d'un amour exaspéré, que la trahison elle-même ne réussirait pas à anéantir.

L'homme seul de Tolstoï, qui s'oppose aux lois quand elles lui commandent le mal, mais s'interdit l'emploi de la force contre la force, est de la même famille. C'est bien en nous-mêmes que le penseur russe nous recommande de chercher le salut, mais c'est par amour pour les autres que nous devons agir sur nous-mêmes. C'est donc bien aussi dans la coopération morale que Tolstoï place la plus grande liberté, le plus grand pouvoir de l'individu. Cette doctrine peut convenir provisoirement au passif et mystique individu slave auquel s'adresse le chrétien primitif qu'est devenu Tolstoï. Elle serait un instrument trop insuffisant pour l'individualiste occidental, pour l'homme des sociétés modernes, qui n'entend renoncer à aucun des biens que la coopération sociale lui a fait acquérir ou met à sa portée, et pour qui la liberté consiste dans le plus complet épanouissement de ses facultés. Pour rendre l'homme heureux, Tolstoï fait comme Épicure; il l'appauvrit et le recroqueville; pour agrandir sa liberté morale, il le dépouille de toutes ses autres libertés..C'est agir contre la vie. Tolstoï peut induire quelques dévoués en tentation d'ascétisme. Il ne fondera pas une société d'hommes libres. Moraliste comme Jean-Jacques Rousseau, et comme lui choqué de voir l'extrême raffinement de la civilisation vivre de l'extrême dénuement de la barbarie, il jette l'anathème aux arts comme faisait le philosophe du xviiie siècle dans sa lettre sur les spectacles; et c'est dans le retour à la prétendue innocence primitive que tous deux cherchent vainement le bonheur de l'individu. Tolstoï n'aura-t-il donc été que l'éloquent contempteur d'une civilisation dont les maux ont, plus vivement que les biens, frappé sa sensibilité? Certainement, oui; mais on peut croire qu'il aura, dans la formation des libertés futures, la même part que nous devons à Jean-Jacques dans les libérations accomplies il y a un siècle. Formulée au nom d'un idéal moral supérieur, sa critique accomplira les mêmes destructions nécessaires, sans lesquelles rien ne peut s'édifier. Et, quand nos descendants auront enfin édifié la loi sociale, en pleine conscience de la loi naturelle devenue un moyen de bonheur individuel et collectif; quand ils verront la paix régner entre les nations définitivement conciliées, ils apprécieront avec justice la tâche accomplie par les artisans qui, comme Jean-Jacques et Tolstoï, surent déblayer tant de terrain avec d'aussi imparfaits outils. Et ils ne leur garderont certainement pas rancune d'avoir ouvert les portes de l'avenir en croyant rouvrir celles du passé.

Ceux, donc, qui s'opposent aux lois au nom d'une loi

idéale plus conforme au bien réel de l'individu, de tous les individus, ne peuvent, dès qu'ils font appel à la coopération, être rangés parmi les ennemis de la société et de ses lois. Ils sont contre certaines lois, mais non contre la loi, car c'est en elle qu'ils veulent trouver le moyen de réaliser la liberté. A dire vrai, quand ils sont parvenus à cet état de volonté consciente, ils ne sont pas des révoltés, mais des révolutionnaires. Tournons-nous vers le passé et nous verrons que tous ceux qui ont voulu arbitrairement contre la loi n'ont laissé que le souvenir d'un nom, de quelque gloire que l'environne encore aujourd'hui l'inconscience générale. Ceux qui ont voulu selon la loi contre les lois de leur temps ne nous ont peut-être pas tous laissé le souvenir de leur nom, peut-être justice n'est-elle pas encore rendue à leur effort; mais leur œuvre demeure intimement liée à la somme des libertés que nous avons acquises.

Peu importe, après cela, que la loi idéale qui complètera notre liberté continue ou non d'être inscrite dans des codes. L'antiquité n'avait pas prévu le châtiment de certains crimes, tant il semblait impossible qu'on pût les commettre. L'avenir pourra de même briser nos dures tables d'airain, quand nul ne pourra même songer à transgresser les prescriptions qui y sont gravées. Dès lors que chacun sera éclairé sur les conditions réelles de son propre bien, et que tous coopéreront volontairement à constituer la liberté de chacun, la loi sera de fait inscrite au plus profond de chaque individu, et son observation ne sera plus qu'un pur réflexe de notre organisme mental. Mais si nous sommes en marche vers cet avenir, c'est dans le présent qu'il nous faut agir, et nous devons nous en souvenir, si réellement nous voulons épurer la loi de tout l'arbitraire qu'elle contient et qu'elle contiendra encore longtemps.

VII. — INDIVIDUALISME ET SOCIALISME.

I. — Ce travail n'a pas été entrepris pour démontrer la possibilité pratique du socialisme, mais pour examiner s'il s'oppose ou non à l'individualisme réel, qui, nous l'avons vu, est à l'individualisme métaphysique ce que la chose est au mot. D'ailleurs, si le socialisme était une menace de tyrannie collective et d'anéantissement de la personnalité, comme le prétendent ceux qui se disent individualistes, nous devrions le repousser, quand bien même la possibilité de son application nous serait démontrée. Il serait en effet un phénomène économique en contradiction avec les autres phénomènes juridiques et sociaux, sans lien avec eux, ce qui est une impossibilité. Il se développerait dans une direction absolument opposée à celle qu'ils suivent; et, comme tous les phénomènes sociaux se déterminent mutuellement, de cette contradiction naîtrait un désordre profond, jusqu'à ce que le socialisme eût modifié les autres phénomènes, ou que ceux-ci l'eussent supprimé. C'est précisément là-dessus que les adversaires du socialisme se fondent pour déclarer que son établissement serait la fin des libertés individuelles de tout ordre. Mais comment pourrait-il être possible économiquement, c'est-à-dire réaliser un progrès économique, car c'en est un que de faire participer à la propriété tous les individus qui travaillent, et amener en même temps une régression dans tous les autres domaines de l'activité humaine? Il me faut donc supposer le socialisme possible et désirable au point de vue économique. Ce petit livre n'ayant pas été écrit, je le répète, pour donner les preuves économiques du socialisme, on voudra bien faire crédit un instant à ce postulat, d'autant que j'offre immédiatement au lecteur un premier acompte qui, sans doute, lui fera prendre patience.

La clairvoyante hostilité de l'Église catholique envers tout ce qui procède de l'esprit critique et d'examen reproche au libéralisme et à l'individualisme d'avoir donné naissance au socialisme. Ce reproche est fondé sur un fait historique dont nul ne peut contester l'exactitude. Mais on pourrait croire que le socialisme est un enfant ingrat qui déchire les flancs qui l'ont porté, et que, né de la liberté, il aspire à nous ramener à la servitude. Pour prouver qu'il n'en est rien, nous allons constater ses caractères nettement libéraux, formellement individualistes, dans tous ceux de ses concepts sociaux qui ne sont pas le concept économique proprement dit. Non que je croie celui-ci opposé à l'individualisme, il s'en faut. Bien au contraire, s'il m'est possible de démontrer l'individualisme de tout ce qui constitue l'ambiance du socialisme, il sera plus facile au lecteur de se rendre compte que le socialisme proprement dit, c'est-à-dire la formule économique de la propriété collective, ne s'oppose pas à l'individualisme.

Prenons d'abord les rapports humains les plus immédiats établis par la nature, fortifiés et sanctionnés par la coutume, et qui s'expriment par l'unité sociale primitive, la famille. Vis-à-vis d'elle, le socialisme est si foncièrement individualiste que ses adversaires ont pu, et non toujours sans raison, l'accuser de vouloir la détruire. Cette accusation, qu'un grand nombre de métaphysiciens de l'individualisme libéral lancent eux-mêmes contre le socialisme, n'est pas nouvelle. Elle fut lancée contre eux-mêmes quand ils substituèrent le droit civil au droit féodal et firent de la propriété, non plus le fief transmissible à l'aîné des mâles, mais la chose de chacun des individus qui composent la famille. Quand ils défamilisèrent la propriété pour l'individualiser, ils furent traités d'ennemis de la famille par ceux qui la considéraient comme l'unité économique et sociale parfaite. De même quand ils établirent le divorce par consentement mutuel, afin d'assurer à l'individu la liberté de sa personne la plus intime et la plus précieuse. Si le reproche vaut contre le socialisme, il vaut donc également contre le libéralisme révolutionnaire, qui a établi le partage égal et le divorce. L'un et l'autre ne diffèrent que par la quantité d'individualisme qu'ils dégagent de la famille, mais non essentiellement. Et si l'un s'est justifié du reproche, pourquoi donc l'autre en demeurerait-il chargé? Le socialisme ne fait que passer par la porte que le libéralisme a ouverte. Devait-il donc demeurer sur le seuil, béant d'admiration et de convoitise devant les libertés promises et en même temps interdites? Le socialisme n'a point le mysticisme de la liberté, il ne l'adore pas à distance ; quand il la rencontre, il la prend dans ses bras, et l'épouse.

La famille est faite pour l'individu et non l'individu pour la famille ; sur ce point, le libéralisme et le socialisme s'accordent pleinement. Il en était tout autrement dans le monde antique, où l'individu s'absorbait dans la famille, qui était l'unité civile, civique, économique et religieuse. Aujourd'hui, c'est l'individu qui est l'unité sociale, et la famille moderne tend à ne le retenir par d'autres liens que ceux de l'affection. En s'appliquant à donner à la femme l'individualité qui lui manque encore, et dont nous apercevons déjà des réalisations partielles dans tous les ordres de l'action et sur divers points du monde civilisé, le socialisme s'affirme incontestablement individualiste. Quantité de libéraux sont féministes, mais ils ne le sont pas tous ; tandis que tout socialiste est nécessairement féministe, c'est-à-dire pour la réalisation de l'individu féminin. En approuvant que l'enfant soit soustrait à l'autorité de parents indignes, et que ceux-ci soient astreints à lui assurer les bienfaits de l'instruction, les socialistes, qui vont plus loin dans cette voie que les libéraux, combattent l'arbitraire grossier et néfaste du père de famille, au profit de la liberté future de l'enfant devenu homme. Ils affirment le droit de l'enfant à ne point être roué de coups ni avili par de pernicieux exemples, ils affirment son droit à connaître pour agir ; ils répriment ainsi l'arbitraire du père au profit de la liberté du fils ; ils neutralisent le pouvoir de l'individu inconscient au profit du jeune être qui, grâce à eux, deviendra un individu conscient. Égarés par leur métaphysique de la liberté, quantité de libéraux s'arrêtent respectueusement devant la prétendue liberté du père de famille ; tandis qu'on ne voit nul socialiste hésiter entre l'arbitraire du père et le droit de l'enfant à devenir un individu réel. Donc, ici encore, le véritable individualisme est du côté du socialisme.

Et quand, allant plus loin encore, le socialisme demande que le droit de l'enfant soit complété et que son intelligence, et non l'argent de ses parents, soit l'unique condition de son accès à l'enseignement secondaire et supérieur, il est toujours dans le sens de l'individualisme le plus réel et le plus concret, puisque la connaissance est le moyen nécessaire de la liberté de l'individu. Et quand il veut que l'enfant soit mis pour son entretien à la charge de la société, brise-t-il le lien familial ? Non. Il l'épure et l'idéalise, en l'astreignant à n'être tissu que par l'amour, et non plus par la nécessité. Il faut bien convenir, d'autre part, qu'en assurant le pain de tous les enfants jusqu'à la fin de leurs études générales et techniques, le socialisme se propose de donner à ces futurs individus une liberté de vivre et d'agir que ne connaissent point les petits malheureux abandonnés à l'indigence et à l'arbitraire familiaux.

Quand il se prononce pour l'union libre ou quand il veut libérer le mariage des contraintes qui font du divorce une pénalité, le socialisme ne se propose pas davantage de détruire la famille, mais, sur ce point encore, de la fonder uniquement sur l'amour. Il ne veut plus voir en elle un moyen de contrainte pour l'individu, mais un groupe naturel éclairé par la volonté et fortifié par l'affection mutuelle de ses membres. Le socialisme est donc, en tout ce qui concerne les rapports de l'individu et de la famille, absolument individualiste. Et, en même temps, on doit le répéter, s'il réduit la famille à n'être qu'un groupe affectif, en la libérant de l'arbitraire il la consolide dans la liberté et dans l'amour.

Si l'on objecte que, par ses projets de limitation et même de suppression du droit d'héritage, le socialisme porte atteinte au fondement même de la famille, je réponds qu'il la supprime en effet en tant qu'unité économique; et qu'il achève ainsi l'œuvre nécessaire commencée il y a un siècle par le libéralisme révolutionnaire. Mais ne l'avons-nous pas vue disparaître en tant qu'unité civile, civique et religieuse, sans qu'elle ait pour cela disparu ? Dépouillée des attributions économiques qui tendent, à notre époque, à n'être plus qu'une fiction juridique, la famille ne disparaîtra pas davantage. Elle se débarrassera de ses caractères hypocritement tyranniques, comme elle s'est débarrassée des autres servitudes jadis imposées par elle à l'individu familial. D'autre part, si la famille cesse complètement d'être l'unité économique, ce n'est point pour reporter cet attribut à la société, mais, comme nous le verrons plus loin, à l'individu. Donc, l'objection ne vaut pas.

En ce qui concerne les rapports politiques, le socialisme est également à l'avant-garde de l'individualisme. Partout où il s'exprime en partis politiques, il est républicain et démocrate. En cette qualité, il tend à faire de chaque citoyen un souverain, son propre souverain, de droit et de fait. Il individualise donc le pouvoir politique. Quand il se prononce pour la législation directe, sans intermédiaires, sinon consultatifs, il affirme la souveraineté personnelle de l'individu, immédiate et permanente, et non déléguée ni exercée un jour seulement tous les quatre ans. Quand, en attendant, il s'agite en faveur de la représentation proportionnelle, et sauvegarde ainsi le droit des minorités, il prend souci que chaque individu, qui n'excerce sa souveraineté que l'espace d'un moment, ne l'exerce pas en vain. Il tend donc à porter le pouvoir politique à son maximum possible d'individualisme. Le libéralisme hésite encore devant ces solutions individualistes, comme il hésita longtemps devant le suffrage universel, qui était le premier essai général de l'individualisation de la souveraineté. Donc, ici encore, le socialisme est plus individualiste que le libéralisme. De même, on ne peut pas affirmer que tous les libéraux soient acquis à la notion de la liberté des nations, substituée enfin à leur prétendue indépendance. Il n'est plus personne aujourd'hui pour prétendre que l'internationalisme socialiste implique la suppression des nationalités. Ce qu'il se propose, je le répète, c'est de substituer leur liberté organique à leur indépendance inorganique. A cette indépendance qui est l'isolement, qui ne se soutient que par des armements ruineux, et qui peut être supprimée par des agressions où l'héroïsme est vaincu sous le nombre, il veut substituer la liberté établie par un droit international, élargi à la mesure de tous les conflits possibles, et les réglant par la seule voie de l'arbitrage. Vouloir la paix entre les nations et en trouver les conditions dans le contrat qui assure leur liberté, n'est-ce point assurer à l'individu la liberté de son action sur tous les points du globe où règne la civilisation ?

En matière pénale, le socialisme est pour l'amendement contre le châtiment. Et c'est encore un de ses caractères individualistes. S'il ne possédait pas celui-là, en effet, il songerait avant tout, sinon uniquement, au salut de la société, menacée par le délinquant. Or, sans contester le caractère social des nécessaires répressions, il se préoccupe surtout de l'individu à réprimer. C'est pourquoi il est pour l'individualisation de la peine ; il se refuse à voir « quiconque » dans le malheureux qui est amené devant le juge. Ce « quiconque » est pour lui un individu réel, vivant et souffrant, si dangereux soit-il. Le socialisme veut connaître les mobiles de l'acte criminel, savoir s'ils sont de l'individu ou de la société. Si c'est elle la coupable, c'est à elle de s'amender, au lieu de faire porter sa faute par l'individu. Et si c'est l'individu, des moyens éducatifs le tireront de sa misère morale, où le châtiment n'aurait fait que l'enfoncer davantage. Ici, encore nous voyons le socialisme prolonger la ligne tracée par le libéralisme, et ajouter ce trait à ses déjà nombreux caractères individualistes.

On ne peut contester que la science individualise l'homme plus que la croyance ne peut le faire, puisque celle-ci lui impose ses explications de l'univers et de l'homme, et qu'elle met ainsi des bornes à la liberté d'investigation et d'examen de l'individu. Or, tandis que nombre de libéraux tentent encore d'établir un compromis entre la science et la croyance, le socialisme rejette dans le domaine de l'hypothèse toute affirmation non vérifiée, et prend nettement parti pour la science contre la croyance. On peut l'en approuver ou l'en blâmer, selon que l'on est pour l'une ou pour l'autre, ou encore que l'on croit à un accord entre elles par la délimitation de leur domaine respectif; mais on doit convenir que l'individualisme socialiste, en cette matière, est plus radical que l'individualisme libéral. Quand, également, il se soustrait à la servitude des coutumes et des préjugés courants, quand il combat ce qu'il considère comme des erreurs d'opinion héréditaires, quand il s'oppose aux brusques engouements d'une démocratie non encore éclairée, quand, seul de tous les partis politiques, il entreprend délibérément la lutte contre l'alcoolisme, quand il invite chacun de ses adhérents à être un individu moral qui se détermine lui-même et non sur des injonctions de l'inconscient intérieur ou extérieur, le socialisme achève, par cet individualisme moral, d'exprimer tous les traits d'individualisme que l'on ne trouve réunis à un tel degré ni aussi au complet dans le libéralisme.

On peut donc affirmer que le socialisme est un libéralisme d'extrême gauche, poussant jusqu'au bout et sans réserves toutes les conséquences de son individualisme. Alors qu'on voit certains libéraux se prononcer pour l'arbitrage entre les nations et reculer devant le féminisme, d'autres accepter la démocratie mais repousser le droit de l'enfant au nom de la liberté du père, d'autres se refuser à tout compromis entre la croyance et la science et méconnaître la liberté morale, le socialisme n'hésite pas dans son individualisme intégral. Dans le libéralisme, non seulement il y a des catégories de l'individualisme que certains libéraux repoussent, et bien rares sont ceux qui vont jusqu'à l'individualisme intégral; mais il y a encore des degrés dans l'individualisme, et bien rares sont ceux qui le poussent jusqu'au bout dans chacune de ses directions.

Par quelle contradiction criante le socialisme tournerait-il donc le dos à l'individualisme en tant que phénomène économique ? Comment une atmosphère si radicalement individualiste pourrait-elle faire respirer l'air de la servitude ? Comment le socialisme économique, s'il est mortel à l'individualisme, ne s'est-il pas développé dans une atmosphère non individualiste, ou ne s'en est-il pas créé une telle par sa propre émanation ? Il y a donc lieu de se demander si la propriété sociale ne serait point un phénomène individualiste. Mais, avant d'aborder la solution de cette question, nous devons observer que le socialisme n'est précisément aussi radical dans ses formules individualistes que parce qu'il les rattache toutes étroitement et les subordonne absolument à la solution du problème économique. Ainsi disparaît ce qu'il peut y avoir de choquant et d'absurde en apparence dans les affirmations individualistes du socialisme poussées jusqu'à leurs extrêmes conséquences. Il manifeste donc ainsi qu'il possède une conception synthétique, et j'ajoute réaliste, des phénomènes individualistes ; et, en même temps qu'il affirme la solidarité de ces phénomènes entre eux, il les relie au phénomène économique qui, selon lui, peut seul déterminer leur évolution dans le sens de l'individualisme agrandi et complété. Il donne ainsi un fondement réaliste à son individualisme, et le dégage de la métaphysique où se complaisait l'insuffisant et nécessairement timide libéralisme.

Quand il propose sa solution du problème de la propriété, le socialisme n'a pas en effet pour but d'asseoir tous les hommes autour de la même gamelle. Si, par cette solution, il veut assurer à chaque individu la satisfaction de ses besoins matériels, c'est qu'il a constaté que l'individu qui ne peut satisfaire ces besoins n'est pas en état de se réaliser dans la plénitude de sa liberté. Il veut réaliser l'individu féminin, mais il constate que cette réalisation ne peut se faire sans danger pour la femme qui ne possède pas, et que, l'émanciper en cet état de dénuement, c'est la livrer à l'arbitraire de ses besoins et à l'arbitraire des convoitises d'autrui. Lui donner des droits que sa pauvreté tourne contre elle, c'est l'isoler davantage, et, par conséquent, l'éloigner de la liberté. Il veut donner le pain et l'instruction à tous les enfants, réduire à néant l'arbitraire des pères de famille. Mais il va de soi que, si ces mesures ne sont pas liées à la transformation des rapports économiques, on n'aura préparé l'enfant à la liberté intégrale que pour lui faire plus durement sentir sa servitude dès qu'il aura été jeté, seul et pauvre, dans le champ de la lutte pour la vie. Il demande que l'union des sexes repose uniquement sur l'amour; mais il faut pour cela que l'individu ne soit plus contraint par son dénuement à subir une union détestée. Il propose l'individualisation du pouvoir politique; mais comment le citoyen qui ne possède pas pourrait-il faire des lois réglant des rapports de propriété auxquels sa pauvreté le rend étranger. Lui demandera-t-on alors de consacrer lui-même son infériorité sociale? Il veut faire régner la paix entre les nations, mais comment cela se pourra-t-il si les conflits économiques ne sont pas résolus en harmonie générale par l'universalisation de la propriété? Ignore-t-on que toutes les guerres modernes et le système colonial ne sont que des manifestations nationalisées de la lutte pour la conquête du marché universel? Il veut libérer l'individu criminel de sa misère mentale et morale; mais, par la contribution décisive que les Ferri et les Colajanni ont apportée en son nom aux travaux de l'école italienne, il prouve que le crime est, pour une grande part, le produit d'une organisation économique défectueuse. Il affirme que l'individu qui est dans la dépendance d'autrui ne possède pas sa liberté mentale et morale ; et il le prouve en montrant le médecin forcé pour vivre de se faire le serf d'un marchand de coûteuses préparations pharmaceutiques, et l'ingénieur contraint de tracer des plans imaginaires destinés à détrousser le peuple des petits actionnaires.

Donc, si l'individu complet ne peut se réaliser dans le milieu économique actuel et si, au contraire, une transformation des rapports économiques, faisant de chaque individu un propriétaire, permet à l'individualisme intégral de se développer dans toutes les directions où il tend, de l'aveu même du libéralisme, le socialisme économique n'est pas contraire à l'individualisme. Bien plus, il en est la condition nécessaire. Il nous reste donc à examiner si, en réalisant l'individu complet, tel que le conçoit le libéralisme le plus radical, le socialisme supprime l'individualisme économique ou si, plutôt, il n'achève pas ainsi la liberté de l'individu.

II. — Le terrain étant ainsi déblayé, le socialisme ne trouve plus devant lui qu'une seule opposition théorique : celle de l'économie politique dite libérale. Elle n'est pas à dédaigner, tant s'en faut ; car si cette économie politique s'inspire de la métaphysique de l'arbitraire, dont l'insuffisance nous est apparue dans les chapitres précédents, son désir très sincère de réaliser l'individu en tant que personne économique l'a parfois rapproché de la réalité plus que les théoriciens du socialisme n'en veulent convenir. A mon sens, le socialisme n'a pas toujours répondu victorieusement aux objections de l'économie politique, qui est, par ses origines mêmes, un instrument critique. Et c'est précisément sur le problème de la liberté de l'individu que la réfutation socialiste a été d'autant plus faible que la critique économique était le plus vigoureuse. Commettant la même erreur que le déterminisme dans son conflit avec le libre arbitre, erreur dont nous nous sommes entretenus longuement dans une autre partie de ce travail, le socialisme a opposé son fatalisme mécanique à l'arbitraire de l'école économique, et, prenant celui-ci pour la liberté, il a nié la liberté et s'en est déclaré l'adversaire. L'économie politique orthodoxe faisait de l'individu, dépouillé d'ailleurs de toutes les conditions qui le réalisent, l'unité économique et sociale réelle. Le socialisme a nié l'individu tel que le présentait l'école ; mais, entraîné par sa logique, il a du même coup subordonné l'individu à la société. Cette subordination était d'ailleurs purement théorique et verbale, puisqu'en même temps le socialisme, nous venons de le voir dans le précédent chapitre, travaillait activement à la réalisation de l'individu dans toutes les manifestations de son activité. Il n'empêche que le socialisme acceptait d'être opposé à l'individualisme, et mettait une sorte de coquetterie morale à s'identifier avec l'altruisme ; d'autant que cela lui permettait de confondre ensemble l'individualisme et l'égoïsme. Or, une société ne peut pas plus se fonder sur l'altruisme que sur l'égoïsme ; c'était donc un premier et très grave péché contre la science. Ceux d'entre les théoriciens qui ne le commettaient pas ne tombaient pas moins dans la faute grave de nier la liberté de l'individu et de tout ramener à sa sécurité matérielle assurée par la collectivité. D'une manière comme de l'autre, c'était laisser sans emploi un précieux ressort philosophique ; mais la pratique venait heureusement à chaque instant, sous la pression des faits, contrarier la théorie et restituer à l'individu toute sa valeur.

Si nul économiste ne peut raisonnablement contester que l'homme est un individu social, et que les utilités générales qui ne peuvent être procurées au public par les particuliers doivent l'être par l'État, nul socialiste ne songe de son côté à contester que la société est faite pour l'individu et non l'individu pour la société. Même quand il commet l'erreur de subordonner l'individu à la société et qu'il le prive de sa liberté, immanente ou acquise, c'est l'intérêt de l'individu que le socialisme a en vue. Pour l'économiste comme pour le socialiste, et ici nous les trouvons pleinement d'accord, la meilleure société est celle où l'individu peut le plus complètement satisfaire ses besoins naturels et acquis. Le socialisme viole-t-il ces principes quand il veut faire l'État propriétaire des moyens de production? Oui, certes, si l'État est un être immuable, une classe ou un clan qui s'oppose à l'ensemble des individus et pèse sur eux de tout son poids. Lorsque l'État est le despotisme d'un Pharaon, l'absolutisme d'un Louis XIV, le domaine réservé d'une aristocratie ou d'une bourgeoisie plus ou moins ouvertes aux intelligents, aux audacieux et aux chanceux, l'État et l'ensemble des individus sont deux choses très différentes. Mais en est-il de même si le souverain, qui est l'ensemble des individus, dépouille l'État de toutes ses attributions oppressives et compressives, et fait de lui l'organe administratif d'une société fondée sur le travail, éclairée par la science? Ce serait friser le paradoxe que de soutenir que les critiques formulées contre l'État par l'immense majorité des particuliers prouvent sa perfection relative. Mais il faut y voir au moins la preuve qu'il se forme dans l'esprit public une conception supérieure du rôle et des fonctions de l'État. Or, en démocratie, ce que l'opinion conçoit, la loi l'exprime et le réalise, dans la mesure toujours relative où le fait se conforme à l'idée.

Mais le socialisme n'a pas le mysticisme de l'État souverain, et il ne voit en lui qu'un moyen de coopération générale aux mains des individus ayant acquis enfin la notion de leur propre souveraineté. Partout où les individus peuvent se passer de lui pour se réaliser, le socialisme ne prétend pas leur imposer la tutelle ou l'aide publique que fournit l'État. Mais partout où l'action individuelle, même augmentée par l'emploi des coopérations particulières les plus étendues, ne suffit pas à réaliser l'individu, le socialisme appelle la coopération générale qu'est l'État au secours de l'individu. Il n'a pas davantage le mysticisme de la propriété sociale. Elle n'est pas pour lui un but, mais un moyen. On ne peut contester que l'inégalité des conditions a pour conséquence directe, inévitable, la subordination de ceux qui ne possèdent pas à ceux qui possèdent. Les rapports sociaux sont nécessairement des coopérations imposées par la nature des choses à tous les individus; mais les uns coopèrent de leur plein gré, et à grand profit pour eux, tandis que les autres sont contraints de coopérer, sous peine de ne pas manger, et de se contenter du profit que les premiers leur laissent. Celui qui ne possède rien voit fort bien quels rapports le lient à celui qui possède; mais il ne voit pas, attendu qu'ils existent à peine, les rapports de réciprocité de celui-ci vis-à-vis de lui. Toutes les formes de la coopération lui ont donné la liberté dans les modes divers de l'action; cependant sa liberté est limitée non par son incapacité de vouloir davantage, mais d'agir davantage, précisément parce que le domaine de l'action économique ne lui appartient pas, et qu'il y est un individu subordonné, à peine existant. Sa liberté politique ne serait qu'un jouet d'enfant s'il ne l'employait à conquérir sa liberté économique, clé de toutes les autres, s'il ne la faisait servir à contraindre le possédant aux rapports de réciprocité qu'il lui doit. Or, on conviendra que dépouiller le possédant au profit du non-possédant ne serait pas une solution. Les termes d'inégalité seraient renversés, les facteurs de dépendance sans réciprocité seraient intervertis ; mais on n'aurait réalisé ni l'égalité, ni la coopération complète, c'est-à-dire volontaire et libre. C'est donc sur des rapports d'égalité que la coopération doit être fondée.

L'économie politique ne conteste point que le bien de l'individu soit dans la coopération volontaire, ni que la coopération volontaire repose nécessairement sur des rapports d'égalité. Mais, victime de sa métaphysique de l'arbitraire, elle déclare également libres de réagir l'un contre l'autre, et finalement de contracter ensemble, l'individu qui détient le capital et celui qui ne possède que ses bras. Elle ne considère comme non libres que ceux-là seulement qui ne sont pas laissés à leur propre arbitraire, mais sont soumis à l'arbitraire d'autrui. Méconnaissant les rapports réels pour ne voir que les rapports juridiques, elle ne laisse que l'esclave en dehors de la coopération volontaire. Il est certain que la coopération de l'ouvrier est moins contrainte que celle de l'esclave ; il est non moins certain que, pour que l'individu soit libre, il faut d'abord qu'il ne soit point esclave. Mais l'absence de contrainte personnelle n'est que la première condition de la liberté. Et si, par l'esclavage, l'individu est sous la dépendance formelle et directe d'un autre individu ; par le salariat, l'homme dépend de l'homme d'une manière implicite et non directe. Mais si l'ouvrier peut se soustraire individuellement au salariat, et l'on sait combien cette chance d'émancipation économique est rare et précaire, l'esclave peut, lui aussi, racheter sa liberté. Il y a donc entre la dépendance de l'un et de l'autre une différence de quantité, non de qualité. L'esclave est moins libre que l'ouvrier, mais la liberté de l'ouvrier, c'est la liberté en soi, le décret verbal, la fiction juridique, tout ce qu'on voudra, excepté le pouvoir réel de coopérer volontairement, c'est-à-dire de fonder sa coopération sur des rapports d'égalité.

Mais l'école orthodoxe obéit à une logique intime, qui nous est familière à présent que nous en avons résolu la contradiction apparente. Elle déclare l'individu libre dès qu'il est rendu à son propre arbitraire, c'est-à-dire soustrait aux servitudes personnelles ou aux protections de la loi; mais elle complète sa conception critique, négative, de la liberté, par une conception étroitement réaliste de la lutte pour l'existence. L'homme libre est en concurrence dans le champ économique avec d'autres hommes libres, comme dans l'univers tous les individus de toutes les espèces organisées. L'individu, dans l'espèce, lutte contre les autres individus, et l'espèce contre les espèces. C'est cet arbitraire général, cet asservissement inconscient aux forces de la nature, que l'école transporte dans le domaine humain, où il existe bien réellement, mais que nous voyons reculer devant la liberté réelle sur les points où la coopération met fin à la lutte. Et voilà pourquoi elle prononce d'un cœur si léger le *vœ victis* contre les individus qui n'ont pas su ou pu employer leur liberté naturelle dans la concurrence générale.

Pourtant, il est un phénomène naturel et social qui n'a pu échapper à l'observation de l'économie politique. Pour augmenter leurs chances dans la lutte, les individus d'une même espèce s'associent. Les sociétés humaines elles-mêmes sont des coopérations générales, en ce sens qu'elles associent tous les individus dont elles se composent, mais les individus n'y sont solidaires que sur des points déterminés. L'individu tire précisément sa liberté de cette coopération générale, et sa liberté n'existe que sur les points où, grâce à cette coopération, il peut agir. Sur tous les autres points, il est, ou bien livré à son propre arbitraire, ou bien armé d'une volonté qui ne s'exprimera en action que lorsque des volontés identiques surgiront et coopéreront avec la sienne. C'est cet arbitraire et cette liberté en devenir que l'économie orthodoxe appelle la liberté. La liberté réelle, qui est le pouvoir, puisqu'elle réunit l'action à la délibération, et qui, je le répète, ne s'exerce et ne se préserve que par la coopération, n'est certainement point inconnue des économistes. Mais comme ils font résider essentiellement la liberté dans l'absence de contrainte, et non dans la coopération, où ils ne voient qu'un moyen d'accroître la liberté naturelle de l'individu, ils sont forcément portés à méconnaître la valeur essentielle de la coopération. Pour eux, l'individu est libre par lui-même; plus on le débarrasse des obstacles qui s'opposent à sa liberté naturelle, et plus il est libre. Mais s'il est vrai que nul individu n'est libre si son action est entravée par des obstacles, il n'y a là que la moitié de la vérité, la moitié négative, puis-je dire. L'autre moitié de la vérité, la moitié positive, est que l'individu ne peut agir, conséquemment n'est libre, que par la coopération. La coopération n'augmente donc pas seulement son pouvoir, comme le croit l'école : elle le crée. Et, son pouvoir étant à la mesure de ses rapports conscients avec l'univers, sa liberté est créée, puis achevée, par la coopération.

L'économie politique demeurée dans l'orthodoxie prétendue libérale fait consister la liberté dans l'abstention de la loi. Elle veut que toute coopération ait la liberté non seulement pour fin, mais pour moyen; et, en vertu de cette doctrine, elle dénie à la puissance publique le droit d'obliger l'individu à coopérer à réaliser son propre bien, quand bien même la méconnaissance de son bien ferait obstacle à la réalisation du bien des autres individus. Dans la pratique, on le sait, cette doctrine rigide est bien forcée de fléchir. Elle conserve cependant toute sa rigidité quand il s'agit du phénomène économique fondamental, je veux dire la propriété individuelle. Voyons ce qu'elle offrirait de résistance en face de ce phénomène ainsi modifié par un pur effet de coopération volontaire :

Je suppose pour un instant que le pouvoir d'épargne de la masse des salariés soit suffisant pour qu'à un moment donné toutes les exploitations particulières, des plus puissantes sociétés aux plus petits ateliers, aient disparu devant les coopératives de production, de circulation et de consommation. Ces dernières ont conquis tout le domaine économique par le seul jeu de la concurrence, en dehors de toute ingérence de la puissance publique. Le capitaliste s'est trouvé éliminé par elles, tout comme le petit exploitant se trouve éliminé par le capitaliste dès que se substitue la puissance éclairée de la coopération aux efforts aveugles et isolés qui se paralysent mutuellement. Ses trusts ont été brisés par le trust formidable de dix millions de producteurs représentant quarante millions de consommateurs, les coopératives professionnelles et locales s'étant résolues en une coopérative générale qui embrasse toute la production, toute la circulation, toute la consommation. Le capitaliste et le propriétaire individuel ont disparu devant cette formidable puissance collective. Que sera, dites-moi, ce régime économique nouveau, sinon le socialisme, c'est-à-dire le collectivisme ou le communisme? Si ce régime s'est constitué par la libre adhésion des uns, — et aussi par l'écrasement de la puissance économique, collective ou individuelle, des autres, sous l'œil impassible de la puissance publique astreinte à la neutralité par la doctrine du laisser-faire, — que pourront dire les doctrinaires de l'économie politique? Rien du tout. Ils devront rester aussi muets et sereins que lorsqu'ils voient, aux États-Unis, une douzaine de capitalistes constituer un trust pour doubler le prix du fer et prélever un impôt sur soixante millions de consommateurs. Ce n'est donc pas au but même du socialisme que l'orthodoxie économique s'oppose ; ce n'est pas à la transformation de la propriété individuelle en propriété collective, mais aux moyens que le socialisme se propose d'employer. Elle peut, certes, déclarer que cette transformation des rapports économiques est impossible, elle peut y voir un obstacle aux progrès ultérieurs de l'activité humaine. Mais si quarante millions d'individus emploient leur liberté individuelle à réaliser l'impossible, et fondent ce système économique et social, au nom même de son principe d'abstention absolue de l'État, l'économie politique devra les laisser faire, les laisser passer.

III. — Mais l'économie politique n'est plus tout entière enfermée dans l'école du laisser faire. A sa droite, une école sociale s'est formée, ou plutôt reformée, qui réintègre l'État et son action dans les rapports économiques. De vrai, cette école n'a jamais cessé de subsister ; elle est l'expression théorique de toutes les survivances féodales que le régime moderne n'a point encore fait disparaître ; et son action pratique est, sur certains points, dominante même dans les pays où règne le libéralisme verbal, mais non la liberté réelle. Son objet est de conserver à la grande propriété féodale son privilège de fait par le protectionnisme systématisé, c'est-à-dire par un obstacle artificiellement opposé à la coopération économique universelle. Bien qu'anti-individualiste au premier chef, qu'il s'agisse de l'individualisme verbal des libéraux ou de l'individualisme réel des socialistes, cette école compte un certain nombre de ses membres qui, par souci d'humanité autant que par un intérêt conservateur bien entendu, acceptent et sollicitent l'intervention de l'État pour la protection effective des travailleurs. Par sa critique, l'économie politique pure s'était limitée aux rapports des choses ; dominé par la pensée morale qui est la nécessaire enveloppe extérieure de toute religion, le christianisme social se préoccupe avant tout des rapports des hommes. Non qu'il veuille les égaliser et les libérer dans le contrat. Il a pour cela une trop mauvaise opinion de l'individu humain. Selon lui, les riches et les pauvres ont été également institués par Dieu. Il n'appartient donc à personne de modifier ses décrets. Toutes les puissances établies sont d'autant plus légitimes qu'elles peuvent davantage prouver leur antiquité. Dans le domaine économique, le pauvre est aussi nécessairement soumis au riche que, dans le domaine religieux, le croyant l'est au prêtre et, dans le domaine civil, le sujet au souverain. Mais le souverain doit la justice au sujet, le prêtre la charité au croyant, le patron la nourriture à l'ouvrier. Dans une telle conception de la société, nul n'a de droits, mais tous ont des devoirs ; ce qui, en fin de compte, assure à chacun des droits réels, constitués par les devoirs réciproques de chacun. Dans la conception du libéralisme arbitraire, au contraire, tous sont censés avoir des droits, et personne des devoirs ; en sorte que tous luttent contre tous, et ceux qui ne sont armés que de leur droit imaginaire succombent sans avoir pu même songer à se défendre. Ces devoirs, que le christianisme social impose à tous, resteront lettre morte s'ils ne sont inscrits dans la loi. Si l'on n'astreint les patrons à les observer, les ouvriers refuseront le travail, se démoraliseront, se révolteront, bref, renonceront également à leurs devoirs, au grand péril de la société. De cette pensée d'ordre et d'autorité est née, dans les États conservateurs, une législation sociale protectrice de la santé, de la sécurité et de la vie des ouvriers.

A la gauche de l'école économique orthodoxe, une école

libérale s'est formée, qui ne compte pas en France de très nombreux adhérents. Tout comme l'école du christianisme social, mais en vertu de principes diamétralement opposés, elle voit l'homme dans le producteur et le consommateur. Elle admet également que l'État intervienne dans les rapports économiques, non pour supprimer la concurrence, mais pour la rendre possible et réelle, afin qu'elle épuise tous les bienfaits qui sont en elle. Car, la considérant comme un des plus précieux facteurs du progrès humain, et l'histoire économique ne donne point tort à cette vue, cette école consent à ce que la concurrence disparaisse un jour dans la coopération et s'y achève en concours, mais non qu'une puissance extérieure la vienne détruire artificiellement avant qu'elle ait terminé son œuvre nécessaire.

L'économie politique officielle accable ces deux écoles dissidentes de ses sarcasmes ; elle les confond également dans le socialisme, auquel elles n'adhèrent ni l'une ni l'autre ; mais cela lui permet de se donner le malin plaisir d'accuser celle de droite d'être révolutionnaire et celle de gauche d'être réactionnaire. Est-il besoin de démontrer que, bien loin d'être révolutionnaires et socialistes, le « socialisme d'État » et le « christianisme social » sont également conservateurs et même rétrogrades. Leur idéal est un salariat perpétuel rendu moins douloureux, moralement et matériellement, par des lois de protection et de prévoyance, par la reconstitution des antiques corporations où l'individu serait parqué, isolé du monde extérieur, subordonné à sa communauté professionnelle et religieuse, aussi complètement que l'artisan du moyen âge. Cette conception n'a rien de commun avec la libération complète de l'individu que se propose le socialisme, et dont sa formule économique est à la fois le moyen et la sanction. L'interventionnisme de gauche peut-il être confondu avec cet interventionnisme conservateur, autrement que par un jeu de l'esprit ? Il est évident que si, dès que l'État apparaît, le socialisme commence, tout interventionnisme peut être à volonté qualifié de socialisme, même quand il s'agit des corvées par lesquelles furent édifiées les pyramides, ou de conservatisme, même quand il s'agit de limiter l'arbitraire patronal par l'institution des conseils de travail.

Mais laissons cette querelle futile et voyons si l'interventionnisme pur, c'est-à-dire progressif, qui est, selon moi, l'économie sociale véritable, déterministe et non plus fataliste, libérale et non plus libre arbitraire, scientifique et non plus scolastique, diffère essentiellement du socialisme. Tout en le délimitant soigneusement, cette école n'isole pas le phénomène économique des autres phénomènes de l'activité humaine, et, par le concours qu'elle demande pour lui à la puissance publique, elle relie les coopérations économiques à la coopération générale. On sait, d'une part, avec quel soin jaloux l'économie orthodoxe, cristallisée dans l'observation passive du phénomène économique, isole soigneusement celui-ci de tout le reste de l'univers. D'autre part, on n'ignore plus que le socialisme se fonde sur la solidarité d'évolution de tous les phénomènes sociaux dans le sens du plus grand développement de l'individu, par une coopération plus multiple et plus étendue. Sur ce point, le socialisme et l'interventionnisme sont d'accord.

Ils sont donc d'accord quand, par la loi, l'interventionnisme tire l'individu de son néant économique et le dote d'un commencement de liberté qui n'est pas sans influence, il s'en faut, sur les autres formes de libération sans lesquelles il n'est point un individu complet. En reconnaissant que l'individu peut employer sa liberté civique à créer sa liberté économique, l'école interventionniste est certainement plus individualiste que l'école abstentionniste, puisque celle-ci ne s'inquiète point de ce que devient la liberté de l'individu dans les arbitraires rapports des choses. Aussi, est-il facile au socialisme d'opposer son individualisme réel à l'arbitraire de l'économie politique orthodoxe, surtout en se fondant sur ce principe nécessaire que la liberté est un produit de la coopération. Il lui serait plus difficile, pour ne pas dire impossible, de ne pas entrer en composition et en accord avec l'interventionnisme, qui voit également dans la loi, non une limitation du prétendu droit naturel de l'individu, mais le moyen même de créer sa liberté. Le socialisme se trouve donc ici en face d'une critique plus avisée, car elle n'est plus purement négative. Il pouvait nier la liberté en soi, dont l'économie politique orthodoxe affublait dérisoirement l'individu, après l'avoir dépouillé de tous les moyens de réaliser sa liberté ; il ne peut, sans se contredire, nier la liberté réelle dont l'interventionnisme se fait le champion, et qu'à défaut de tout autre moyen de coopération, celui-ci demande à l'État de constituer.

Le socialisme et l'interventionnisme diffèrent quand se pose entre eux la question de la propriété. Le premier tend à la socialiser, et le second proteste contre la socialisation. Mais comme ils sont tous deux d'accord pour reconnaître que l'État peut procurer au public les utilités générales que les individus ne peuvent lui procurer, leur opposition n'est ni fondamentale ni irréductible. En acceptant que les moyens de transport en commun et d'éclairage public, par exemple, soient, non plus des monopoles de fait aux mains de particuliers, mais des services publics aux mains de l'État et des communes, l'interventionnisme est plus près du socialisme que de l'économie orthodoxe ; surtout lorsqu'il va jusqu'à proposer que certains services publics : postes et télégraphes, travaux publics, grandes administrations de l'État, soient remis à des particuliers. D'autre part, nous avons vu plus haut que l'économie politique orthodoxe n'aurait aucun moyen doctrinal de s'opposer à la socialisation de tout le domaine économique si, en dehors de toute ingérence de l'État, tels étaient la volonté et le pouvoir de dix millions de producteurs et de quarante millions de consommateurs. Même, si une minorité puissante de ces producteurs et de ces consommateurs formait par sa masse un bloc qui rendît impossible toute résistance par les seuls moyens de la concurrence, l'école abstentionniste ne pourrait pas protester contre cette suppression de la concurrence par la concurrence elle-même. Évidemment, l'interventionnisme ne serait pas plus fondé à protester, mais il n'aurait pas, comme l'économie orthodoxe, l'humiliation de voir son principe périr par sa propre application généralisée. L'interventionnisme, en effet, ne se résigne pas à la suppression de la concurrence lorsqu'elle est opérée par le trust mettant fin au combat économique et asservissant les consommateurs aux maîtres du marché ; mais il accepte sans protester que la concurrence disparaisse dans la coopération volontaire qui, au lieu d'asservir, émancipe tous ceux qui y participent. M. Charles Gide va même jusqu'à prévoir que la suppression de la concurrence aura pour effet un arrêt de l'esprit d'invention et du perfectionnement industriel. Il ne s'en émeut pas outre mesure, sans doute parce que cet économiste, qui est un philosophe, compte sur les ressorts nouveaux qui joueront spontanément dans une société où toutes les formes de la lutte se seront résolues en coopération, et où nul individu ne pourra plus même songer à opposer son intérêt à celui des autres.

Un fait récent, partiel et local il est vrai, mais véritablement topique, paraît donner raison à cet optimisme. Depuis un an, soixante ouvriers typographes de l'imprimerie nationale sont organisés en commandite. Ils se distribuent entre eux les tâches que doit accomplir l'équipe et s'en partagent le salaire, non au prorata de l'effort individuel, mais à part égale pour tous. Ces ouvriers ne sont pas tous d'égale valeur. Il était donc à craindre que les forts et les habiles n'éliminassent les autres, tout au moins ne récriminassent contre eux. C'est le contraire qui s'est produit ; les forts et les habiles ont aidé les autres, et l'équipe a pu, cette année, lors de la discussion du budget, recevoir les félicitations publiques du ministre qui s'était, l'an dernier, opposé à l'expérience et n'avait cédé que devant un vote formel de la Chambre.

Jusqu'à présent le socialisme, sans repousser l'action spontanée des coopérations particulières, a demandé ses solutions à l'État. De son côté, l'interventionnisme fait des coopérations particulières le principal facteur de libération de l'individu, et il ne demande le secours de l'État que lorsqu'elles sont impuissantes à réaliser seules la liberté de l'individu. C'est donc, entre les deux écoles, quant aux moyens de créer la liberté économique de l'individu, une question de mesure, plutôt que de principes opposés. Quand, par l'action de l'État, l'interventionnisme réglemente la concurrence, il n'entend pas renverser les rapports de dépendance et placer ceux qui possèdent beaucoup, et sont la minorité, sous la dépendance de ceux qui possèdent peu ou point, et sont la majorité. Son but est que les seconds puissent établir avec les premiers des rapports d'interdépendance sans lesquels toute concurrence est illusoire, et toute coopération volontaire impossible. Si, donc, l'action spontanée des coopérations particulières peut entrer en concurrence avec les puissances économiques de fait, et finalement les réduire et se les annexer, l'interventionnisme n'appellera point la puissance publique au secours de celles-ci. Leur disparition, en effet, ne causera aucun dommage à la liberté : seul l'arbitraire en souffrira, et comme cet arbitraire n'assurait l'indépendance des salariants qu'au prix de la dépendance des salariés, l'interventionnisme n'aura nullement pitié de lui, puisque sa disparition assure la réalité du contrat. On voit donc que, s'il considère la concurrence comme un moyen de progrès, et finalement de liberté individuelle, c'est à la condition qu'elle soit réelle, et non purement juridique et verbale, et qu'ainsi elle soit bien pour l'individu un moyen de liberté économique. Quand, sous le nom de concurrence libre, les forts écrasent les faibles sans que ceux-ci puissent seulement songer à résister, l'interventionnisme appelle la loi à leur secours pour constituer en réalité le phénomène de concurrence. Avant toute chose, il veut réaliser l'individualisme économique. Si l'effort spontané des individus, si les coopérations particulières y suffisent, la loi doit s'abstenir. Sinon, elle doit intervenir et apporter à la liberté le secours de la coopération générale qu'est l'État.

J'ai insisté peut-être un peu longuement sur ce caractère essentiel de l'interventionnisme, parce qu'il permet de rechercher si, nulle opposition de principe ne séparant l'interventionnisme du socialisme, il serait possible de les accorder sur leur opposition de fin, touchant la socialisation de la propriété. Nul ne conteste, même dans l'école orthodoxe, que, par la mobilisation de la propriété, l'individu est plus réellement et plus complètement propriétaire. Or, qu'est-ce que la mobilisation de la propriété ? C'en est la socialisation, tout simplement. Elle se réalise dans son signe pour donner à chacun de ceux qui y participent la jouissance de son produit; mais ce signe individualisé, ce titre de co-propriété, s'il fait de chaque possédant le maître absolu de sa part de produit, ne lui donne aucun droit sur la propriété qui n'appartienne également à ses coopérants. Le caractère fondamental de la propriété mobilisée, c'est l'indivision du fonds et l'individualisation du titre. Et s'est précisément par cette individualisation du titre que l'individu se libère des servitudes de la propriété pour n'en recueillir, grâce à la coopération, que les avantages. Ce titre, le socialisme demande à l'État qu'il l'assure à tous les individus sans exception. L'interventionnisme ne demande à l'État que de mettre chaque individu à même de se le procurer par son propre effort. La contradiction entre le socialisme et l'interventionnisme n'est donc pas insoluble. Mais, avant d'en aborder la solution, il nous faut entendre l'objection capitale de l'économie politique orthodoxe. Si nous parvenons à la réduire, nous marcherons sur un terrain plus assuré.

Les individus, dit-elle, sont libres de coopérer de la manière la plus étendue et la plus universelle, à la condition qu'ils ne feront point servir la puissance publique à leurs fins. Il ne faut pas qu'un seul individu soit contraint à coopérer. N'y eût-il dans l'État qu'un seul individu qui subit cette contrainte, la liberté serait violée dans la personne de cet individu. Si tous les individus ont un droit sur eux-mêmes, et peuvent l'exercer aux fins d'une coopération générale, ils n'en ont aucun sur l'individu qui refuse de coopérer avec eux. Voilà l'objection dans toute sa force. Elle paraît, à première vue, irréfutable. Elle semble reposer sur un principe de droit public incontesté, et sans lequel le droit individuel disparaîtrait sous l'arbitraire. Elle emprunte l'aspect d'une protestation de l'individu contre la raison d'État et le salut public, de la coopération volontaire et du refus non moins volontaire de coopération contre la coopération obligatoire. Voyons ce qu'il en est réellement.

Observons tout d'abord que l'école orthodoxe se préoccupe fort peu de ce que devient la concurrence quand des concurrents victorieux la suppriment et imposent leur loi au marché; elle se préoccupe bien moins encore des concurrents que leur défaite a chassés du marché. Constatant avec une sérénité inaltérable que le monopole de fait est irréalisable dans la durée et dans l'espace, elle estime que la loi ne doit point chercher à réprimer les trusts. Certes, ils ne réussissent jamais à monopoliser absolument ni pour toujours, mais n'est-ce point trop déjà qu'ils soient assez étendus et d'une durée assez longue pour fixer arbitrairement les prix à leur profit! Leur monopole de fait reste à l'état d'ébauche momentanée, mais il n'en accumule pas moins les ruines et n'en fausse pas moins le jeu de la libre concurrence. Ceux qui demeurent écrasés sous ces ruines ne présentent aucun intérêt, puisque, selon la métaphysique de l'école, quand ils ont tout perdu, il leur reste leur liberté. Ils en profitent parfois pour recourir au suicide. Mais l'économie orthodoxe, si intransigeante sur le principe de l'abstention de l'État, proteste-t-elle contre les monopoles de fait et de droit constitués par une concession de la puissance publique, tels les chemins de fer? Oui, mais voici comment : elle voudrait que l'État renonçât aux droits que lui donne cette concession. Ce ne serait pas le monopole, dit-elle; des particuliers pourraient entrer en concurrence avec les compagnies existantes, en créant des lignes ferrées parallèles aux leurs. Les docteurs économiques ont la plaisanterie un peu lourde. Accorderait-on, en effet, à ces concurrents éventuels les bénéfices de l'expropriation pour cause d'utilité publique? Si oui, ces concurrents ne pourraient, tout comme leurs prédécesseurs, naître que par le consentement de l'État. Sinon, ils seraient d'abord en état d'infériorité vis-à-vis des compagnies en possession, et ensuite ils pourraient se heurter aux prétentions exorbitantes des propriétaires de terrains et être contraints de renoncer à la concurrence avant même d'avoir achevé leurs plans.

Mais l'économie politique orthodoxe ne proteste pas contre le principe de l'expropriation pour cause d'utilité publique. Et pourquoi ne proteste-t-elle pas? Parce qu'il ne porte en définitive aucune atteinte au principe de la propriété privée, tout exproprié ayant droit à une juste indemnité? Mais qu'est-ce que la juste indemnité? Cela a un sens au point de vue juridique, mais n'en a aucun au point de vue économique. Ou, plutôt, la juste indemnité est une violation flagrante de la loi économique fondamentale de l'offre et de la demande. Pierre a un champ, Jacques veut le lui acheter, Pierre n'a pas envie de le vendre. C'est ici l'acheteur qui court après le vendeur. Celui-ci va profiter de l'aubaine. Eh bien, pas du tout. L'État intervient entre l'acheteur et le vendeur, et fixe la juste indemnité. Je sais bien que cette indemnité dépasse toujours la valeur réelle de la chose vendue. Mais je sais aussi que, si l'État n'était pas intervenu, Pierre aurait pu faire fonctionner bien plus à son avantage la loi de l'offre et de la demande. Voilà donc un cas très fréquent, où la volonté d'un seul ne peut pas, sur le terrain même de la propriété, s'opposer à la volonté publique; et il est assez complètement caractéristique pour que je n'aie pas besoin d'en rechercher d'autres.

Je le retiens, même, ce cas, pour en épuiser toute la vertu. Supposons que, au lieu d'être contraint par l'État de céder son terrain contre indemnité, Pierre l'ait vu réduire au dixième de sa valeur et de son rendement par l'acquisition de tous les terrains qui l'entourent et par leur mise en valeur entre les mains de concurrents habiles et heureux. Pour ne pas mourir de faim sur son terrain déprécié par cette concurrence, Pierre n'a plus qu'une chose à faire : le céder au dixième de sa valeur à ses concurrents. S'il s'avise de se plaindre et de protester, le docteur économique lui remontrera qu'il a subi la loi de la concurrence et que, s'il était le vainqueur, il ne la trouverait point mauvaise. S'il crie à la spoliation pour avoir dû céder pour dix mille francs ce qui lui en coûta cent mille, le docteur lui dira qu'il a subi la loi de l'offre et de la demande, et s'en ira porter ses félicitations à l'heureux acquéreur du terrain. Mais, en partant, il lui lancera ironiquement cet argument de l'école : Vous étiez libre de ne pas vendre.

Si l'État ne payait à Pierre que la moitié de la valeur de son terrain, l'économie politique tout entière crierait à la spoliation, et elle ne serait pas seule à crier. Mais quand il crée un monopole, il indemnise largement les particuliers auxquels il se substitue. Quand il supprime des intermédiaires qui tenaient leur existence de sa permission, tels que les tenanciers de bureaux de placement, il leur donne un délai pendant lequel ils pourront récupérer près de deux fois la valeur marchande de leur fonds. Toujours il indemnise, toujours, au nom du public, il donne à l'individu l'équivalent de ce qui lui est enlevé par le public. Lorsqu'il y a spoliation, ce n'est donc pas de l'État qu'elle vient, mais des particuliers. Et, lorsque le vaincu de la lutte pour la vie en appelle à la justice des hommes contre son vainqueur, son spoliateur, l'économie orthodoxe lui ferme la bouche au nom de la justice des choses. Et c'est, en effet, un douloureux asservissement des hommes aux choses.

Lorsque l'État intervient dans les rapports des hommes pour assurer leur pouvoir de coopération économique et sociale et, par conséquent, pour assurer leur liberté, qui lèse-t-il ? La minorité qui n'a pas consenti à ce décret, fût-elle d'un seul individu ? Mais quel moyen de liberté l'État, c'est-à-dire la majorité, enlève-t-il à cette minorité, fût-elle de deux millions d'individus ? Il pourvoit, au contraire, à la liberté de la majorité et de la minorité, car son décret n'excepte aucun des individus dont se compose la société.

Lorsqu'il donne aux raffineurs des primes de sortie sur le sucre, primes dont les cultivateurs et les ouvriers ne profitent qu'indirectement et en raison inverse de leurs besoins, on comprend que l'école proteste ; car, dans ce cas, l'État oblige tous les individus sans exception à coopérer au bien d'une minorité déjà pourvue. Ici, on le voit faire comme il est dit dans l'Évangile : donner à ceux qui ont, et ôter à ceux qui n'ont point. Mais lorsque, même à la majorité d'une voix, il crée par la loi des moyens de liberté, non pour la majorité, mais pour tous, il ne lèse personne ; sinon les individus qui profitaient de l'absence de liberté réelle, c'est-à-dire de l'abstention de la loi, pour se développer arbitrairement et tenir les autres individus dans une dépendance économique qui est la négation même de toute liberté.

IV. — En ne se limitant pas à l'observation des rapports de choses et, de plus, en observant les rapports des individus avec les choses, l'école interventionniste est nécessairement plus à portée que l'école orthodoxe de connaitre les phénomènes économiques dans leur réalité objective. Elle est donc à celle-ci ce que la biologie est à la chimie, c'est-à-dire à un degré scientifique général plus élevé. Si un chimiste voulait faire de la biologie avec le seul secours de sa science particulière, il ferait de l'alchimie, et non de la biologie. Les rapports des choses étant inséparables des rapports humains dans le domaine économique, il va de soi que celui qui connaît les premiers et les seconds est plus près de la science réelle que celui qui ne connaît que les premiers et méconnaît les seconds, puisqu'il interprète ceux-ci au nom d'une philosophie qui s'évanouit au contact des faits. En refusant de considérer la liberté comme un phénomène immanent à l'individu, et en faisant d'elle un produit de la coopération sociale, l'interventionnisme s'éclaire d'une vérité philosophique qui le soustrait au fatalisme de l'arbitraire. Or, c'est ce fatalisme de l'arbitraire qui a jusqu'à présent caractérisé l'économie politique, et fait de ses adeptes des statisticiens qui calculent beaucoup mieux qu'ils ne raisonnent. Il est donc évident que, philosophiquement et scientifiquement, l'école interventionniste nous permet de nous rendre un compte plus exact des phénomènes économiques et de leurs rapports avec l'ensemble des phénomènes sociaux. Elle nous met ainsi à même de les utiliser aux fins de l'individu, qui sont son bien propre poursuivi et réalisé par la liberté. C'est donc bien elle qui est la science économique. Si le socialisme s'opposait à elle, s'il contredisait ses principes et méprisait ses méthodes, il serait une conception arbitraire de l'esprit que l'on pourrait rêver d'autant plus magnifique qu'elle serait moins réalisable. La science économique n'a donc pas à se plier au socialisme, tandis que le socialisme ne peut être que s'il est une application pratique conforme aux données de la science économique.

Quand le socialisme constate que la mobilisation de la propriété aux mains de ceux qui la détiennent constitue véritablement une socialisation capitaliste ; quand il constate la supériorité économique et sociale de ce mode d'appropriation sur la propriété immobilière personnelle qui attache l'individu à la chose; quand il constate que toute propriété tend à se mobiliser et à entrer dans le régime de la coopération capitaliste, — il fait des constatations rigoureusement scientifiques. Sort-il de la science, tombe-t-il dans l'utopie, lorsque, du phénomène de la socialisation capitaliste, il dégage le phénomène ultérieur de la socialisation universelle de la propriété ? Non, si les principes et les méthodes de la science économique inspirent et dirigent son action.

L'économie politique orthodoxe, répétons-le, observait les phénomènes de la production et de la distribution des richesses, non pas comme des phénomènes organiques de rapports d'individus et de choses, mais comme des phénomènes mécaniques de rapports de choses dans lesquels l'individu prétendu libre n'apparaissait que pour subir leur fatalité. Complétée et vivifiée par la théorie de l'interventionnisme, répétons-le au risque de lasser le lecteur, la science économique ne sépare pas les hommes des choses ; car c'est pour les hommes que les choses sont faites. Dans une conception véritablement scientifique, les choses ne doivent donc pas seulement être envisagées en elles-mêmes et dans leurs rapports réciproques, mais dans leurs actions et réactions sur les hommes. Plus les hommes utilisent les rapports des choses, plus ils se subordonnent les choses, et plus ils sont libres. Aussi, pénétrée de ce principe, la science économique réelle donne-t-elle le pas au phénomène de consommation, et par conséquent de distribution, sur le phénomène de production. Pour les métaphysiciens de l'économie politique, l'homme était avant tout un individu qui produit ; pour la science économique, l'homme est avant tout un individu qui consomme. Tous les hommes, en effet, sont des consommateurs ; tandis que tous les hommes ne sont pas des producteurs. Le primitif consomme ce que la nature produit spontanément ; le rentier consomme le produit d'un travail antérieur, que le travail actuel de son voisin reproduit ; le producteur consomme pendant douze, quinze ou vingt ans avant de produire, et quand il produit c'est pour consommer. La consommation est donc au commencement et à la fin de toute production. Il est donc légitime, nécessaire, conforme à la science que, plaçant le problème de la consommation au premier plan, le socialisme recherche le meilleur moyen d'assurer la distribution des produits.

Dans la coopération privée à base capitaliste, qu'elle soit ou non sous le régime d'appropriation personnelle, le problème n'est résolu que pour les individus qui y sont incorporés, mais il l'est on ne peut plus inégalement. Ceux qui coopèrent librement, actionnaires ou patrons, prélèvent la part du lion ; et ceux qui coopèrent par contrainte, les salariés, ont le reste du produit. Les premiers ont même été libres de participer ou non à la création du produit ; tandis que les seconds n'ont part à la distribution que s'ils ont coopéré par leurs bras et leur cerveau, et c'est assez dire que, pour eux, le problème n'est pas résolu. La solution socialiste a pour but de faire participer à la consommation ceux-là seulement qui ont coopéré à la production, et de donner à l'individu un pouvoir de consommation à la mesure de son pouvoir de production. Cette solution n'est évidemment possible qu'en rendant tous les consommateurs, c'est-à-dire tous les individus sans exception, propriétaires des moyens de production. Ici, le socialisme ne fait pas de la science, mais de l'application. Mais, si, dans cette application, il ne viole aucun des principes de la science économique et s'il se conforme aux méthodes scientifiques, il demeure irréprochable.

Or, que dit la science économique ? Tout produit naît d'une coopération ; la coopération volontaire est la seule coopération complète ; la coopération n'est pas volontaire, et par conséquent est incomplète, lorsqu'un individu est soumis à l'arbitraire économique d'un autre individu ; la loi, acte de coopération générale, est le moyen de réaliser la liberté économique de l'individu ; la liberté de l'individu est en raison de sa coopération aux modes multiples de l'activité humaine et de son pouvoir sur les choses. Le socialisme est donc fondé par la science économique à chercher dans la propriété sociale, dans la coopération économique directe de tous les individus, la solution du problème de la consommation.

Mais si, dans son aspiration à la propriété sociale, le socialisme ne viole aucun des principes fondamentaux de la science économique, en agira-t-il de même avec les méthodes scientifiques lorsqu'il passera de la pensée à l'action ? Va-t-il se passer de l'observation et méconnaitre l'expérience ? S'il croit que la volonté de l'individu en tant que citoyen suffit à le rendre apte à réaliser sa liberté économique, il ferme les yeux à l'observation. Ne voit-on pas journellement des ouvriers refuser le bénéfice de lois faites pour eux, et s'entendre avec leur patron pour les violer ? S'il croit qu'il suffit de remettre tous les moyens de production aux mains de l'État pour que celui-ci devienne, par sa propre vertu, un administrateur économique idéal, il ferme encore les yeux à l'observation. L'État n'est-il pas aujourd'hui encore le fabricant qui produit à plus grands frais ? Si, niant que la concurrence est un moteur de progrès économique, il ajoute à cette faute contre l'observation une expérience hasardeuse en substituant arbitrairement le concours à la concurrence, il sera encore en flagrant délit d'inobservation des méthodes scientifiques. Enfin il ajoutera, à ces fautes contre la science et ses méthodes, un crime contre le principe même qu'il affirme, s'il donne à la coopération économique générale par le moyen de l'État un caractère d'obligation qui contraigne l'individu, au lieu de le libérer.

Il faut l'avouer en toute sincérité : jusqu'à ces derniers temps, le socialisme a paru méconnaître les méthodes scientifiques et son propre principe. Il s'est présenté comme un acte de la puissance publique s'exerçant indistinctement sur tous les moyens de production et de répartition. Soit qu'il ajournât son règne au moment où les coopérations capitalistes auront, par leur concurrence victorieuse et destructive des vieilles formes de production, fait disparaitre les exploitations dirigées par des particuliers isolés ; soit qu'il prétendit incorporer simultanément à la coopération générale par l'État, et les grandes coopérations capitalistes et les myriades de menus domaines de la multiple activité économique actuelle, — c'était toujours la solution unique et simple qu'il mettait en avant : la conquête des pouvoirs publics. Dans le premier cas, il présentait sa solution comme le terme fatal de l'évolution capitaliste, et subordonnait étroitement et passivement les rapports des individus aux rapports des choses. Il faisait dépendre l'émancipation des travailleurs non de leur aptitude à diriger la production, mais de la transformation du matériel de production. Dans le second cas, comme d'ailleurs dans le premier, le socialisme comptait trop sur l'État, et pas assez sur l'individu. Dans l'un comme dans l'autre cas, il prenait un caractère de contrainte qui n'est pas dans son principe ni dans son but, et que, par conséquent, on ne doit trouver à aucun degré dans ses moyens.

Mais le socialisme comptait des économistes parmi ses adhérents. Ils ne pouvaient demeurer sourds aux critiques et aux avertissements de la science. Témoin des impulsions données en ce sens par mon regretté maître et ami Benoît Malon, je dois cet hommage à sa mémoire aujourd'hui que, par les travaux des Bernstein, des Lavroff et des Graziadei, par l'effort patient et ordonné du socialisme belge, par l'adhésion de la majorité des socialistes français aux « méthodes nouvelles », le socialisme ne méconnait plus son propre principe ni les procédés de la science économique. Aujourd'hui, le socialisme est forcé de se préciser comme but et comme moyens. Il est tenu de ne plus présenter la socialisation universelle comme un but, mais comme un moyen. Il lui faut affirmer son but, qui est d'émanciper l'individu économique pour que l'individu social se réalise. Il lui faut, enfin, se préoccuper de justifier scientifiquement l'emploi de ses moyens particuliers, de montrer leur concordance à former le moyen final, qui est la socialisation de la propriété, et à mener au but, qui est la libération de l'individu.

Pour restituer à l'individu toute sa valeur, trop méconnue jusqu'à ce temps, le socialisme doit se rappeler qu'il est individualiste par son origine et par toute son ambiance non économique. En affirmant l'individu où il n'était pas, l'économisme classique a trop facilement poussé le socialisme à nier à la fois cet individu inexistant et l'individu réel. Le meilleur moyen de rendre à l'individu sa valeur comme facteur et comme but du socialisme, c'est de lui donner à réaliser le socialisme. Pour cela, il faut cesser de croire mystiquement qu'un acte de la puissance publique, réunit-il l'unanimité des votes des citoyens, peut suffire à transformer la propriété individuelle en propriété sociale, cette propriété individuelle fût-elle déjà socialisée à demi par sa mobilisation. Ces votes, en effet, peuvent n'être pas des votes éclairés. Je veux dire que les citoyens peuvent vouloir un nouveau statut économique et en même temps ne pas se rendre compte de la possibilité ou de l'impossibilité de cette transformation. Ils peuvent même la rendre impossible, non qu'elle ne soit désirable et possible, du fait même de leur inaptitude à être eux-mêmes l'État qui la réalisera. Si, dans ces conditions, leur vote décrète la transformation économique, elle se fera donc en dehors et au-dessus d'eux, par leurs mains mais non par leur cerveau, certainement pour eux mais non par eux. Il leur faudra alors accepter des directions, subir des contraintes jusqu'à ce qu'ils soient en état de faire leurs affaires autrement que par délégation. Et si, trouvant la place bonne ou se trompant de bonne foi sur l'inaptitude de la « masse compacte », les administrateurs publics font durer infiniment la période d'initiation, n'y aura-t-il pas des impatiences, des révoltes, des réactions? Voilà donc la coopération sociale fondée sur la contrainte et livrée aux votes hostiles, aux abstentions découragées de ceux qui auront cherché leur liberté dans la révolution et n'y auront trouvé que la contrainte. Si la nation veut s'organiser sur le type disciplinaire du régiment, si elle consent à la « dictature de classe » encore demandée par quelques rares socialistes attardés dans le jacobinisme social, si elle accepte de se remettre passivement aux mains de quelques milliers d'hommes dont chacun devra avoir simplement du génie, le collectivisme ou le communisme est possible dès aujourd'hui. Il suffit de présenter ainsi le problème pour prouver qu'il est insoluble de cette manière.

Le socialisme doit donc faire appel à l'individu, lui dire : Je ne te libère pas; libère-toi toi-même, par moi, qui ne suis pas ton but, mais ton moyen. Conquiers l'État, par l'établissement de la démocratie complète qui le subordonne à l'ensemble des individus. Si, par ton ignorance, tu le laisses aller en d'autres mains que les tiennes, si tu abdiques, même tacitement et par négligence, une parcelle de ta souveraineté, l'État, qui fut la chose d'une classe, deviendra la chose d'une coterie. Il sera alors l'instrument d'oppression contre lequel tu fis trois révolutions victorieuses, et que tu n'as pas encore conquis. Tu dois donc le tenir et surveiller d'autant plus étroitement que tu lui auras confié de plus grands intérêts. Et dans ceux que tu lui confies, tes intérêts économiques, il n'y va pas moins que de ton pain quotidien, ta vie même. Que tu te désintéresses, à la rigueur, de la guerre de Chine, si ton fils n'est pas soldat et si elle ne te coûte que quelques centimes supplémentaires sur la feuille du percepteur, cela se comprend : tu n'as guère que l'ongle du petit doigt engagé dans cette affaire. Ici, c'est tout ton corps qui est engagé. Si tu ne diriges pas la machine, elle passera en d'autres mains, qui travailleront pour elles, contre toi. Si tu la diriges mal, elle t'éclatera entre les mains, et bien heureux seras-tu de rappeler le mécanicien bourgeois et capitaliste ; à moins-que tu ne préfères périr d'inanition.

C'est l'évidence même, en effet, que l'État doit être d'autant plus subordonné à l'individu que celui-ci s'en sera davantage remis à lui de tâches pour l'accomplissement desquelles l'initiative privée serait insuffisante, même au moyen des coopérations les plus étendues. Et ce rôle de factotum de l'individu, l'État ne peut le remplir avec fidélité que si, l'individu l'a en même temps dépouillé de tous les caractères d'autorité et de contrainte qui furent exclusivement les siens à l'origine et qui, tous, sans exception, doivent faire place à des caractères d'utitilité publique pour le bien de chaque individu, sans exception. Mais il est des utilités publiques d'ordre local et régional qui ne pourront être fournies par l'État. Comme elles n'ont ni ne peuvent avoir pour objet de procurer un profit à ceux qui les assurent, mais à ceux qui en ont besoin, il est nécessaire que ceux-ci se les assurent à eux-mêmes. Les communes, les départements, ou toute autre division territoriale plus rationnelle que le département, auront donc à se procurer eux-mêmes ces utilités générales, affermées ou concédées aujourd'hui à des coopérations capitalistes privées. Il y a là un champ vaste, fertile, infiniment varié, exceptionnellement propre aux expérimentations sans péril et à l'éducation pratique de tous les citoyens. Mais, sans s'exagérer jusqu'au découragement l'ampleur et la variété de leurs tâches, on se rend compte des qualités qu'il leur faudra acquérir et du soin qu'ils devront apporter à la gestion d'intérêts publics devenus réellement les leurs propres. S'il veut que le socialisme soit un jour une réalité, chaque citoyen doit donc s'appliquer à l'être le plus complètement possible dans l'État, la région et la commune. Il faut que disparaisse le politicien qui s'étourdit de verbiage, le client politique qui loue systématiquement son homme et son parti, et dénigre systématiquement quiconque n'est pas son homme et de son parti, et que surgisse l'administrateur éventuel, le contrôleur permanent de la chose publique, devenue la sienne dans toute la réalité de l'expression.

Est-ce tout ce que le socialisme doit demander, ou plutôt donner, à l'individu? Ce serait peu, car il ne faut pas perdre de vue que, pour ne parler que de la France, le domaine économique non préparé à la socialisation générale par la socialisation particulière qu'est la mobilisation de la propriété, est deux fois plus étendu et infiniment plus varié que le domaine de la coopération capitaliste achevée. Il appartient donc à l'initiative individuelle, sans distinction entre propriétaires et salariés, de faire surgir des coopérations volontaires du chaos des menus intérêts particuliers. Elle devra résoudre en concours large et éclairé les infinitésimales et aveugles concurrences, qui font payer le moindre progrès matériel d'une infinité de régressions morales. Le jour où tous les consommateurs seront organisés par la coopération, ils ne seront pas seulement les maîtres du marché, ils seront eux-mêmes le marché. L'État doit aider au développement de la coopération volontaire, puisqu'en agissant ainsi, il ne prive nul individu de sa liberté, bien au contraire. Car ce n'est pas priver un individu de sa liberté que de supprimer l'arbitraire au moyen duquel il privait lui-même de liberté l'individu; c'est simplement le faire rentrer dans le droit commun, et remplacer son arbitraire par une liberté organique dont il peut user comme les autres individus. Mais si l'individu soustrait par la loi à l'arbitraire d'autrui ne sait pas vouloir sa liberté et demeure sous son propre arbitraire, il est inutile qu'il demande rien à l'État. Les libertés que l'État lui donnerait se changeraient en chaînes dans ses mains. N'a-t-on pas vu des esclaves refuser la liberté, faute de la connaître? La loi peut donc susciter notre liberté, mais il faut au moins que nous la recevions comme un bienfait, et non comme une contrainte.

La concurrence ne peut réellement disparaître et se résoudre en concours que dans la coopération volontaire. Tant que l'État n'est pas réellement un moyen de coopération générale volontaire, il ne supprime la concurrence que pour faire régner le monopole; attendu que, dans ces conditions, il est aux mains d'une classe ou d'une catégorie d'individus. Mais il est déjà des points sur lesquels l'État devient un moyen de coopération volontaire; il va sans dire que, sur ces points, il peut résoudre la concurrence en concours, et à plus forte raison ôter au monopole tous les caractères qui font d'une chose publique la chose de quelques particuliers, pour en faire réellement une chose publique. Aussi, n'y a-t-il aucun inconvénient pour le progrès économique, au contraire, à ce que, transformant le monopole de la banque en un service public direct et réel, l'État supprime en même temps les banques particulières par la concurrence victorieuse que leur fera son organe de crédit. Fonctionnant uniquement au profit de ceux qui y recourent, et ne subordonnant plus ce profit au profit de ceux qui le mettent en mouvement, le crédit nationalisé n'est plus un monopole, mais un service public réel.

En socialisant la propriété par la coopération volontaire, née des initiatives privées, et par l'État, devenu lui-même le moyen de la coopération volontaire générale, le socialisme se conforme donc à la fois à son propre principe et aux méthodes de la science économique. Il est donc la formule même, dans tous les modes de l'action humaine, de l'individualisme social, et, seul, il peut réaliser complètement l'individu.

CONCLUSION

Ma tâche achevée, un scrupule me vient : Ai-je servi la cause de la liberté? Et si je l'ai bien réellement servie, ne lui ai-je point sacrifié celle du socialisme? N'ai-je point concilié des contradictoires pour le repos de mon esprit, acquis au socialisme dès les premières années de mon existence d'homme et conquis à la liberté à mesure que j'observais davantage l'individu social ? Mais non : Les clameurs qui retentissent au moment où j'achève ces pages me prouvent que je ne me suis pas trompé tout à fait. Cette liberté verbale, contre laquelle j'ai élevé ma protestation, c'est en son nom et sous son égide que se sont levés pour le combat contre la liberté réelle les partisans de l'autorité traditionnelle, les hommes d'instinct et de croyance. Et parmi ceux qui sont pour la liberté, la raison et la science, j'en vois un trop grand nombre qui hésitent à prendre parti. Ils semblent frappés de la stupeur qui paralysa les Carthaginois lorsque le rebelle Mathô se fut emparé du voile sacré de la déesse, et en eut protégé ses épaules d'esclave. Il était donc nécessaire d'en finir avec cette superstition, d'arracher à l'arbitraire son masque de liberté et de le montrer tel qu'il est.

Dans ce conflit entre la société civile et les puissances religieuses qui prétendent se la subordonner, des esprits éclairés ont subi la tyrannie des mots. Un peu moins de paresse les eût libérés, une simple réflexion que suggère le plus ordinaire bon sens les eût rendus à leur devoir. S'ils veulent s'épargner la peine de lire ce petit livre, écrit cependant pour eux, qu'ils posent le problème dans ses données véritables et tangibles, sans finasseries juridiques, sans réminiscences scolastiques, et ils se rendront compte que même un enfant de six ans ne pourrait pas hésiter sur la solution : Deux cent mille individus qui ne sont pas libres, et ne veulent pas que nous le soyons, prétendent que la liberté consiste à les laisser maîtres d'amener quarante millions d'individus à renoncer à leur liberté.

D'avoir ainsi posé le problème, et il ne peut l'être autrement, car les ordres religieux ne prétendent pas à l'hégémonie pour nous donner des libertés qu'ils considèrent comme nuisibles à l'individu et à la société, je me sens rassuré. Dans son essence et dans son but, c'est bien la liberté que j'ai eue en vue ; et ce qui emprunte son nom n'est autre que l'arbitraire. Dans ses moyens, la volonté née de la connaissance et réalisée par l'action, la coopération volontaire substituée à la coopération obligatoire, c'est bien la liberté que j'ai aperçue se réalisant à mesure que disparaissait l'arbitraire ; et j'ai pleine conscience de n'avoir pas emprunté à l'arbitraire ses moyens pour en dégager la liberté.

Assurément, les chemins par lesquels j'ai conduit le lecteur étaient connus de lui, et je pense bien n'en avoir point parcouru un seul qui n'ait été frayé par la philosophie et par la science. Mais, ces chemins, personne n'y passait ; nul ne semblait se douter qu'ils mènent à la liberté : les uns, parce qu'ils croyaient l'avoir trouvée en eux-mêmes, à l'état de faculté immanente ; les autres, parce qu'ils croyaient qu'elle n'était nulle part. Et les premiers allaient à la servitude en affirmant la liberté, tandis que les seconds allaient à la liberté en la niant.

Mais, si je crois fermement avoir servi la liberté et rempli la première moitié de ma tâche, ai-je la même certitude quant au socialisme, et suis-je bien assuré de n'avoir point sacrifié à mon culte d'aujourd'hui mon culte d'hier et de toujours ? Si je crois avoir bien réellement aperçu et déterminé les conditions dans lesquelles l'individu se réalise et constitue sa liberté, la coopération universelle qu'est par définition le socialisme est-elle bien le milieu propre à maintenir et à développer ces conditions ? En fondant le socialisme sur la coopération volontaire, n'ai-je point faussé la conception socialiste pour l'accorder quand même à l'individualisme ? Et, en faisant de l'État le principal instrument de la coopération générale, n'ai-je point, d'autre part, subordonné l'individu à la collectivité et, ainsi, manqué mon but, qui était de démontrer que l'individu le plus libre est celui qui coopère le plus dans la plénitude de sa liberté ? Pour me prouver que, dans ma recherche de la liberté, je n'ai pas abandonné la proie pour l'ombre, les événements politiques du moment sont venus à point me fournir l'illustration de l'exemple, nécessaire à toute démonstration théorique. Mais pour faire la preuve que le socialisme, acte de volonté et de liberté, agit bien dans le sens de la libération de l'individu, quel exemple invoquerai-je ?

Nous n'avons qu'à ouvrir les oreilles à une autre clameur, et qui nous arrive du même camp où s'organise le combat contre la liberté de l'esprit humain. Les mêmes qui réclament la liberté d'asservir les intelligences protestent contre toute loi qui tend à libérer les bras. Et nous pouvons entendre chaque jour de furieuses dénonciations contre la tyrannie syndicale. Le syndicat essaie-t-il de limiter l'arbitraire patronal ? Il tyrannise le patron. Et nul de ceux qui prônent la liberté de la concurrence et la fatalité de l'offre et de la demande n'aperçoit que la force ouvrière emploie les armes naturelles de l'économie politique orthodoxe dans la lutte pour la vie contre la force patronale. Le syndicat essaie-t-il de défendre la liberté de ses membres contre l'arbitraire des ouvriers isolés qui ne coopèrent pas à son œuvre ? Il tyrannise les ouvriers qui en font partie, et plus encore ceux qui n'en font point partie. Il est certain que, si les actes des syndicats sentent la tyrannie, ou simplement la contrainte, le socialisme, tyrannique dans ses moyens actuels, le sera bien davantage quand il ne trouvera plus devant lui aucune résistance.

Voyons donc ce qu'est le syndicat. Il est, cela est incontestable, une coopération volontaire qui réunit les membres d'une profession pour leur assurer des avantages que chacun d'eux ne pourrait obtenir par son propre effort isolé. Cette coopération n'est fermée à aucun membre de la profession, et, quand un syndicat impose à ses adhérents des disciplines que tous les membres de la profession ne peuvent accepter, il est immédiatement puni de cette faute contre la liberté par la concurrence que lui suscitent, en créant un autre syndicat, les individus qui ont une notion plus exacte et plus complète de la liberté. L'ouvrier trouve ainsi, dans l'un et dans l'autre syndicat, la force multipliée qu'il cherche dans la coopération, et une liberté individuelle à la mesure de sa conception de la liberté. Même si l'unité de syndicat était obligatoire, et elle ne l'est pas, le syndiqué ne serait point, d'ailleurs, plus tyrannisé par le syndicat que ne l'est l'actionnaire dans l'assemblée générale où il a voix délibérative. L'économie politique orthodoxe ne s'est jamais avisée de protester contre la tyrannie de ces coopérations capitalistes. Pourtant, elle le pourrait avec plus de raison que lorsqu'elle proteste contre la tyrannie syndicale : dans toute coopération capitaliste, le pouvoir délibérant est mesuré au nombre d'actions que possède chaque participant ; le possesseur d'une action n'a qu'une voix au chapitre, tandis que le possesseur de mille actions dispose d'un pouvoir délibérant mille fois plus grand. Même, dans certaines grandes compagnies, il faut posséder de dix à cinquante actions pour exercer le pouvoir délibérant, de cinq cents à mille pour être éligible aux fonctions d'administrateur. Dans le syndicat, chaque individu a sa voix et, sauf de nécessaires conditions de stage, est éligible aux fonctions administratives. La liberté du pouvoir délibérant est donc, dans le syndicat, fondée sur l'égalité de tous les membres. Chacun y peut, par sa volonté librement exprimée, librement communiquée, susciter des volontés identiques et orienter l'action commune dans le sens qu'il croit le plus favorable au bien de chacun, indissolublement lié au bien de tous.

Évidemment, dans le syndicat comme dans toute coopération volontaire, la volonté de la majorité est la loi pour l'unanimité. Mais, dans la coopération obligatoire, la volonté d'un seul suffit à faire la loi. Et en l'absence de coopération, il n'y a pas de loi du tout, donc pas de liberté, mais l'arbitraire de chacun. Il faut donc bien considérer d'une part que la liberté est un phénomène relatif, et qu'elle s'accroît à la mesure du pouvoir que l'individu acquiert par sa coopération éclairée et volontaire avec les autres individus ; d'autre part, il est évident que si la minorité, dans toute coopération, doit subir la loi faite par la majorité, nul obstacle de fait, organique et insurmontable, ne s'oppose à ce qu'elle devienne la majorité. Si ce qu'elle veut est véritablement conforme au bien de tous et de chacun, elle sera un jour majorité. La liberté, en effet, n'est pas le produit d'une génération spontanée : mais, dès qu'elle s'est formulée à l'état de volonté, elle tend à se réaliser par l'action commune avec une force irrésistible. On peut nier cela ; mais alors il faut nier également que l'aspiration constante de l'individu vers son propre bien soit génératrice de ses progrès dans la connaissance et dans l'action, c'est-à-dire nier l'histoire même de l'humanité. Si la minorité, au contraire, est ignorante et tend à l'arbitraire au lieu de tendre à la liberté, elle diminuera en nombre, pour disparaître finalement, à mesure que les membres dont elle se compose sauront mieux discerner les véritables conditions de leur bien propre.

D'ailleurs, si incomplète que soit la liberté dans les coopérations volontaires dont la majorité de leurs membres ne tendent pas vers leur bien propre avec la précision que donne la volonté éclairée par la connaissance, on ne peut contester qu'elle soit incomparablement plus grande pour chacun des coopérants que pour l'individu isolé. Quand, donc, celui-ci, méconnaissant son propre bien, demeure insoucieux de sa liberté et refuse de la créer par la coopération syndicale, que fait-il ? L'économie politique orthodoxe nous dit qu'il use d'un droit absolu, résultant de sa liberté naturelle. Acceptons pour un instant cette thèse. Mais il va de soi que, si nous en accordons le bénéfice à l'individu isolé, nous ne pouvons le refuser aux individus qui coopèrent, puisqu'ils ne coopèrent que pour être mieux armés dans la lutte pour l'existence, qui est aussi un des phénomènes chers à l'école, et dont elle proclame à chaque instant la nécessité et la légitimité. Si l'isolé s'oppose à la coopération, et dans la bataille économique il n'y a pas de neutres, il entre en concurrence avec elle, son inaction paralyse les efforts qu'elle fait ; leur droit naturel s'oppose donc, et il est légitime autant que nécessaire que le plus faible succombe. Or, le plus faible, c'est toujours l'isolé. Il ne peut y avoir deux poids et deux mesures : quand une coopération capitaliste détruit une entreprise individuelle en n'employant que les moyens naturels de la concurrence, l'économie orthodoxe estime cette élimination de l'isolé conforme aux lois de la lutte pour l'existence. Puisqu'elle ne voit point là, au nom de son principe, trace de tyrannie capitaliste, au nom de quel principe se permet-elle de crier à la tyrannie syndicale quand les associations ouvrières éliminent les isolés du champ de la concurrence ?

Mais ce n'est pas ainsi que la question se pose pour nous, et nous n'avons employé les arguments de l'école que pour démontrer qu'elle n'est pas fondée à accuser le syndicat de tyranniser les ouvriers qui n'en font pas partie. Nous devons être plus exigeants et, nous plaçant sur notre terrain, le terrain de la liberté réelle, nous devons voir si vraiment la liberté de l'individu isolé est supprimée par la force collective du syndicat. Nous pouvons tout d'abord répondre qu'on ne supprime pas ce qui n'existe pas. En effet, l'ouvrier qui refuse de faire partie du syndicat, de la coopération volontaire qui est l'unique moyen par lequel il se réalise comme individu économique, ne fait pas acte de liberté. Il demeure sous son propre arbitraire. Ensuite, il renforce l'arbitraire de celui sous la dépendance duquel il se trouve. Dans le conflit d'intérêts entre le salariat et le patronat, tout salarié qui ne coopère pas à l'effort concerté du salariat augmente, en effet, la force de résistance du patronat. L'ouvrier isolé qui refuse les moyens de sa liberté économique ne se fait donc pas seulement défaut à lui-même, il fait défaut à ceux qui se sont unis pour assurer leur bien et le sien même. Ou, alors, la liberté est dans l'individu isolé ; et plus il est seul et désarmé, plus il est libre. Or, tout nous crie le contraire.

Aussi, lorsque je constate que les isolés, livrés à leur propre arbitraire, sont la force inerte qui s'oppose à la liberté de ceux qui sont unis par la coopération volontaire, je n'ai plus d'hésitation. Lorsque je mesure la part de liberté individuelle, si faible soit-elle encore, conquise par les coopérations volontaires, et dont les isolés eux-mêmes ont bénéficié à leur insu, je suis définitivement rassuré : le socialisme, coopération volontaire étendue à tous les individus, est bien la réalisation de l'individualisme.

L'individu ne s'avance pas chaque jour plus avant dans la découverte des lois de la nature pour leur demeurer asservi comme aux temps d'ignorance générale et absolue. Il n'a pas acquis le sens de la vue pour contempler sa misère. Son pouvoir, qui est la liberté, est à la mesure de son savoir. Ses premiers rapports avec la foudre lui ont été meurtriers. Sa crainte en fit l'arme de la divinité, et il rampa, esclave de la force naturelle inconnue. Puis il la connut, cette force divinisée par son ignorance, et il en fit l'instrument de sa volonté. Elle l'isolait de son semblable dans une commune terreur ; elle le réunit à présent à son semblable dans un effort commun qui fait chacun d'eux plus individuel et plus libre. Et l'individu s'accroît de l'incessant échange avec l'univers, et celui qui peut donner le plus est le plus individuel et le plus libre. Le prétendu individualisme de l'isolé, de l'un contre tout et contre tous, n'est plus même concevable, sinon pour quiconque ne s'est pas encore réalisé comme individu et ne perçoit de l'univers que de vagues images déformées par son ignorance des réalités, de leurs rapports mutuels et de ses rapports avec elles. Pour les esprits qui s'avancent dans la connaissance de la réalité et qui, prenant davantage conscience de l'univers, acquièrent à mesure la conscience et la possession de leur individualité propre, l'individu s'affirme, s'accroît, se détermine dans la coopération de plus en plus volontaire. C'est avec eux et par eux, fussent-ils encore aujourd'hui une minorité infime perdue dans l'immense troupeau inconscient de la « majorité compacte », que nous opposerons à l'égoïsme aveugle et arbitraire des isolés la liberté consciente des solidaires, — l'Individualisme social.

FIN

SOMMAIRE BIBLIOGRAPHIQUE

G. TARDE. *Les Lois sociales* (Paris, F. Alcan).
— *L'Opposition universelle* (Paris, F. Alcan).
M. GUYAU. *La Morale d'Épicure* (Paris, F. Alcan).
— *La Morale anglaise contemporaine* (Paris, F. Alcan).
— *Esquisse d'une morale sans obligation ni sanction* (Paris, F. Alcan).
A. DE CROZE. *La Bretagne païenne* (broch., *Revue des Revues*).
J. VINSON. *Les Religions actuelles* (Paris, Delahaye et Lecrosnier).
A. FOUILLÉE. *L'Évolutionnisme des Idées-Forces* (Paris, F. Alcan).
— *Psychologie des Idées-Forces* (Paris, F. Alcan).
Karl MARX. *Le Capital,* 1'° partie (Paris, Maurice Lachâtre).
FUSTEL DE COULANGES. *La Cité antique* (Paris, Hachette).
Eugène SIMON. *La Cité chinoise* (Paris, édit. de la *Nouvelle Revue*).
Herbert SPENCER. *L'Individu contre l'État* (Paris, F. Alcan).
— *Problèmes de morale et de sociologie* (Paris, Guillaumin).
Max STIRNER. *L'Unique et sa propriété* (Paris, édit. de la *Revue blanche*).
Frédéric NIETZSCHE. *Aphorismes et fragments choisis,* par H. Lichtenberger (Paris, F. Alcan).
H. LICHTENBERGER. *La Philosophie de Nietzsche* (Paris, F. Alcan).
OSSIP-LOURIÉ. *La Philosophie de Tolstoï* (Paris, F. Alcan).
Paul LEROY-BEAULIEU. *L'État moderne et ses fonctions* (Paris, Guillaumin).
Ch. GIDE. *La Coopération* (Paris, Larose).
PAUL BONCOUR. *Le Fédéralisme économique* (Paris, F. Alcan).

TABLE DES MATIÈRES

		Pages.
I.	— L'Individu et la Société.	1
II.	— L'Individu et son bien.	13
III.	— La Lutte et la Coopération.	30
IV.	— Individualisme et Coopération.	38
V.	— Les Théories individualistes.	68
VI.	— L'Individu et la Liberté.	100
VII.	— Individualisme et Socialisme.	138
Conclusions.		180
Sommaire bibliographique.		189

Juin 1906

FÉLIX ALCAN, ÉDITEUR

LIBRAIRIES FÉLIX ALCAN ET GUILLAUMIN RÉUNIES

108, Boulevard Saint-Germain, 108, Paris, 6ᵉ.

EXTRAIT DU CATALOGUE

SCIENCES — MÉDECINE — HISTOIRE — PHILOSOPHIE
ÉCONOMIE POLITIQUE — STATISTIQUE — FINANCES

BIBLIOTHÈQUE
SCIENTIFIQUE INTERNATIONALE

Volumes in-8, cartonnés à l'anglaise. — Prix : 6, 9 et 12 fr.

107 VOLUMES PUBLIÉS :

1. J. TYNDALL. **Les glaciers et les transformations de l'eau,** 7ᵉ éd., illustré.
2. W. BAGEHOT. **Lois scientifiques du développement des nations,** 6ᵉ édition.
3. J. MAREY. **La machine animale,** 6ᵉ édition, illustré.
4. A. BAIN. **L'esprit et le corps,** 6ᵉ édition.
5. PETTIGREW. **La locomotion chez les animaux,** 2ᵉ éd., ill.
6. HERBERT SPENCER. **Introd. à la science sociale,** 13ᵉ édit.
7. OSCAR SCHMIDT. **Descendance et darwinisme,** 6ᵉ édition.
8. H. MAUDSLEY. **Le crime et la folie,** 7ᵉ édition.
9. VAN BENEDEN. **Les commensaux et les parasites dans le règne animal,** 4ᵉ édition, illustré.
10. BALFOUR STEWART. **La conservation de l'énergie,** 6ᵉ éd., illustré.
11. DRAPER. **Les conflits de la science et de la religion,** 11ᵉ éd.
12. LÉON DUMONT. **Théorie scientifique de la sensibilité,** 4ᵉ éd.
13. SCHUTZENBERGER. **Les fermentations,** 6ᵉ édition, illustré.
14. WHITNEY. **La vie du langage,** 4ᵉ édition.
15. COOKE et BERKELEY. **Les champignons,** 4ᵉ éd., illustré.
16. BERNSTEIN. **Les sens,** 5ᵉ édition, illustré.
17. BERTHELOT. **La synthèse chimique,** 9ᵉ édition.
18. NIEWENGLOWSKI. **La photographie et la photochimie,** ill.
19. LUYS. **Le cerveau, ses fonctions,** 7ᵉ édition (*épuisé*).
20. W. STANLEY JEVONS. **La monnaie et le mécanisme de l'échange,** 5ᵉ édition.
21. FUCHS. **Les volcans et les tremblements de terre,** 6ᵉ éd.
22. GÉNÉRAL BRIALMONT. **La défense des États et les camps retranchés,** 3ᵉ édition, avec fig. (*épuisé*).
23. A. DE QUATREFAGES. **L'espèce humaine,** 13ᵉ édition.
24. BLASERNA et HELMHOLTZ. **Le son et la musique,** 5ᵉ éd.
25. ROSENTHAL. **Les muscles et les nerfs,** 3ᵉ édition (*épuisé*).

26. BRUCKE et HELMHOLTZ. **Principes scientifiques des beaux-arts**, 4ᵉ édition, illustré.
27. WURTZ. **La théorie atomique**, 8ᵉ édition.
28-29. SECCHI (Le Père). **Les étoiles**, 3ᵉ édit., 2 vol. illustrés.
30. N. JOLY. **L'homme avant les métaux**, 4ᵉ édit. (*épuisé*).
31. A. BAIN. **La science de l'éducation**, 10ᵉ édition.
32-33. THURSTON. **Histoire de la machine à vapeur**, 3ᵃ éd., 2 vol.
34. R. HARTMANN. **Les peuples de l'Afrique**, 2ᵉ édit. (*épuisé*).
35. HERBERT SPENCER. **Les bases de la morale évolutionniste**, 7ᵉ édition.
36. Tʜ.-H. HUXLEY. **L'écrevisse**, introduction à l'étude de la zoologie, 2ᵉ édition, illustré.
37. DE ROBERTY. **La sociologie**, 3ᵉ édition.
38. O.-N. ROOD. **Théorie scientifique des couleurs et leurs applications à l'art et à l'industrie**, 2ᵉ édition, illustré.
39. DE SAPORTA et MARION. **L'évolution du règne végétal.** *Les cryptogames*, illustré.
40-41. CHARLTON-BASTIAN. **Le cerveau et la pensée**, 2ᵉ éd., 2 vol. illustrés.
42. JAMES SULLY. **Les illusions des sens et de l'esprit**, 3ᵉ éd., ill.
43. YOUNG. **Le Soleil**, illustré (*épuisé*).
44. A. DE CANDOLLE. **Origine des plantes cultivées**, 4ᵉ édit.
45-46. J. LUBBOCK. **Fourmis, abeilles et guêpes** (*épuisé*).
47. Eᴅ. PERRIER. **La philos. zoologique avant Darwin**, 3ᵉ éd.
48. STALLO. **La matière et la physique moderne**, 3ᵉ édition.
49. MANTEGAZZA. **La physionomie et l'expression des sentiments**, 3ᵉ édit., illustré, avec 8 pl. hors texte.
50. DE MEYER. **Les organes de la parole**, illustré.
51. DE LANESSAN. **Introduction à la botanique.** *Le sapin*, 2ᵉ édit., illustré.
52-53. DE SAPORTA et MARION. **L'évolution du règne végétal.** *Les phanérogames*, 2 volumes illustrés.
54. TROUESSART. **Les microbes, les ferments et les moisissures**, 2ᵉ éd., illustré.
55. HARTMANN. **Les singes anthropoïdes** (*épuisé*).
56. SCHMIDT. **Les mammifères dans leurs rapports avec leurs ancêtres géologiques**, illustré.
57. BINET et FÉRÉ. **Le magnétisme animal**, 4ᵉ éd., illustré.
58-59. ROMANES. **L'intelligence des animaux**, 3ᵉ éd., 2 vol.
60. F. LAGRANGE. **Physiologie des exercices du corps**, 8ᵉ éd.
61. DREYFUS. **L'évolution des mondes et des sociétés**, 3ᵉ édit.
62. DAUBRÉE. **Les régions invisibles du globe et des espaces célestes**, 2ᵉ édition, illustré.
63-64. J. LUBBOCK. **L'homme préhistorique**, 4ᵉ éd. 2 vol. ill.
65. RICHET (Ch.). **La chaleur animale**, illustré.
66. FALSAN. **La période glaciaire**, illustré (*épuisé*).
67. BEAUNIS. **Les sensations internes.**
68. CARTAILHAC. **La France préhistorique**, 2ᵉ éd., illustré.
69. BERTHELOT. **La révolution chimique, Lavoisier**, ill.

70. J. LUBBOCK. Les sens et l'instinct chez les animaux, ill.
71. STARCKE. La famille primitive.
72. ARLOING. Les virus, illustré.
73. TOPINARD. L'homme dans la nature, illustré.
74. BINET. Les altérations de la personnalité.
75. DE QUATREFAGES. Darwin et ses précurseurs français, 2ᵉ éd.
76. LEFÈVRE. Les races et les langues.
77-78. A. DE QUATREFAGES. Les émules de Darwin, 2 vol.
79. BRUNACHE. Le centre de l'Afrique ; autour du Tchad, ill.
80. A. ANGOT. Les aurores polaires, illustré.
81. JACCARD. Le pétrole, l'asphalte et le bitume, illustré.
82. STANISLAS MEUNIER. La géologie comparée, illustré.
83. LE DANTEC. Théorie nouvelle de la vie, 3ᵉ éd., illustré.
84. DE LANESSAN. Principes de colonisation.
85. DEMOOR, MASSART et VANDERVELDE. L'évolution régressive en biologie et en sociologie, illustré.
86. G. DE MORTILLET. Formation de la nation française, 2ᵉ édition, illustré.
87. G. ROCHÉ. La culture des mers en Europe (*Piscifacture, pisciculture, ostréiculture*), illustré.
88. J. COSTANTIN. Les végétaux et les milieux cosmiques (*Adaptation, évolution*), illustré.
89. LE DANTEC. Évolution individuelle et hérédité.
90. E. GUIGNET et E. GARNIER. La céramique ancienne et moderne, illustré.
91. E.-M. GELLÉ. L'audition et ses organes, illustré.
92. STANISLAS MEUNIER. La géologie expérimentale, 2ᵉ éd., illustré.
93. J. COSTANTIN. La nature tropicale, illustré.
94. E. GROSSE. Les débuts de l'art, illustré.
95. J. GRASSET. Les maladies de l'orientation et de l'équilibre, illustré.
96. G. DEMENY. Les bases scientifiques de l'éducation physique, 3ᵉ éd., illustré.
97. F. MALMÉJAC. L'eau dans l'alimentation, illustré.
98. STANISLAS MEUNIER. La géologie générale, illustré.
99. G. DEMENY. Mécanisme et éducation des mouvements, 2ᵉ édition, illustré.   9 fr.
100. L. BOURDEAU. Histoire du vêtement et de la parure.
101. A. MOSSO. Les exercices physiques et le développement intellectuel.
102. LE DANTEC. Les lois naturelles, illustré.
103. NORMAN LOCKYER. L'évolution inorganique, illustré.
104. COLAJANNI. Latins et Anglo-Saxons.   9 fr.
105. JAVAL. Physiologie de la lecture et de l'écriture, 2ᵉ éd. ill.
106. COSTANTIN. Le transformisme appliqué à l'agriculture, illustré.
107. LALOY. Parasitisme et mutualisme dans la nature, illustré.

COLLECTION MÉDICALE

ÉLÉGANTS VOLUMES IN-12, CARTONNÉS A L'ANGLAISE, A 4 ET A 3 FRANCS

La mélancolie, par le Dr R. MASSELON. 4 fr.
Essai sur la puberté chez la femme, par le Dr MARTHE FRANCILLON. 4 fr.
Hygiène de l'alimentation dans l'état de santé et de maladie, par le Dr J. LAUMONIER, avec gravures. 3° éd. 4 fr.
Les nouveaux traitements, par *le même*. 2° édit. 4 fr.
Les embolies bronchiques tuberculeuses, par le D[r] CH. SABOURIN. 4 fr.
L'alimentation des nouveau-nés. *Hygiène de l'allaitement artificiel,* par le Dr S. ICARD, avec 60 gravures. 2° édit. 4 fr.
La mort réelle et la mort apparente, diagnostic et traitement de la mort apparente, par *le même*, avec gravures. 4 fr.
L'hygiène sexuelle et ses conséquences morales, par le Dr S. RIBBING, prof. à l'Univ. de Lund (Suède). 2° édit. 4 fr.
Hygiène de l'exercice chez les enfants et les jeunes gens, par le Dr F. LAGRANGE, lauréat de l'Institut. 8° édit. 4 fr.
De l'exercice chez les adultes, par *le même*. 4° édition. 4 fr.
Hygiène des gens nerveux, par le Dr LEVILLAIN, avec gravures. 4° édition. 4 fr.
L'éducation rationnelle de la volonté, son emploi thérapeutique, par le Dr PAUL-EMILE LÉVY. Préface de M. le prof. BERNHEIM. 5° édition. 4 fr.
L'idiotie. *Psychologie et éducation de l'idiot,* par le Dr J. VOISIN, médecin de la Salpêtrière, avec gravures. 4 fr.
L'instinct sexuel. *Évolution, dissolution,* par *le même*. 2° éd. 4 fr.
La famille névropathique, *Hérédité, prédisposition morbide, dégénérescence,* par le D[r] CH. FÉRÉ, médecin de Bicêtre, avec gravures. 2° édition. 4 fr.
Le traitement des aliénés dans les familles, par *le même*. 3° édition. 4 fr.
L'hystérie et son traitement, par le Dr PAUL SOLLIER. 4 fr.
Manuel de psychiatrie, par le Dr J. ROGUES DE FURSAC. 2° éd. 4 fr.
L'éducation physique de la jeunesse, par A. MOSSO, professeur à l'Université de Turin. 4 fr.
Manuel de percussion et d'auscultation, par le Dr P. SIMON, professeur à la Faculté de médecine de Nancy, avec grav. 4 fr.
Éléments d'anatomie et de physiologie génitales et obstétricales, par le Dr A. POZZI, professeur à l'Ecole de médecine de Reims, avec 219 gravures. 4 fr.

Manuel théorique et pratique d'accouchements, par *le même*, avec 138 gravures. 4° édition. 4 fr.

Morphinisme et Morphinomanie, par le D' Paul Rodet. (*Couronné par l'Académie de médecine.*) 4 fr.

La fatigue et l'entraînement physique, par le D' Ph. Tissié, avec gravures. Préface de M. le prof. Bouchard. 2° édition. 4 fr.

Les maladies de la vessie et de l'urèthre chez la femme, par le D' Kolischer ; trad. de l'allemand par le D' Beuttner, de Genève; avec gravures. 4 fr.

La profession médicale. *Ses devoirs, ses droits*, par le D' G. Morache, professeur de médecine légale à l'Université de Bordeaux. 4 fr.

Le mariage, par *le même*. 4 fr.

Grossesse et accouchement, par *le même*. 4 fr.

Naissance et mort, par *le même*. 4 fr.

La responsabilité, par *le même*. 4 fr.

Manuel d'électrothérapie et d'électrodiagnostic, par le D' E. Albert-Weil, avec 88 gravures. 2° éd. 4 fr.

Traité de l'intubation du larynx *chez l'enfant et chez l'adulte*, par le D' A. Bonain, avec 42 gravures. 4 fr.

Pratique de la chirurgie courante, par le D' M. Cornet. Préface du P' Ollier, avec 111 gravures. 4 fr.

Dans la même collection :

COURS DE MÉDECINE OPÉRATOIRE

de M. le Professeur Félix Terrier.

Petit manuel d'antisepsie et d'asepsie chirurgicales, par les D" Félix Terrier, professeur à la Faculté de médecine de Paris, et M. Péraire, ancien interne des hôpitaux, avec grav. 3 fr.

Petit manuel d'anesthésie chirurgicale, par *les mêmes*, avec 37 gravures. 3 fr.

L'opération du trépan, par *les mêmes*, avec 222 grav. 4 fr.

Chirurgie de la face, par les D" Félix Terrier, Guillemain et Malherbe, avec gravures. 4 fr.

Chirurgie du cou, par *les mêmes*, avec gravures. 4 fr.

Chirurgie du cœur et du péricarde, par les D" Félix Terrier et E. Reymond, avec 79 gravures. 3 fr.

Chirurgie de la plèvre et du poumon, par *les mêmes*, avec 67 gravures. 4 fr.

MÉDECINE

Extrait du catalogue, par ordre de spécialités

A. — Pathologie et thérapeutique médicales.

AXENFELD et HUCHARD. **Traité des névroses.** 2ᵉ édition, par Henri Huchard. 1 fort vol. gr. in-8. 20 fr.

BOUCHUT et DESPRÉS. **Dictionnaire de médecine et de thérapeutique médicale et chirurgicale,** comprenant le résumé de la médecine et de la chirurgie, les indications thérapeutiques de chaque maladie, la médecine opératoire, les accouchements, l'oculistique, l'odontotechnie, les maladies d'oreilles, l'électrisation, la matière médicale, les eaux minérales, et un formulaire spécial pour chaque maladie. 6ᵉ édition, très augmentée. 1 vol. in-4, avec 1001 fig. dans le texte et 3 cartes. Broché, 25 fr. ; relié. 30 fr.

BOURCART et CAUTRU. **Le ventre.** I. *Le rein.* 1 vol. gr. in-8 avec grav. et planches. 10 fr.

CAMUS et PAGNIEZ. **Isolement et psychothérapie.** *Traitement de la neurasthénie.* Préface du Pʳ Déjerine. 1 vol. gr. in-8. 9 fr.
Couronné par l'Académie des Sciences (Prix Lallemand.)

CORNIL et BABES. **Les bactéries et leur rôle dans l'anatomie et l'histologie pathologiques des maladies infectieuses.** 3ᵉ éd. entièrement refondue. 2 vol. in-8, avec 350 fig. dans le texte en noir et en couleurs et 12 planches hors texte. 40 fr.

DAVID. **Les microbes de la bouche.** 1 vol. in-8, avec gravures en noir et en couleurs dans le texte. 10 fr.

DELBET (Pierre). **Du traitement des anévrysmes.** 1 vol. in-8. 5 fr.

DURAND-FARDEL. **Traité des eaux minérales** de la France et de l'étranger, leur emploi dans les maladies chroniques. 3ᵉ éd. 1 v. in-8. 10 fr.

FÉRÉ (Ch.). **Les épilepsies et les épileptiques.** 1 vol. gr. in-8, avec 12 planches hors texte et 67 grav. dans le texte. 20 fr.

— **La pathologie des émotions.** 1 vol. in-8. 12 fr.

FINGER (E.). **La syphilis et les maladies vénériennes.** Trad. de l'allemand avec notes par les docteurs Spillmann et Doyon. 2ᵉ édit. 1 vol. in-8, avec 5 planches hors texte. 12 fr.

FLEURY (Maurice de). **Introduction à la médecine de l'esprit.** 7ᵉ édit. 1 vol. in-8. 7 fr. 50
(*Ouvrage couronné par l'Académie française et par l'Académie de médecine.*)

— **Les grands symptômes neurasthéniques.** 3ᵉ édition, revue. 1 vol. in-8. 7 fr. 50

— **Manuel pour l'étude des maladies du système nerveux.** 1 vol. gr. in-8, avec 132 grav. en noir et en couleurs, cart. à l'angl. 25 fr.
Ces deux derniers ouvrages ont été couronnés par l'Académie des Sciences (Prix Lallemand).

GLÉNARD. **Les ptoses viscérales** (Estomac, Intestin, Rein, Foie, Rate). 1 vol. gr. in-8, avec 224 fig. et 30 tableaux synoptiques. 20 fr.

GRASSET. **Les maladies de l'orientation et de l'équilibre.** 1 vol. in-8, cart à l'angl. 6 fr.

HERARD, CORNIL et HANOT. **De la phtisie pulmonaire.** 2ᵉ éd. 1 vol. in-8, avec fig. dans le texte et pl. coloriées. 20 fr.

ICARD (S.). **La femme pendant la période menstruelle.** Étude de psychologie morbide et de médecine légale. In-8. 6 fr.

MÉDECINE ET SCIENCES

JANET (P.) ET RAYMOND (F.). **Névroses et idées fixes.**
> TOME I. — *Études expérimentales sur les troubles de la volonté, de l'attention, de la mémoire; sur les émotions, les idées obsédantes et leur traitement*, par P. JANET. 2ᵉ éd. 1 vol. gr. in-8, avec 68 gr. 12 fr
> TOME II. — *Fragments des leçons cliniques du mardi sur les névroses, les maladies produites par les émotions, les idées obsédantes et leur traitement*, par F. RAYMOND et P. JANET. 1 vol. grand in-8, avec 97 gravures. 14 fr.
> (Ouvrage couronné par l'Académie des Sciences et par l'Académie de médecine.)

JANET (P.) ET RAYMOND (F.) **Les obsessions et la psychasthénie.**
> TOME I. — *Études cliniques et expérimentales sur les idées obsédantes, les impulsions, les manies mentales, la folie du doute, les tics, les agitations, les phobies, les délires du contact, les angoisses, les sentiments d'incomplétude, la neurasthénie, les modifications des sentiments du réel, leur pathogénie et leur traitement*, par P. JANET. 1 vol. in-8 raisin, avec gravures dans le texte. 18 fr.
> TOME II. — *Fragments des leçons cliniques du mardi sur les états neurasthéniques, les aboulies, les sentiments d'incomplétude, les agitations et les angoisses diffuses, les algies, les phobies, les délires du contact, les tics, les manies mentales, les folies du doute, les idées obsédantes, les impulsions, leur pathogénie et leur traitement*, par F. RAYMOND et P. JANET. 1 vol. in-8 raisin, avec 22 grav. dans le texte. 14 fr.

LAGRANGE (F.). **Les mouvements méthodiques et la « mécanothérapie ».** 1 vol. in-8, avec 55 gravures dans le texte. 10 fr.
— **Le traitement des affections du cœur par l'exercice et le mouvement.** 1 vol. in-8, avec nombreux graphiques et une carte hors texte. 6 fr.
— **La médication par l'exercice.** 1 vol. gr. in-8 avec 68 grav. et une planche en couleurs hors texte. 2ᵉ éd. 12 fr.

LE DANTEC (F.). **Introduction à la pathologie générale.** 1 fort vol. gr. in-8. 15 fr.

MARVAUD (A.). **Les maladies du soldat.** étude étiologique, épidémiologique et prophylactique. 1 vol. grand in-8. 20 fr.
> (Ouvrage couronné par l'Académie des sciences.)

MOSSÉ. **Le diabète et l'alimentation aux pommes de terre.** 1 vol. in-8. 5 fr.

RILLIET ET BARTHEZ. **Traité clinique et pratique des maladies des enfants.** 3ᵉ édition, refondue et augmentée, par BARTHEZ et A. SANNÉ.
> TOME I, 1 fort vol. gr. in-8. 16 fr.
> TOME II, 1 fort vol. gr. in-8. 14 fr.
> TOME III terminant l'ouvrage, 1 fort vol. gr. in-8. 25 fr.

SOLLIER (Paul). **Genèse et nature de l'hystérie.** 2 forts vol. in-8. 20 fr.

SPRINGER. **La croissance.** Son rôle en pathologie. Essai de pathologie générale. 1 vol. in-8. 6 fr.

VOISIN (J.). **L'épilepsie.** 1 vol. in-8. 6 fr.

WIDE (A.). **Traité de gymnastique médicale suédoise.** Trad., annoté et augm. par le Dʳ BOURCART. 1 vol. in-8, avec 128 grav. 12 fr. 50

B. — Pathologie et thérapeutique chirurgicales.

Congrès français de chirurgie. Mémoires et discussions, publiés par MM. Pozzi et Picqué, secrétaires généraux :
1re, 2e et 3e sessions : 1885, 1886, 1888, 3 forts vol. gr. in-8, avec fig., chacun, 14 fr. — 4e session : 1889, 1 fort vol. gr. in-8, avec fig., 16 fr. — 5e session : 1891, 1 fort vol. gr. in-8, avec fig., 14 fr. — 6e session : 1892, 1 fort vol. gr. in-8, avec fig., 16 fr. — 7e session : 1893, 1 fort vol. gr. in-8, 18 fr. — 8e, 9e, 10e, 11e, 12e, 13e, 14e, 15e et 16e sessions : 1894-95-96-97-98-99-1901-02-03, chaque volume. 20 fr.

DE BOVIS. **Le cancer du gros intestin,** *rectum excepté.* 1 volume in-8. 5 fr.

DELORME. **Traité de chirurgie de guerre.** 2 vol. gr. in-8.
  Tome I, avec 95 grav. dans le texte et une pl. hors texte. 16 fr.
  Tome II, terminant l'ouvrage, avec 400 grav. dans le texte. 26 fr.
  (*Ouvrage couronné par l'Académie des Sciences.*)

DURET (H.). **Les tumeurs de l'encéphale.** *Manifestations et chirurgie.* 1 fort vol. gr. in-8 avec 300 figures. 20 fr.

ESTOR. **Guide pratique de chirurgie infantile.** 1 vol. in-8, avec 165 gravures. 8 fr.

FRAISSE. **Principes du diagnostic gynécologique.** 1 vol. in-12, avec gravures. 5 fr.

KOSCHER. **Les fractures de l'humérus et du fémur.** 1 vol. gr. in-8, avec 105 fig. et 56 planches hors texte. 15 fr.

LABADIE-LAGRAVE et LEGUEU. **Traité médico-chirurgical de gynécologie.** 3e édition entièrement remaniée. 1 vol. grand in-8, avec nombreuses fig., cart. à l'angl. 25 fr.

F. LEGUEU. **Leçons de clinique chirurgicale** (Hôtel-Dieu, 1901). 1 vol. grand in-8, avec 71 gravures dans le texte. 12 fr.

LIEBREICH. **Atlas d'ophtalmoscopie,** représentant l'état normal et les modifications pathologiques du fond de l'œil vues à l'ophtalmoscope. 3e édition. Atlas in-f° de 12 planches. 40 fr.

NIMIER (H.). **Blessures du crâne et de l'encéphale par coup de feu.** 1 vol. in-8, avec 150 fig. 15 fr.

NIMIER (H.) et DESPAGNET. **Traité élémentaire d'ophtalmologie.** 1 fort vol. gr. in-8, avec 432 gravures. Cart. à l'angl. 20 fr.

NIMIER (H.) et LAVAL. **Les projectiles de guerre** et leur action vulnérante. 1 vol. in-12, avec grav. 3 fr.

— **Les explosifs, les poudres, les projectiles d'exercice,** leur action et leurs effets vulnérants. 1 vol. in-12, avec grav. 3 fr.

— **Les armes blanches,** leur action et leurs effets vulnérants. 1 vol. in-12, avec grav. 6 fr.

— **De l'infection en chirurgie d'armée,** évolution des blessures de guerre. 1 vol. in-12, avec grav. 6 fr.

— **Traitement des blessures de guerre.** 1 fort vol. in-12, avec gravures. 6 fr.

F. TERRIER et M. AUVRAY. **Chirurgie du foie et des voies biliaires.** 1 vol. grand in-8, avec 50 fig. 10 fr.

F. TERRIER et M. PÉRAIRE. **Manuel de petite chirurgie.** 8e édition, entièrement refondue. 1 fort vol. in-12, avec 572 fig., cartonné à l'anglaise. 8 fr.

C. — Thérapeutique. Pharmacie. Hygiène.

BOSSU. **Petit compendium médical.** 6ᵉ édit. 1 vol. in-32, cartonné à l'anglaise. 1 fr. 25

BOUCHARDAT. **Nouveau formulaire magistral.** 1900. 1 vol. in-18, cartonné. 4 fr.

BOUCHARDAT et DESOUBRY. **Formulaire vétérinaire**, contenant le mode d'action, l'emploi et les doses des médicaments. 6ᵉ édit. 1 vol. in-18, broché, 3 fr. 50; cartonné, 4 fr. ; relié. 4 fr. 50

BOUCHARDAT. **De la glycosurie ou diabète sucré**, son traitement hygiénique. 2ᵉ édition. 1 vol. grand in-8.

BOUCHARDAT. **Traité d'hygiène publique et privée**, basée sur l'étiologie. 3ᵉ édition. 1 fort volume gr. in-8. 18 fr.

BOURGEOIS (G.). **Exode rural et tuberculose.** 1 vol. gr. in-8. 5 fr.

CHASSEVANT (A.). **Précis de chimie physiologique.** 1 vol. gr. in-8. 10 fr.

LAGRANGE (F.). **La médication par l'exercice.** 1 vol. grand in-8, avec 68 grav. et une carte en couleurs. 2 éd. 12 fr.

— **Les mouvements méthodiques et la « mécanothérapie ».** 1 vol. in-8, avec 55 gravures. 10 fr.

MOSSÉ. **Le diabète et l'alimentation aux pommes de terre.** 1 volume in-8, avec graphiques. 5 fr.

WEBER. **Climatothérapie.** Traduit de l'allemand par les docteurs Doyon et Spilmann. 1 vol. in-8. 6 fr.

D. — Anatomie. Physiologie. Histologie.

BELZUNG. **Anatomie et physiologie végétales.** 1 fort volume in-8, avec 1700 gravures. 20 fr.

— **Anatomie et physiologie animales.** 9ᵉ édition revue. 1 fort volume in-8, avec 522 gravures dans le texte, broché, 6 fr. ; cart. 7 fr.

BÉRAUD (B.-J.). **Atlas complet d'anatomie chirurgicale topographique**, pouvant servir de complément à tous les ouvrages d'anatomie chirurgicale, composé de 109 planches représentant plus de 200 figures gravées sur acier, avec texte explicatif. 1 fort vol. in-4.
Prix : Fig. noires, relié, 60 fr. — Fig. coloriées, relié, 120 fr.

CORNIL, RANVIER, BRAULT et LETULLE. **Manuel d'histologie pathologique.** 3ᵉ édition entièrement remaniée.

Tome I, par MM. Ranvier, Cornil, Brault, F. Bezançon et M. Cazin. — *Histologie normale. — Cellules et tissus normaux. — Généralités sur l'histologie pathologique. — Altération des cellules et des tissus. — Inflammations. — Tumeurs. — Notions sur les bactéries. — Maladies des systèmes et des tissus. — Altérations du tissu conjonctif.* 1 vol. in-8, avec 387 gravures en noir et en couleurs. 25 fr.

Tome II, par MM. Durante, Jolly, Dominici, Gombault et Phillipe. — *Muscles. — Sang et hématopoïèse. — Généralités sur le système nerveux.* 1 vol. in-8, avec 278 grav. en noir et en couleurs. 25 fr.

Tome III, par MM. Gombault, Nageotte, Riche, Marie, Durante, Legry, Milian, Bezançon. — *Cerveau.* — *Moelle.* — *Nerfs.* — *Cœur.* — *Poumon.* — *Larynx.* — *Ganglion lymphatique.* — *Rate.* 1 vol. in-8, avec grav. en noir et en coul. (*Paraîtra en Octobre 1906.*) L'ouvrage complet comprendra 4 volumes.

CYON (E. de). **Les nerfs du cœur.** 1 vol. gr. in-8 avec fig. 6 fr.

DEBIERRE. **Traité élémentaire d'anatomie de l'homme.** Anatomie descriptive et dissection, avec notions d'organogénie et d'embryologie générales. Ouvrage complet en 2 volumes. 40 fr.

Tome I. *Manuel de l'amphithéâtre.* 1 vol. in-8 de 950 pages, avec 450 figures en noir et en couleurs dans le texte. 20 fr.

Tome II et dernier. 1 vol. in-8, avec 515 figures en noir et en couleurs dans le texte. 20 fr.

(*Couronné par l'Académie des Sciences.*)

DEBIERRE. **Les centres nerveux** (Moelle épinière et encéphale), avec applications physiologiques et médico-chirurgicales. 1 vol. in-8, avec grav. en noir et en couleurs. 12 fr.

— **Atlas d'ostéologie,** comprenant les articulations des os et les insertions musculaires. 1 vol. in-4, avec 253 grav. en noir et en couleurs, cart. toile dorée. 12 fr.

— **Leçons sur le péritoine.** 1 vol. in-8, avec 58 figures. 4 fr.

— **L'embryologie en quelques leçons.** 1 vol. in-8, avec 144 fig. 4 fr

G. DEMENY. **Mécanisme et éducation des mouvements.** 2ᵉ éd. 1 vol. in-8, avec 565 figures. 9 fr.

DUVAL (Mathias). **Le placenta des rongeurs.** 1 vol. in-4, avec 106 fig. dans le texte et un atlas de 22 planches en taille-douce hors texte. 40 fr.

— **Le placenta des carnassiers.** 1 beau vol. in-4, avec 46 figures dans le texte et un atlas de 13 planches en taille-douce. 25 fr.

— **Études sur l'embryologie des chéiroptères.** *L'ovule, la gastrula, le blastoderme et l'origine des annexes chez le murin.* 1 fort vol., avec 29 fig. dans le texte et 5 planches en taille-douce. 15 fr.

FAU. **Anatomie des formes du corps humain,** à l'usage des peintres et des sculpteurs. 1 atlas in-folio de 25 planches. Prix : Figures noires, 15 fr. — Figures coloriées. 30 fr.

FÉRÉ. **Travail et plaisir.** *Études de psycho-mécanique.* 1 vol. gr. in-8, avec 200 fig. 12 fr.

— **Sensation et mouvement.** 2ᵉ éd. 1 vol. in-16, avec grav. 2 fr. 50

GLEY (E.). **Études de psychologie physiologique et pathologique.** 1 vol. in-8 avec gravures. 5 fr.

GRASSET (J.). **Les limites de la biologie.** 4ᵉ édit. Préface de Paul Bourget. 1 vol. in-16. 2 fr. 50

LE DANTEC. **Traité de biologie.** 1 vol. grand in-8, avec fig., 2ᵉ éd. 15 fr.

— **Lamarckiens et Darwiniens.** 2ᵉ édit. 1 vol. in-16. 2 fr. 50

— **L'Unité dans l'être vivant.** *Essai d'une biologie chimique.* 1 vol. in-8. 7 fr. 50

— **Les limites du connaissable.** *La vie et les phénomènes naturels.* 2ᵉ édit. 1 vol. in-8. 3 fr. 75

PREYER. **Éléments de physiologie générale.** Traduit de l'allemand par M. J. Soury. 1 vol. in-8. 5 fr.

— **Physiologie spéciale de l'embryon.** 1 vol. in-8, avec figures et 9 planches hors texte. 7 fr. 50

SPENCER (Herbert). **Principes de biologie,** traduit par M. Cazelles. 4ᵉ édit. 2 forts vol. in-8. 20 fr.

BIBLIOTHÈQUE GÉNÉRALE DES SCIENCES SOCIALES

Secrétaire de la rédaction : DICK MAY, Secrét. gén. de l'Éc. des Hautes Études sociales.

Volumes in-8 carré de 300 pages environ, cart. à l'anglaise.
Chaque volume, 6 fr.

L'individualisation de la peine, par R. SALEILLES, professeur à la Faculté de droit de l'Université de Paris.

L'idéalisme social, par EUGÈNE FOURNIÈRE.

Ouvriers du temps passé (XV° et XVI° siècles), par H. HAUSER, professeur à l'Université de Dijon, 2° édition.

Les transformations du pouvoir, par G. TARDE, de l'Institut, professeur au Collège de France.

Morale sociale, par MM. G. BELOT, MARCEL BERNÈS, BRUNSCHVICG, F. BUISSON, DARLU, DAURIAC, DELBET, CH. GIDE, M. KOVALEVSKY, MALAPERT, le R. P. MAUMUS, DE ROBERTY, G. SOREL, le PASTEUR WAGNER. Préface de M. ÉMILE BOUTROUX, de l'Institut.

Les enquêtes, *pratique et théorie*, par P. DU MAROUSSEM. (*Ouvrage couronné par l'Institut.*)

Questions de morale, par MM. BELOT, BERNÈS, F. BUISSON, A. CROISET, DARLU, DELBOS, FOURNIÈRE, MALAPERT, MOCH, D. PARODI, G. SOREL.

Le développement du catholicisme social, depuis l'encyclique *Rerum Novarum*, par MAX TURMANN.

Le socialisme sans doctrines, par A. MÉTIN.

L'éducation morale dans l'Université (*Enseignement secondaire*). Conférences et discussions, sous la présidence de M. A. CROISET, doyen de la Faculté des lettres de l'Université de Paris.

La méthode historique appliquée aux sciences sociales, par CH. SEIGNOBOS, maître de conf. à l'Univ. de Paris.

Assistance sociale. *Pauvres et mendiants*, par PAUL STRAUSS, sénateur.

L'hygiène sociale, par E. DUCLAUX, de l'Institut, directeur de l'Institut Pasteur.

Le contrat de travail. *Le rôle des syndicats professionnels*, par P. BUREAU, professeur à la Faculté libre de droit de Paris.

Essai d'une philosophie de la solidarité. Conférences et discussions, sous la présidence de MM. LÉON BOURGEOIS, sénateur, ancien président du Conseil des ministres, et A. CROISET, de l'Institut, doyen de la Faculté des lettres de Paris.

L'éducation de la démocratie. Leçons professées à l'École des Hautes Études sociales, par MM. E. LAVISSE, A. CROISET, SEIGNOBOS, MALAPERT, LANSON, HADAMARD.

L'exode rural et le retour aux champs, par E. VANDERVELDE, professeur à l'Université nouvelle de Bruxelles.

La lutte pour l'existence et l'évolution des sociétés, par J.-L. DE LANESSAN, député, ancien ministre de la Marine.

La concurrence sociale et les devoirs sociaux, par LE MÊME.

La démocratie devant la science, par C. Bouglé, professeur à l'Université de Toulouse.
L'individualisme anarchiste. *Max Stirner,* par V. Basch, professeur à l'Université de Rennes.
Les applications sociales de la solidarité, par MM. P. Budin, Ch. Gide, H. Monod, Paulet, Robin, Siegfried, Brouardel. Préface de M. Léon Bourgeois.
La paix et l'enseignement pacifiste, par MM. Fr. Passy, Ch. Richet, d'Estournelles de Constant, E. Bourgeois, A. Weiss, H. La Fontaine, G. Lyon.
Études sur la philosophie morale au XIXe siècle, par MM. Belot, A. Darlu, M. Bernès, A. Landry, Ch. Gide, E. Roberty, R. Allier, H. Lichtenberger, L. Brunschvicg.
Enseignement et démocratie, par MM. Croiset, Devinat, Boitel, Millerand, Appell, Seignobos, Lanson, Ch.-V. Langlois.
Religions et sociétés, par MM. Th. Reinach, A. Puech, R. Allier, A. Leroy-Beaulieu, le Bon Carra de Vaux, H. Dreyfus.
Essais socialistes, *La religion, L'alcoolisme, L'art,* par E. Vandervelde, professeur à l'Université nouvelle de Bruxelles.

MINISTRES ET HOMMES D'ÉTAT

Chaque volume in-16, 2 fr. 50

Bismarck, par H. Welschinger.
Prim, par H. Léonardon.
Disraeli, par M. Courcelle.

Ôkoubo, ministre japonais, par M. Courant.
Chamberlain, par A. Viallate.

LES MAITRES DE LA MUSIQUE

ÉTUDES D'HISTOIRE ET D'ESTHÉTIQUE

Publiées sous la direction de M. Jean Chantavoine

Chaque volume in-8 de 250 pages environ, 3 fr. 50

Palestina, par M. Brenet.
J.-S. Bach, par André Pirro.

César Franck, par Vincent d'Indy.

En préparation :

Grétry, par Pierre Aubry. — **Mendelssohn,** par Camille Bellaigue. — **Beethoven,** par Jean Chantavoine. — **Orlande de Lassus,** par Henry Expert. — **Wagner,** par Henri Lichtenberger. — **Berlioz,** par Romain Rolland. — **Rameau,** par L. Laloy. — **Schubert,** par A. Schweitzer. — **Gluck,** par Julien Tiersot, etc., etc.

BIBLIOTHÈQUE
D'HISTOIRE CONTEMPORAINE
Volumes in-16 et in-8

EUROPE

Histoire de l'Europe pendant la Révolution française, par *H. de Sybel*. Traduit de l'allemand par Mlle Dosquet. 6 vol. in-8. Chacun. 7 fr.
Histoire diplomatique de l'Europe, de 1815 a 1878, par *Debidour*, 2 vol. in-8. . . . . 18 fr.
La question d'Orient, depuis ses origines jusqu'à nos jours, par *E. Driault* ; préface de *G. Monod*. 1 vol. in-8. 3ᵉ édit. . . . 7 fr.
La papauté, par *I. de Dœllenger*. Traduit de l'allemand par *A. Giraud-Teulon*. 1 vol. in-8. . . . . 7 fr.
Questions diplomatiques de 1904, par *A. Tardieu*. 1 vol. in-16. 3 fr. 50

FRANCE

La Révolution française, par *H. Carnot*. 1 vol. in-16. Nouv. éd. 3 fr. 50
La Théophilanthropie et le culte décadaire (1796-1801), par *A. Mathiez*. 1 vol. in-8. . . . . 12 fr.
Contributions a l'histoire religieuse de la Révolution française, par *le même*. 1 vol. in-16. . . . . 3 fr. 50
Condorcet et la Révolution française, par *L. Cahen*. 1 vol. in-8. 10 fr.
Le culte de la raison et le culte de l'Être suprême (1793-1794). Étude historique, par *A. Aulard*. 2ᵉ éd. 1 vol. in-16. . . . . . 3 fr. 50
Études et leçons sur la Révolution française, par *A. Aulard*. 4 vol. in-16. Chacun. . . . . 3 fr. 50
Variétés révolutionnaires, par *M. Pellet*. 3 vol. in-16. Chacun 3 fr. 50
Hommes et choses de la Révolution, par *Eug. Spuller*. 1 vol. in-16. . . . . 3 fr. 50
Les campagnes des armées françaises (1792-1815), par *C. Vallaux*. 1 vol. in-16, avec 17 cartes. . . . . 3 fr. 50
La politique orientale de Napoléon (1806-1808), par *E. Driault*. 1 vol. in-8. . . . . 7 fr.
Napoléon et la société de son temps, par *P. Bondois*. 1 vol. in-8. 7 fr.
De Waterloo a Sainte-Hélène (20 juin-16 oct. 1815), par *J. Silvestre*. 1 vol. in-16. . . . . 3 fr. 50
Histoire de dix ans (1830-1840), par *Louis Blanc*. 5 vol. in-8. Chacun. 5 fr.
Associations et sociétés secrètes sous la deuxième république (1848-1851), par *J. Tchernoff*. 1 vol. in-8. . . . . 7 fr.
Histoire du second empire (1848-1870), par *Taxile Delord*. 6 vol. in-8. Chacun . . . . 7 fr.
Histoire du parti républicain (1814-1870), par *G. Weill*. 1 v. in-8. 10 fr.
Histoire du mouvement social (1852-1902), par *le même*. 1 v. in-8. 7 fr.
La campagne de l'Est (1870-71), par *Poullet*. 1 vol. in-8 avec cartes. 7 fr.
Histoire de la troisième République, par *E. Zévort* :
   I. *Présidence de M. Thiers*. 1 vol. in-8. 2ᵉ édit. . . . . 7 fr.
   II. *Présidence du Maréchal*. 1 vol. in-8. 2ᵉ édit. . . . 7 fr.
   III. *Présidence de Jules Grévy*. 1 vol. in-8. 2ᵉ édit. . . 7 fr.
   IV. *Présidence de Sadi-Carnot*. 1 vol. in-8. . . . . . . 7 fr.
Histoire des rapports de l'Église et de l'État en France (1789-1870), par *A. Debidour*. 1 vol. in-8 (*Couronné par l'Institut*). . . 12 fr.
L'Église catholique et l'État en France (1870-1906), par *le même*. Tome 1, 1870-1889, 1 vol. in-8. . . . . 7 fr.
L'État et les Églises en France, Des origines à la loi de séparation, par *J.-L. de Lanessan*, 1 vol. in-16. . . . . 3 fr. 50
La société française sous la troisième république, par *Marius-Ary Leblond*. 1 vol. in-8. . . . . 5 fr.
Histoire de la liberté de conscience en France (1595-1870), par *G. Bonet-Maury*. 1 vol. in-8. . . . . 5 fr.
Les civilisations tunisiennes (Musulmans, Israélites, Européens), par *Paul Lapie*. 1 vol. in-16. . . . . 3 fr. 50

LA FRANCE POLITIQUE ET SOCIALE, par *Aug. Laugel.* 1 vol. in-8. 5 fr.
LES COLONIES FRANÇAISES, par *P. Gaffarel.* 1 vol. in-8, 6ᵉ éd. . . 5 fr.
LA FRANCE HORS DE FRANCE. *Notre émigration, sa nécessité, ses conditions*, par *J.-B. Piolet.* 1 vol. in-8 . . . . 10 fr.
L'INDO-CHINE FRANÇAISE, étude économique, politique et administrative sur *la Cochinchine, le Cambodge, l'Annam* et *le Tonkin* (Médaille Dupleix de la Société de Géographie commerciale), par *J.-L. de Lanessan.* 1 vol. in-8, avec 5 cartes en couleurs. . . . . 15 fr.
L'ALGÉRIE, par *M. Wahl.* 1 vol. in-8. 4ᵉ édition, revue par *A. Bernard.* (Ouvrage couronné par l'Institut). . . . . 5 fr.

ANGLETERRE

HISTOIRE CONTEMPORAINE DE L'ANGLETERRE, depuis la mort de la reine Anne jusqu'à nos jours, par *H. Reynald.* 1 vol. in-16. 2ᵉ éd. 3 fr. 50
LORD PALMERSTON ET LORD RUSSELL, par *Aug. Laugel.* 1 vol. in-16. 3 fr. 50
LE SOCIALISME EN ANGLETERRE, par *Albert Métin.* 1 vol. in-16. 3 fr. 50
HISTOIRE GOUVERNEMENTALE DE L'ANGLETERRE (1770-1830), par *Cornewal Lewis.* 1 vol. in-8 . . . . 7 fr.

ALLEMAGNE

LE GRAND-DUCHÉ DE BERG (1806-1813), par *Ch. Schmidt.* 1 vol. in-8.. 10 fr.
HISTOIRE DE LA PRUSSE, depuis la mort de Frédéric II jusqu'à la bataille de Sadowa, par *Eug. Véron.* 1 vol. in-18. 6ᵉ éd., revue par *Paul Bondois* . . . . 3 fr. 50
HISTOIRE DE L'ALLEMAGNE, depuis la bataille de Sadowa jusqu'à nos jours, par *Eug. Véron.* 1 vol. in-18. 3ᵉ éd., continuée jusqu'en 1892, par *Paul Bondois* . . . . 3 fr. 50
LE SOCIALISME ALLEMAND ET LE NIHILISME RUSSE, par *J. Bourdeau.* 1 vol. in-16. 2ᵉ édition. . . . . 3 fr. 50
LES ORIGINES DU SOCIALISME D'ÉTAT EN ALLEMAGNE, par *Ch. Andler.* 1 vol. in-8. . . . . 7 fr.
L'ALLEMAGNE NOUVELLE ET SES HISTORIENS (*Niebuhr, Ranke, Mommsen, Sybel, Treitschke*), par *A. Guilland.* 1 vol. in-8 . . . . . 5 fr.
LA DÉMOCRATIE SOCIALISTE ALLEMANDE, par *Edg. Milhaud.* 1 vol. in-8 . . . . 10 fr.
LA PRUSSE ET LA RÉVOLUTION DE 1848, par *P. Matter.* 1 vol. in-16. . . . . 3 fr. 50
BISMARCK ET SON TEMPS, par *le même.* I. *La préparation* (1815-1862), 1 vol. in-8, 10 fr. — II. *L'action* (1863-1870), 1 vol. in-8 . . . 10 fr.

AUTRICHE-HONGRIE

LES TCHÈQUES ET LA BOHÈME CONTEMPORAINE, par *J. Bourlier.* 1 vol. in-16. . . . . 3 fr. 50
LES RACES ET LES NATIONALITÉS EN AUTRICHE-HONGRIE, par *B. Auerbach*, 1 vol. in-8 . . . . 5 fr.
LE PAYS MAGYAR, par *R. Recouly.* 1 vol. in-16. . . . . 3 fr. 50

ESPAGNE

HISTOIRE DE L'ESPAGNE, depuis la mort de Charles III jusqu'à nos jours, par *H. Reynald.* 1 vol. in-16 . . . . 3 fr. 50

SUISSE

HISTOIRE DU PEUPLE SUISSE, par *Daendliker*; précédée d'une Introduction par *Jules Favre.* 1 vol. in-8. . . . . 5 fr.

AMÉRIQUE

HISTOIRE DE L'AMÉRIQUE DU SUD, par *Alf. Deberle.* 1 vol. in-16. 3ᵉ éd., revue par *A. Milhaud.* . . . . 3 fr. 50

ITALIE

HISTOIRE DE L'UNITÉ ITALIENNE (1814-1871), par *Bolton King.* Traduit de l'anglais par *Macquart*; introduction de *Yves Guyot.* 2 vol. in-8. 15 fr.
HISTOIRE DE L'ITALIE, depuis 1815 jusqu'à la mort de Victor-Emmanuel, par *E. Sorin.* 1 vol. in-16 . . . . 3 fr. 50

BONAPARTE ET LES RÉPUBLIQUES ITALIENNES (1796-1799), par *P. Gaffarel*.
1 vol. in-8 . . . . 5 fr.
NAPOLÉON EN ITALIE (1800-1812), par *J.-E. Driault*. 1 vol. in-8. . 10 fr.

ROUMANIE
HISTOIRE DE LA ROUMANIE CONTEMPORAINE (1822-1900), par *Fr. Damé*.
1 vol. in-8. . . . . 7 fr.

GRÈCE et TURQUIE
LA TURQUIE ET L'HELLÉNISME CONTEMPORAIN, par *V. Bérard*. 1 vol. in-16.
4e éd. (*Ouvrage couronné par l'Académie française*). . . . 3 fr. 50
BONAPARTE ET LES ILES IONIENNES (1797-1816), par *E. Rodocanachi*.
1 vol. in-8. . . . . 5 fr.

INDE
L'INDE CONTEMPORAINE ET LE MOUVEMENT NATIONAL, par *E. Piriou*. 1 vol.
in-16. . . . . 3 fr. 50

CHINE
HISTOIRE DES RELATIONS DE LA CHINE AVEC LES PUISSANCES OCCIDENTALES
(1861-1902), par *H. Cordier*. 3 vol. in-8, avec cartes. . . . . . 30 fr.
L'EXPÉDITION DE CHINE DE 1857-58, par *le même*. 1 vol. in-8. . . 7 fr.
L'EXPÉDITION DE CHINE DE 1860, par *le même*. 1 vol. in-8. . . . 7 fr.
EN CHINE. *Mœurs et institutions. Hommes et faits*, par *Maurice Courant*.
1 vol. in-16. . . . . 3 fr. 50
LE DRAME CHINOIS (JUILLET-AOUT 1900), par *Marcel Monnier*. 1 vol.
in-16. . . . . 2 fr. 50

ÉGYPTE
LA TRANSFORMATION DE L'ÉGYPTE, par *Alb. Métin*. 1 vol. in-16. 3 fr. 50

Paul Louis. L'OUVRIER DEVANT L'ÉTAT. 1 vol. in-8. . . . . . 7 fr.
E. Driault. LES PROBLÈMES POLITIQUES ET SOCIAUX A LA FIN DU
XIXe SIÈCLE. 1 vol. in-8. . . . . 7 fr.
Louis Blanc. DISCOURS POLITIQUES (1848-1881). 1 vol. in-8. 7 fr. 50
Jules Barni. LES MORALISTES FRANÇAIS AU XVIIIe SIÈCLE. 1 vol.
in-16 . . . . 3 fr. 50
Deschanel (E.). LE PEUPLE ET LA BOURGEOISIE. 1 vol. in-8. 2e éd. 5 fr.
E. de Laveleye. LE SOCIALISME CONTEMPORAIN. 1 volume in-16.
11e édition, augmentée. . . . . 3 fr. 50
E. Despois. LE VANDALISME RÉVOLUTIONNAIRE. 1 vol. in-16. 4e éd. 3 fr. 50
Du Casse. LES ROIS FRÈRES DE NAPOLÉON 1er. 1 vol. in-8. . 10 fr.
Eug. Spuller. FIGURES DISPARUES, portraits contemporains, littéraires
et politiques. 3 vol. in-16, chaque volume. . . . . 3 fr. 50
J. Reinach. LA FRANCE ET L'ITALIE DEVANT L'HISTOIRE. 1 vol. in-8. 5 fr.
Eug. Spuller. L'ÉDUCATION DE LA DÉMOCRATIE. 1 vol. in-16. 3 fr. 50
Eug. Spuller. L'ÉVOLUTION POLITIQUE ET SOCIALE DE L'ÉGLISE. 1 vol.
in-16. . . . . 3 fr. 50
G. Schefer. BERNADOTTE ROI (1810-1818-1844). 1 vol. in-8. . 5 fr.
Hector Depasse. TRANSFORMATIONS SOCIALES. 1 vol. in-16. 3 fr. 50
Hector Depasse. DU TRAVAIL ET DE SES CONDITIONS. 1 vol.
in-16. . . . . 3 fr. 50
Eug. d'Eichthal. SOUVERAINETÉ DU PEUPLE ET GOUVERNEMENT. 1 vol.
in-16. . . . . 3 fr. 50
G. Isambert. LA VIE A PARIS PENDANT UNE ANNÉE DE LA RÉVOLUTION
(1791-1792). 1 vol. in-16. . . . . 3 fr. 50
Novicow. LA POLITIQUE INTERNATIONALE. 1 vol. in-8. . . . . 7 fr.
G. Weill. L'ÉCOLE SAINT-SIMONIENNE. 1 vol. in-16. . . . . . 3 fr. 50
A. Lichtenberger. LE SOCIALISME UTOPIQUE. 1 vol. in-16. 3 fr. 50
— LE SOCIALISME ET LA RÉVOLUTION FRANÇAISE. 1 v. in-8. 5 fr.
Paul Matter. LA DISSOLUTION DES ASSEMBLÉES PARLEMENTAIRES.
1 vol. in-8. . . . . 5 fr.
J. Bourdeau. L'ÉVOLUTION DU SOCIALISME. 1 vol. in-16. . . 3 fr. 50

BIBLIOTHÈQUE UTILE

Élégants volumes in-32, de 192 pages chacun.

Chaque volume broché, **60** *cent.; cartonné,* **1** *franc. Franco par poste.*

---

1. **Morand.** Introduction à l'étude des sciences physiques. 6ᵉ éd.
2. **Cruveilhier.** Hygiène générale. 9ᵉ édit.
3. **Corbon.** De l'enseignement professionnel. 4ᵉ édit.
4. **L. Pichat.** L'art et les artistes en France. 5ᵉ édit.
5. **Buchez.** Les Mérovingiens. 6ᵉ éd.
6. **Buchez.** Les Carlovingiens. 2ᵉ éd.
7. (*Épuisé.*)
8. **Bastide.** Luttes religieuses des premiers siècles. 5ᵉ édit.
9. **Bastide.** Les guerres de la Réforme. 5ᵉ édit.
10. (*Épuisé.*)
11. **Brothier.** Histoire de la terre. 9ᵉ éd.
12. **Bouant.** Les principaux faits de la chimie (avec fig.).
13. **Turck.** Médecine populaire. 6ᵉ édit.
14. **Morin.** La loi civile en France. 5ᵉ édit.
15. **Paul Louis.** Les lois ouvrières.
16. **Ott.** L'Inde et la Chine.
17. **Catalan.** Notions d'astronomie. 6ᵉ édit.
18. (*Épuisé.*)
19. **V. Meunier.** Philosophie zoologique. 3ᵉ édit.
20. **J. Jourdan.** La justice criminelle en France. 4ᵉ édit.
21. **Ch. Rolland.** Histoire de la maison d'Autriche. 4ᵉ édit.
22. **Eug. Despois.** Révolution d'Angleterre. 4ᵉ édit.
23. **B. Gastineau.** Les génies de la science et de l'industrie. 2ᵉ éd.
24. **Leneveux.** Le budget du foyer.
25. **L. Combes.** La Grèce ancienne. 4ᵉ édit.
26. **F. Look.** Histoire de la Restauration. 5ᵉ édit.
27. (*Épuisé.*)
28. (*Épuisé.*)
29. **L. Collas.** Histoire de l'empire ottoman. 3ᵉ édit.
30. **F. Zurcher.** Les phénomènes de l'atmosphère. 7ᵉ édit.
31. **E. Raymond.** L'Espagne et le Portugal. 3ᵉ édit.
32. **Eugène Noël.** Voltaire et Rousseau. 4ᵉ édit.
33. **A. Ott.** L'Asie occidentale et l'Egypte. 3ᵉ édit.
34. (*Épuisé.*)
35. **Enfantin.** La vie éternelle. 6ᵉ éd.
36. **Brothier.** Causeries sur la mécanique. 5ᵉ édit.
37. **Alfred Doneaud.** Histoire de la marine française. 4ᵉ édit.
38. **F. Look.** Jeanne d'Arc. 3ᵉ édit.
39-40. **Carnot.** Révolution française, 2 vol. 7ᵉ édit.
41. **Zurcher et Margollé.** Télescope et microscope. 2ᵉ édit.
42. **Blerzy.** Torrents, fleuves et canaux de la France. 3ᵉ édit.
43. **Secchi, Wolf, Briot et Delaunay.** Le soleil et les étoiles. 5ᵉ édit.
44. **Stanley Jevons.** L'économie politique. 9ᵉ édit.
45. **Ferrière.** Le darwinisme. 8ᵉ éd.
46. **Leneveux.** Paris municipal. 2ᵉ éd.
47. **Boillot.** Les entretiens de Fontenelle sur la pluralité des mondes.
48. **Zevort (Edg.).** Histoire de Louis-Philippe. 4ᵉ édit.
49. (*Épuisé.*)
50. **Zaborowski.** L'origine du langage. 5ᵉ édit.
51. **H. Blerzy.** Les colonies anglaises.
52. **Albert Lévy.** Histoire de l'air (avec fig.). 4ᵉ édit.
53. **Geikie.** La géologie (avec fig.). 4ᵉ édit.
54. **Zaborowski.** Les migrations des animaux. 3ᵉ édit.
55. **F. Paulhan.** La physiologie de l'esprit. 5ᵉ édit. refondue.
56. **Zurcher et Margollé.** Les phénomènes célestes. 3ᵉ édit.
57. **Girard de Rialle.** Les peuples de l'Afrique et de l'Amérique. 2ᵉ éd.
58. **Jacques Bertillon.** La statistique humaine de la France.
59. **Paul Gaffarel.** La défense nationale en 1792. 2ᵉ édit.
60. **Herbert Spencer.** De l'éducation. 11ᵉ édit.

61. **Jules Barni**. Napoléon Ier. 3e édit.
62. (*Epuisé*.)
63. **P. Bondois**. L'Europe contemporaine (1789-1879). 2e édit.
64. **Grove**. Continents et océans. 3e éd.
65. **Jouan**. Les îles du Pacifique.
66. **Robinet**. La philosophie positive. 6e édit.
67. **Renard**. L'homme est-il libre? 5e édit.
68. **Zaborowski**. Les grands singes.
69. **Hatin**. Le Journal.
70. **Girard de Rialle**. Les peuples de l'Asie et de l'Europe.
71. **Doneaud**. Histoire contemporaine de la Prusse. 2e édit.
72. **Dufour**. Petit dictionnaire des falsifications. 4e édit.
73. **Henneguy**. Histoire de l'Italie depuis 1815.
74. **Leneveux**. Le travail manuel en France. 2e édit.
75. **Jouan**. La chasse et la pêche des animaux marins.
76. **Regnard**. Histoire contemporaine de l'Angleterre.
77. **Bouant**. Hist. de l'eau (avec fig.).
78. **Jourdy**. Le patriotisme à l'école.
79. **Mongredien**. Le libre-échange en Angleterre.
80. **Creighton**. Histoire romaine (avec fig.).
81-82. **P. Bondois**. Mœurs et institutions de la France. 2 vol. 2e éd.
83. **Zaborowski**. Les mondes disparus (avec fig.). 3e édit.
84. **Debidour**. Histoire des rapports de l'Eglise et de l'Etat en France (1789-1871). Abrégé par Dubois et Sarthou.
85. **H. Beauregard**. Zoologie générale (avec fig.).
86. **Wilkins**. L'antiquité romaine (avec fig.). 2e édit.
87. **Maigne**. Les mines de la France et de ses colonies.
88. (*Epuisé*.)
89. **E. Amigues**. A travers le ciel.
90. **H. Gossin**. La machine à vapeur (avec fig.).
91. **Gaffarel**. Les frontières françaises. 2e édit.
92. **Dallet**. La navigation aérienne (avec fig.).
93. **Collier**. Premiers principes des beaux-arts (avec fig.).
94. **A. Larbalétrier**. L'agriculture française (avec fig.).
95. **Gossin**. La photographie (fig.).
96. **F. Genevoix**. Les matières premières.
97. **Faque**. L'Indo-Chine française.
98. **Monin**. Les maladies épidémiques (avec fig.).
99. **Petit**. Economie rurale et agricole.
100. **Mahaffy**. L'antiquité grecque (avec fig.).
101. **Bère**. Hist. de l'armée française.
102. **F. Genevoix**. Les procédés industriels.
103. **Quesnel**. Histoire de la conquête de l'Algérie.
104. **A. Coste**. Richesse et bonheur.
105. **Joyeux**. L'Afrique française (avec fig.).
106. **G. Mayer**. Les chemins de fer (avec fig.).
107. **Ad. Coste**. Alcoolisme ou épargne. 4e édit.
108. **Ch. de Larivière**. Les origines de la guerre de 1870.
109. **Gérardin**. Botanique générale (avec fig.).
110. **D. Bellet**. Les grands ports maritimes de commerce (avec fig.).
111. **H. Coupin**. La vie dans les mers (avec fig.).
112. **A. Larbalétrier**. Les plantes d'appartement (avec fig.).
113. **A. Milhaud**. Madagascar. 2e éd.
114. **Sérieux et Mathieu**. L'Alcool et l'alcoolisme. 2e édit.
115. **Dr J. Laumonier**. L'hygiène de la cuisine.
116. **Adrien Berget**. La viticulture nouvelle. 3e éd.
117. **A. Acloque**. Les insectes nuisibles (avec fig.).
118. **G. Meunier**. Histoire de la littérature française. 2e éd.
119. **P. Merklen**. La Tuberculose; son traitement hygiénique.
120. **G. Meunier**. Histoire de l'art (avec fig.).
121. **Larrivé**. L'assistance publique.
122. **Adrien Berget**. La pratique des vins.
123. **A. Berget**. Les vins de France. (*Guide du consommateur*.)
124. **Vaillant**. Petite chimie de l'agriculteur.
125. **S. Zaborowski**. L'homme préhistorique. 7e édit.

BIBLIOTHÈQUE
DE PHILOSOPHIE CONTEMPORAINE

VOLUMES IN-16.

Br., 2 fr. 50; cart. à l'angl., 3 fr.; reliés, 4 fr.

Alaux.
Philosophie de Victor Cousin.

R. Allier.
Philosophie d'Ernest Renan. 3ᵉ éd.

L. Arréat.
La morale dans le drame. 2ᵉ édit.
Mémoire et imagination.
Les croyances de demain.
Dix ans de philosophie (1890-1900).
Le sentiment religieux en France.

G. Ballet.
Langage intérieur et aphasie. 2ᵉ éd.

A. Bayet.
La morale scientifique.

Bergson.
Le rire. 4ᵉ édit.

Ernest Bersot.
Libre philosophie.

Binet.
Psychologie du raisonnement. 3ᵉ éd.

Hervé Blondel.
Les approximations de la vérité.

C. Bos.
Psychologie de la croyance. 2ᵉ éd.

M. Boucher.
Essai sur l'hyperespace. 2° éd.

C. Bouglé.
Les sciences sociales en Allemagne.

J. Bourdeau.
Les maîtres de la pensée contemporaine. 4ᵉ éd.
Socialistes et sociologues.

E. Boutroux.
Conting. des lois de la nature. 5ᵉ éd.

Brunschvicg.
Introduction à la vie de l'esprit. 2ᵉ éd.

Carus.
La conscience du moi.

Coste.
Dieu et l'âme. 2ᵉ édit.

A. Cresson.
Le malaise de la pensée philosophique.
La morale de Kant. 2ᵉ éd.

G. Danville.
Psychologie de l'amour. 3ᵉ édit.

L. Dauriac.
La psychol. dans l'Opéra français.

Delbœuf.
Matière brute et matière vivante.

L. Dugas.
Psittacisme et pensée symbolique.
La timidité. 3ᵉ édit.
Psychologie du rire.
L'absolu.

Dunan.
Théorie psychologique de l'espace.

Duprat.
Les causes sociales de la folie.
Le mensonge.

Durand (DE GROS).
Philosophie morale et sociale.

E. Durkheim.
Les règles de la méthode sociologique. 3ᵉ édit.

E. d'Eichthal.
Correspondance inédite de J. Stuart Mill avec G. d'Eichthal.
Les probl. sociaux et le socialisme.

Encausse (PAPUS).
L'occultisme et le spiritualisme. 2ᵉ édit.

A. Espinas.
La philosophie expérimentale en Italie.

E. Faivre.
De la variabilité des espèces.

Ch. Féré.
Sensation et mouvement. 2ᵉ édit.
Dégénérescence et criminalité. 3° éd.

E. Ferri.
Les criminels dans l'art et la littérature. 2ᵉ édit.

Fierens-Gevaert.
Essai sur l'art contemporain. 2ᵉ éd.
La tristesse contemporaine. 4ᵉ éd.
Psychologie d'une ville. Essai sur Bruges. 2ᵉ édit.
Nouveaux essais sur l'art contemp.

M. de Fleury.
L'âme du criminel.

Fonsegrive.
La causalité efficiente.

A. Fouillée.
La propriété sociale et la démocratie. Nouv. éd.

E. Fournière.
Essai sur l'individualisme.

Ad. Franck.
Philosophie du droit pénal. 5ᵉ édit.
Des rapports de la religion et de l'État. 2ᵉ édit.
La philosophie mystique en France au XVIIIᵉ siècle.

Gauckler.
Le beau et son histoire.

E. Goblot.
Justice et liberté.

J. Grasset.
Les limites de la biologie. 3ᵉ édit.

G. de Greef.
Les lois sociologiques. 3ᵉ édit.

Guyau.
La genèse de l'idée de temps. 2ᵉ éd.

E. de Hartmann.
La religion de l'avenir. 5ᵉ édition.
Le Darwinisme. 7ᵉ édition.

R. C. Herckenrath.
Probl. d'esthétique et de morale.

Marie Jaëll.
L'intelligence et le rythme dans les mouvements artistiques.

W. James.
La théorie de l'émotion. 2ᵉ édit.

Paul Janet.
La philosophie de Lamennais.

J. Lachelier.
Du fondement de l'induction. 4ᵉ éd.

Mᵐᵉ Lampérière.
Le rôle social de la femme.

A. Landry.
La responsabilité pénale.

J.-L. de Lanessan.
Morale des philosophes chinois.

Lange.
Les émotions. 2ᵉ édit.

Lapie.
La justice par l'État.

Gustave Le Bon.
Lois psychologiques de l'évolution des peuples. 7ᵉ éd.
Psychologie des foules. 11ᵉ éd.

Lechalas.
Étude sur l'espace et le temps.

F. Le Dantec.
Le déterminisme biologique. 2ᵉ éd.
L'individualité et l'erreur individualiste.
Lamarckiens et darwiniens. 2ᵉ éd.

G. Lefèvre.
Obligation morale et idéalisme.

Liard.
Les logiciens anglais contemporains. 4ᵉ édition.
Définitions géométriques. 3ᵉ édit.

H. Lichtenberger.
La philosophie de Nietzsche. 9ᵉ éd.
Aphorismes et fragments choisis de Nietzsche. 2ᵉ édit.

Lombroso.
L'anthropologie criminelle. 5ᵉ éd.
Nouvelles recherches de psychiatrie et d'anthropologie criminelle.
Les applications de l'anthropologie criminelle.

John Lubbock.
Le bonheur de vivre. 2 vol. 8ᵉ éd.
L'emploi de la vie. 5ᵉ édit.

G. Lyon.
La philosophie de Hobbes.

E. Marguery.
L'œuvre d'art et l'évolution.

Mariano.
La Philosophie contemp. en Italie.

Marion.
J. Locke, sa vie, son œuvre. 2ᵉ édit.

Maus.
La justice pénale.

Mauxion.
L'éducation par l'instruction. 2ᵉ éd.
Nature et éléments de la moralité.

G. Milhaud.
Essai sur les conditions et les limites de la certitude logique. 2ᵉ édit.
Le rationnel.

Mosso.
La peur. 3ᵉ éd.
La fatigue intellect. et phys. 4ᵉ éd.

E. Murisier.
Les maladies du sentiment religieux. 2ᵉ édit.

A. Naville.
Nouvelle classification des sciences. 2ᵉ édit.

Max Nordau.
Paradoxes psychologiques. 5ᵉ éd.
Paradoxes sociologiques. 4ᵉ édit.
Psycho-physiologie du génie et du talent. 4ᵉ édit.

Novicow.
L'avenir de la race blanche. 2ᵉ édit.

Ossip-Lourié.
Pensées de Tolstoï. 2ᵉ édit.
Philosophie de Tolstoï. 2ᵉ édit.
La philos. soc. dans le théât. d'Ibsen.
Nouvelles pensées de Tolstoï.
Le bonheur et l'intelligence.

G. Palante.
Précis de sociologie. 3ᵉ édit.

W.-R. Paterson (Swift).
L'éternel conflit.
Paulhan.
Les phénomènes affectifs. 2ᵉ édit.
J. de Maistre, sa philosophie.
Psychologie de l'invention.
Analystes et esprits synthétiques.
La fonction de la mémoire.
J. Philippe.
L'image mentale.
F. Pillon.
La philosophie de Charles Secrétan.
Mario Pilo.
La psychologie du beau et de l'art.
Pioger.
Le monde physique.
Queyrat.
L'imagination chez l'enfant. 3ᵉ édit.
L'abstraction, son rôle dans l'éducation intellectuelle.
Les caractères et l'éducation morale.
La logique chez l'enfant et sa culture. 2ᵉ éd.
Les jeux des enfants.
P. Regnaud.
Précis de logique évolutionniste.
Comment naissent les mythes.
G. Renard.
Le régime socialiste. 4ᵉ édit.
A. Réville.
Dogme de la divinité de Jésus-Christ. 3ᵉ éd.
Th. Ribot.
La philos. de Schopenhauer. 10ᵉ éd.
Les maladies de la mémoire. 18ᵉ éd.
Les maladies de la volonté. 21ᵉ éd.
Les maladies de la personnalité. 11ᵉ édit.
La psychologie de l'attention. 7ᵉ éd.
G. Richard.
Socialisme et science sociale. 2ᵉ éd.
Ch. Richet.
Psychologie générale. 6ᵉ éd.
De Roberty.
L'inconnaissable.
L'agnosticisme. 2ᵉ édit.
La recherche de l'Unité.
Auguste Comte et H. Spencer. 2ᵉ éd.
Le bien et le mal.

Psychisme social.
Fondements de l'éthique.
Constitution de l'éthique.
Frédéric Nietzsche.
Roisel.
De la substance.
L'idée spiritualiste. 2ᵉ édit.
Roussel-Despierres.
L'idéal esthétique.
Schopenhauer.
Le libre arbitre. 9ᵉ édition.
Le fondement de la morale. 8ᵉ édit.
Pensées et fragments. 21ᵉ édition.
P. Sollier.
Les phénomènes d'autoscopie.
Herbert Spencer.
Classification des sciences. 8ᵉ édit.
L'individu contre l'État. 6ᵉ éd.
Stuart Mill.
Auguste Comte et la philosophie positive. 6ᵉ édition.
L'Utilitarisme. 4ᵉ édition.
Sully Prudhomme et Ch. Richet.
Le probl. des causes finales. 2ᵉ éd.
Tanon.
L'évol. du droit et la conscience soc.
Tarde.
La criminalité comparée. 5ᵉ éd.
Les transformations du droit. 2ᵉ éd.
Les lois sociales. 2ᵉ édit.
Thamin.
Éducation et positivisme. 2ᵉ éd.
P.-F. Thomas.
La suggestion, son rôle dans l'éducation intellectuelle. 2ᵉ édit.
Morale et éducation.
Tissié.
Les rêves. 2ᵉ édit.
Wundt.
Hypnotisme et suggestion.
Zeller.
Christ. Baur et l'école de Tubingue.
Th. Ziegler.
La question sociale est une question morale. 3ᵉ éd.
Charles de Rémusat.
Philosophie religieuse.

Derniers volumes publiés :

Arréat.
Art et psychologie individuelle.
L. Brunschvicg.
L'idéalisme contemporain.
G. Dumas.
Le sourire.
G. Geley.
L'être subconscient. 2ᵉ édit.
A. Godfernaux
Le sentiment et la pensée. 2ᵉ éd.

Jankelevitch.
Nature et société.
J. Philippe et G. Paul-Boncour.
Les anomalies mentales chez les écoliers.
Schopenhauer.
Ecrivains et style.
Sur la religion.

VOLUMES IN-8.

Brochés, à 5, 7 50 et 10 fr.; cart. angl., 1 fr. de plus par vol.; reliure, 2 fr.

Ch. Adam.
La philosophie en France (première moitié du xix° siècle). 7 fr. 50

Agassiz.
De l'espèce et des classifications. 5 fr.

Arnold (M.).
La crise religieuse. 7 fr. 50

Arréat.
Psychologie du peintre. 5 fr.

P. Aubry.
La contag. du meurtre. 3° éd. 5 fr.

Alex. Bain.
La logique inductive et déductive. 3° édit. 2 vol. 20 fr.
Les sens et l'intell. 3° édit. 10 fr.

J.-M. Baldwin.
Le développement mental chez l'enfant et dans la race. 7 fr. 50

Barthélemy Saint-Hilaire.
La philosophie dans ses rapports avec les sciences et la religion. 5 fr.

Barzelotti.
La philosophie de H. Taine. 7 fr. 50

Bazaillas.
La vie personnelle.

Bergson.
Essai sur les données immédiates de la conscience. 3° édit. 3 fr. 75
Matière et mémoire. 4° édit. 5 fr.

A. Bertrand.
L'enseignement intégral. 5 fr.
Les études dans la démocratie. 5 fr.

Em. Boirac.
L'idée du phénomène. 5 fr.

Bouglé.
Les idées égalitaires. 3 fr. 75

L. Bourdeau.
Le problème de la mort. 4° éd. 5 fr.
Le problème de la vie. 7 fr. 50

Bourdon.
L'expression des émotions et des tendances dans le langage. 7 fr. 50

Em. Boutroux.
Études d'histoire de la philosophie. 2° édit. 7 fr. 50

L. Bray.
Du beau. 5 fr.

Brochard.
De l'erreur. 2° éd. 5 fr.

Brunschvicg.
Spinoza. 2° édit. 3 fr. 75
La modalité du jugement. 5 fr.

Ludovic Carrau.
La philosophie religieuse en Angleterre depuis Locke. 5 fr.

Ch. Chabot.
Nature et moralité. 5 fr.

Clay.
L'alternative. 2° éd. 10 fr.

Collins.
Résumé de la phil. de H. Spencer. 4° éd. 10 fr.

Aug. Comte.
La sociologie. 7 fr. 50

Cosentini.
La sociologie génétique. 3 fr. 75

A. Coste.
Principes d'une sociol. obj. 3 fr. 75
L'expérience des peuples. 10 fr.

Crépieux-Jamin.
L'écriture et le caractère. 4° éd. 7.50

A. Cresson.
Morale de la raison théorique. 5 fr.

Dauriac.
Essai sur l'esprit musical. 5 fr.

Delbos.
Philos. pratique de Kant. 7 fr. 50

Devaule.
Condillac et la psychologie anglaise contemporaine. 5 fr.

Draghicesco
Rôle de l'individu dans le déterminisme social. 7 fr. 50

G. Dumas.
La tristesse et la joie. 7 fr. 50
Deux messies positivistes. St-Simon et Auguste Comte. 5 fr.

G.-L. Duprat.
L'instabilité mentale. 5 fr.

Duproix.
Kant et Fichte et le problème de l'éducation. 2° édit. 5 fr.

Durand (DE GROS).
Taxinomie générale. 5 fr.
Esthétique et morale. 5 fr.
Variétés philosophiques. 2° éd. 5 fr.

E. Durkheim.
De la div. du trav. soc. 2° éd. 7 fr. 50
Le suicide, étude sociolog. 7 fr. 50

L'année sociologique. 7 volumes :
1re à 5e années. Chacune. 10 fr.
6e à 9e. Chacune. 12 fr. 50

V. Egger.
La parole intérieure. 2e éd. 5 fr.

A. Espinas.
La philosophie sociale au XVIIIe siècle et la Révolution. 7 fr. 50

G. Ferrero.
Les lois psychologiques du symbolisme. 5 fr.

Enrico Ferri.
La sociologie criminelle. 10 fr.

Louis Ferri.
La psychologie de l'association, depuis Hobbes. 7 fr. 50

J. Finot.
Le préjugé des races, 2e éd. 7 fr. 50

Flint.
La philosophie de l'histoire en Allemagne. 7 fr. 50

Fonsegrive.
Le libre arbitre. 2e éd. 10 fr.

M. Foucault.
La psychophysique. 7 fr. 50

Alf. Fouillée.
Le rêve. 5 fr.
Liberté et déterminisme. 4e éd. 7 fr. 50
Critique des systèmes de morale contemporains. 4e éd. 7 fr. 50
La morale, l'art et la religion, d'après Guyau. 5e éd. 3 fr. 75
L'avenir de la métaphysique fondée sur l'expérience. 2e éd. 5 fr.
L'évolutionnisme des idées-forces. 4e éd. 7 fr. 50
La psychologie des idées-forces. 2 vol. 15 fr.
Tempérament et caractère. 3e édit. 7 fr. 50
Le mouvement idéaliste. 2e éd. 7 fr. 50
Le mouvement positiviste. 2e éd. 7.50
Psych. du peuple français. 3e éd. 7.50
La France au point de vue moral. 2e édit. 7 fr. 50
Esquisse psychologique des peuples européens. 3e édit. 10 fr.
Nietzsche et l'immoralisme. 2e éd. 5 fr.
Le moralisme de Kant et l'amoralisme contemporain. 2e éd. 7 fr. 50
Les éléments sociologiques de la morale. 7 fr. 50

E. Fournière.
Théories social. au XIXe siècle. 7 fr. 50

G. Fulliquet.
Sur l'obligation morale. 7 fr. 50

Garofalo.
La criminologie. 5e édit. 7 fr. 50
La superstition socialiste. 5 fr.

L. Gérard-Varet.
L'ignorance et l'irréflexion. 5 fr.

E. Gley.
Études de psycho-physiologie. 5 fr.

E. Goblot.
La classification des sciences. 5 fr.

G. Gory.
L'immanence de la raison dans la connaissance sensible. 5 fr.

R. de la Grasserie.
De la psychologie des religions. 5 fr.

G. de Greef.
Le transformisme social. 2e éd. 7 fr. 50
La sociologie économique. 3 fr. 75

K. Groos.
Les jeux des animaux. 7 fr. 50

Gurney, Myers et Podmore
Les hallucin. télépath. 4e éd. 7 fr. 50

Guyau.
La morale angl. cont. 5e éd. 7 fr. 50
Les problèmes de l'esthétique contemporaine. 6e éd. 5 fr.
Esquisse d'une morale sans obligation ni sanction. 7e éd. 5 fr.
L'irréligion de l'avenir. 10e éd. 7 fr. 50
L'art au point de vue sociologique. 7e éd. 7 fr. 50
Hérédité et éducation. 8e éd. 5 fr.

E. Halévy.
La form. du radicalisme philos.
I. La jeunesse de Bentham. 7 fr. 50
II. Évol. de la doctr. utilitaire, 1789-1815. 7 fr. 50
III. Le radicalisme philos. 3 fr. 50

Hannequin.
L'hypoth. des atomes. 2e éd. 7 fr. 50

P. Hartenberg.
Les timides et la timidité. 2e éd. 5 fr.

Hébert.
Évolut. de la foi catholique. 5 fr.

G. Hirth.
Physiologie de l'art. 5 fr.

H. Hoffding.
Esquisse d'une psychologie fondée sur l'expérience. 2e édit. 7 fr. 50

Isambert.
Les idées socialistes en France. (1815-1848). 7 fr. 50

Jacoby.
La sélect. chez l'homme. 2e éd. 10 fr.

Paul Janet.
Les causes finales. 4ᵉ édit. 10 fr.
OEuvres phil. de Leibniz. 2ᵉ édition.
2 vol. 20 fr.

Pierre Janet.
L'automatisme psychol. 4ᵉ éd. 7 fr. 50

J. Jaurès.
Réalité du monde sensible. 2ᵉ édit.
7 fr. 50

Karppe.
Études d'histoire de philosophie.
3 fr. 75

A. Lalande.
La dissolution opposée à l'évolution. 7 fr. 50

A. Landry.
Principes de morale rationnelle. 5 fr.

De Lanessan.
La morale des religions. 10 fr.

Lang.
Mythes, cultes et religions. 10 fr.

P. Lapie.
Logique de la volonté. 7 fr. 50

Lauvrière.
Edgar Poë. Sa vie. Son œuvre. 10 fr.

E. de Laveleye.
De la propriété et de ses formes primitives. 5ᵉ édit. 10 fr.
Le gouvernement dans la démocratie. 3ᵉ éd. 2 vol. 15 fr.

Gustave Le Bon.
Psych. du socialisme. 4ᵉ éd. 7 fr. 50

G. Lechalas.
Études esthétiques. 5 fr.

Lechartier.
David Hume, moraliste et sociologue. 5 fr.

Leclère.
Le droit d'affirmer. 5 fr.

F. Le Dantec.
L'unité dans l'être vivant. 7 fr. 50
Les limites du connaissable. 2ᵉ éd.
3 fr. 75

X. Léon.
La philosophie de Fichte. 10 fr.

Leroy (E.-B.)
Le langage. 5 fr.

A. Lévy.
La philosophie de Feuerbach. 10 fr.

L. Lévy-Bruhl.
La philosophie de Jacobi. 5 fr.
Lettres inédites de J. Stuart Mill à Auguste Comte. 10 fr.

La philos. d'Aug. Comte. 2ᵉ éd. 7 fr. 50
La morale et la science des mœurs. 2ᵉ éd. 5 fr.

Liard.
La science positive et la métaphysique. 4ᵉ édit. 7 fr. 50
Descartes. 2ᵉ édit. 5 fr.

H. Lichtenberger.
Richard Wagner, poète et penseur.
3ᵉ édit. 10 fr.
Henri Heine penseur. 3 fr. 75

Lombroso.
La femme criminelle et la prostituée (en collab. avec M. Ferrero). 1 vol. avec planches. 15 fr.
Le crime polit. et les révol. (en collab. avec M. Laschi). 2 vol. 15 fr.
L'homme criminel. 3ᵉ édit. 2 vol., avec atlas. 36 fr.

É. Lubac.
Esquisse d'un système de psychol. rationnelle. 3 fr. 75

G. Lyon.
L'idéalisme en Angleterre au XVIIIᵉ siècle. 7 fr. 50

P. Malapert.
Les éléments du caractère. 2ᵉ éd. 5 fr.

Marion.
La solidarité morale. 6ᵉ édit. 5 fr.

Fr. Martin.
La perception extérieure et la science positive. 5 fr.

J. Maxwell.
Les phénomènes psych. 3ᵉ éd. 5 fr.

Max Muller.
Nouv. études de mythol. 12 fr. 50

Myers.
La personnalité humaine. 2ᵉ éd. 7.50

E. Naville.
La logique de l'hypothèse. 2ᵉ éd. 5 fr.
La définition de la philosophie. 5 fr.
Les philosophies négatives. 5 fr.
Le libre arbitre. 2ᵉ édition. 5 fr.

Max Nordau.
Dégénérescence. 2 v. 6ᵉ éd. 17 fr. 50
Les mensonges conventionnels de notre civilisation. 9ᵉ éd. 5 fr.
Vus du dehors. 5 fr.

Novicow.
Les luttes entre sociétés humaines.
2ᵉ édit. 10 fr.
Les gaspillages des sociétés modernes. 2ᵉ édit. 5 fr.
La justice et l'extension de la vie.
7 fr. 50

H. Oldenberg.
Le Bouddha, 2ᵉ éd. 7 fr. 50
La religion du Véda. 10 fr.

Ossip-Lourié.
La philosophie russe contemp. 5 fr.
Psychol. des romanciers russes au XIXᵉ siècle. 7 fr. 50

Ouvré.
Form. littér. de la pensée grecq. 10 fr.

G. Palante.
Combat pour l'individu. 3 fr. 75

Fr. Paulhan.
L'activité mentale et les éléments de l'esprit. 10 fr.
Les caractères. 2ᵉ édition. 5 fr.
Les mensonges du caractère. 5 fr.

Payot.
L'éducation de la volonté. 24ᵉ éd. 5 fr.
La croyance. 2ᵉ éd. 5 fr.

Jean Pérès.
L'art et le réel. 3 fr. 75

Bernard Perez.
Les trois premières années de l'enfant. 5ᵉ édit. 5 fr.
L'éd. mor. dès le berceau. 4ᵉ éd. 5 fr.
L'éd. intell. dès le berceau. 2ᵉ éd. 5 fr.

C. Piat.
La personne humaine. 7 fr. 50
Destinée de l'homme. 5 fr.

Picavet.
Les idéologues. 10 fr.

Piderit.
La mimique et la physiognomonie, avec 95 fig. 5 fr.

Pillon.
L'année philosophique. 15 vol. chacun. 5 fr.

J. Pioger.
La vie et la pensée. 5 fr.
La vie sociale, la morale et le progrès. 5 fr.

Preyer.
Éléments de physiologie. 5 fr.

L. Proal.
Le crime et la peine. 3ᵉ éd. 10 fr.
La criminalité politique. 5 fr.
Le crime et le suicide passionnels. 10 fr.

F. Rauh.
De la méthode dans la psychologie des sentiments. 5 fr.
L'expérience morale. 3 fr. 75

Récéjac.
La connaissance mystique. 5 fr.

Renard.
La méthode scientifique de l'histoire littéraire. 10 fr.

Renouvier.
Les dilem. de la métaph. pure. 5 fr.
Hist. et solut. des problèmes métaphysiques. 7 fr. 50
Le personnalisme. 10 fr.

Th. Ribot.
L'hérédité psycholog. 5ᵉ éd. 7 fr. 50
La psychologie anglaise contemporaine. 3ᵉ éd. 7 fr. 50
La psychologie allemande contemporaine. 4ᵉ éd. 7 fr. 50
La psych. des sentim. 5ᵉ éd. 7 fr. 50
L'évol. des idées générales. 2ᵉ éd. 5 fr.
L'imagination créatrice. 2ᵉ éd. 5 fr.
La logique des sentiments. 3 fr. 75

Ricardou.
De l'idéal. 5 fr.

G. Richard.
L'idée d'évolution dans la nature et dans l'histoire. 7 fr. 50

E. de Roberty.
Ancienne et nouvelle philos. 7 fr. 50
La philosophie du siècle. 5 fr.
Nouveau programme de sociol. 5 fr.

Romanes.
L'évol. ment. chez l'homme. 7 fr. 50

Ruyssen.
Évolut. psychol. du jugement. 5 fr.

A. Sabatier.
Philosophie de l'effort. 7 fr. 50

Emile Saigey.
Les sciences au XVIIIᵉ siècle. La physique de Voltaire. 5 fr.

G. Saint-Paul.
Le langage intérieur et les paraphasies. 5 fr.

E. Sanz y Escartin.
L'individu et la réforme sociale. 7 fr. 50

Schopenhauer.
Aphorisme sur la sagesse dans la vie. 7ᵉ éd. 5 fr.
Le monde comme volonté et représentation. 3ᵉ éd. 3 vol. 22 fr. 50

Séailles.
Ess. sur le génie dans l'art. 2ᵉ éd. 5 fr.
Philosoph. de Renouvier. 7 fr. 50

Sighele.
La foule criminelle. 2ᵉ édit. 5 fr.

Sollier.
Psychologie de l'idiot et de l'imbécile. 2ᵉ éd. 5 fr.
Le problème de la mémoire. 3 fr. 75
Le mécanisme des émotions. 5 fr.

Sourian.
L'esthétique du mouvement. 5 fr.
La suggestion dans l'art. 5 fr.
La beauté rationnelle. 10 fr.

Spencer (Herbert).
Les premiers principes. 9ᵉ éd. 10 fr.
Principes de psychologie. 2 vol. 20 fr.
Princip. de biologie. 5ᵉ éd. 2 v. 20 fr.
Princip. de sociol. 5 vol. 43 fr. 75
   I. *Données de la sociologie*, 10 fr. —
   II. *Inductions de la sociologie. Relations domestiques*, 7 fr. 50. —
   III. *Institutions cérémonielles et politiques*, 15 fr. — IV. *Institutions ecclésiastiques*, 3 fr. 75.
   — V. *Institutions professionnelles*, 7 fr. 50.
Justice. 7 fr. 50
Le rôle moral de la bienfaisance. 7 fr. 50
La morale des différents peuples. 7 fr. 50
Essais sur le progrès. 5ᵉ éd. 7 fr. 50
Essais de politique. 4ᵉ éd. 7 fr. 50
Essais scientifiques. 3ᵉ éd. 7 fr. 50
De l'éducation physique, intellectuelle et morale. 11ᵉ édit. 5 fr.

Stein.
La question sociale au point de vue philosophique. 10 fr.

Stuart Mill.
Mes mémoires. 3ᵉ éd. 5 fr.
Système de logique déductive et inductive. 4ᵉ édit. 2 vol. 20 fr.
Essais sur la religion. 4ᵉ édit. 5 fr.

James Sully.
Le pessimisme. 2ᵉ éd. 7 fr. 50
Études sur l'enfance. 10 fr.
Essai sur le rire. 7 fr. 50

Sully Prudhomme.
La vraie religion selon Pascal. 7 fr. 50

G. Tarde.
La logique sociale. 2ᵉ édit. 7 fr. 50
Les lois de l'imitation. 4ᵉ éd. 7 fr. 50
L'opposition universelle. 7 fr. 50
L'opinion et la foule. 2ᵉ édit. 5 fr.
Psychologie économique. 2 vol. 15 fr.

Em. Tardieu.
L'ennui. 5 fr.

P.-Félix Thomas.
L'éduc. des sentiments. 2ᵉ éd. 5 fr.
Pierre Leroux. Sa philosophie. 5 fr.

Thouverez.
Réalisme métaphysique. 5 fr.

Et. Vacherot.
Essais de philosophie critique. 7 fr. 50
La religion. 7 fr. 50

L. Weber.
Vers le positivisme absolu par l'idéalisme. 7 fr. 50

Derniers volumes publiés :

J. Bardoux.
Psychol. de l'Angleterre contemp. 7 fr. 50

A. Binet.
Les révélations de l'écriture. 5 fr.

J. Finot.
Philosophie de la longévité 11ᵉ éd. 5 fr.

H. Hoffding.
Hist. de la philos. moderne. 2 v. 20 fr.

P. Lacombe.
Individus et sociétés selon Taine. 7 fr. 50

G. Luquet.
Idées générales de psychol. 5 fr.

J.-P. Nayrac.
L'attention. 3 fr. 75

L. Prat.
Le caractère empirique et la personne. 7 fr. 50

G. Rageot.
Le succès. 3 fr. 75

Ch. Renouvier.
Doctrine de Kant. 7 fr. 50

H. Riemann.
Élém. de l'esthétiq. musicale. 5 fr.

E. Rignano.
Transmissibilité des caractères acquis. 5 fr.

Rivaud.
Essence et existence chez Spinoza. 7 fr. 50

P. Stapfer.
Questions esthétiques et religieuses. 3 fr. 75

ÉCONOMIE POLITIQUE — SCIENCE FINANCIÈRE

JOURNAL DES ÉCONOMISTES

REVUE MENSUELLE DE LA SCIENCE ÉCONOMIQUE ET DE LA STATISTIQUE

Fondé en 1841, par G. GUILLAUMIN

Paraît le 15 de chaque mois
par fascicules grand in-8 de 10 à 12 feuilles (180 à 192 pages).

RÉDACTEUR EN CHEF : M. G. DE MOLINARI
Correspondant de l'Institut.

CONDITIONS DE L'ABONNEMENT :

France et Algérie : Un an........ **36 fr.**; Six mois....... **19 fr.**;
Union postale : Un an............ **38 fr.**; Six mois,...... **20 fr.**
Le numéro................ **3 fr. 50**

Les abonnements partent de Janvier ou de Juillet.

NOUVEAU DICTIONNAIRE
D'ÉCONOMIE POLITIQUE

PUBLIÉ SOUS LA DIRECTION DE

M. LÉON SAY et de **M. JOSEPH CHAILLEY-BERT**

Deuxième édition.

2 vol. grand in-8 raisin et un Supplément : prix, brochés...... **60 fr.**
— — demi-reliure veau ou chagrin.......... **69 fr.**

COMPLÉTÉ PAR 3 TABLES : **Tables des auteurs, table méthodique et table analytique.**

Cet important ouvrage peut s'acquérir en envoyant un mandat-poste de 20 fr., au reçu duquel est faite l'expédition du livre, et en payant le reste, soit 40 fr., en quatre traites de 10 fr. chacune, de deux mois en deux mois.

DICTIONNAIRE DU COMMERCE
DE L'INDUSTRIE ET DE LA BANQUE

DIRECTEURS :

MM. Yves GUYOT et Arthur RAFFALOVICH

2 volumes grand in-8. Prix, brochés..................... **50 fr.**
— — reliés........................ **58 fr.**

Cet important ouvrage peut s'acquérir en envoyant un mandat-poste de 10 fr., au reçu duquel est faite l'expédition du livre, et en payant le reste, soit 40 fr., en quatre traites de 10 fr. chacune, de deux mois en deux mois.

COLLECTION DES PRINCIPAUX ÉCONOMISTES
Enrichie de commentaires, de notes explicatives et de notices historiques

ÉCONOMISTES FINANCIERS DU XVIII° SIÈCLE

Vauban, *Projet d'une dîme royale*. — **Boisguillebert**, *Détail de la France, Factum de la France*, opuscules divers. — **J. Law**, *Œuvres complètes*. — **Melon**, *Essai sur le commerce*. — **Dutot**, *Réflexions politiques sur les finances et le commerce*. — 2° édition. 1 vol. grand in-8 . 15 fr.

MALTHUS

Essai sur le principe de population. *Introduction*, par Rossi, de l'Institut. 3° édition. 1 vol. grand in-8. . . . . 10 fr.

MÉLANGES (1ʳᵉ PARTIE)

David Hume. *Essai sur le commerce, le luxe, l'argent, les impôts, le crédit public, sur la balance du commerce, la jalousie commerciale, la population des nations anciennes*. — **V. de Forbonnais.** *Principes économiques*. — **Condillac.** *Le commerce et le gouvernement*. — **Condorcet.** *Lettres d'un laboureur de Picardie à M. N*** (Necker). — Réflexions sur l'esclavage des nègres. — Réflexions sur la justice criminelle. — De l'influence de la révolution d'Amérique sur l'Europe. — De l'impôt progressif*. — **Lavoisier.** *De la richesse territoriale du royaume de France*. — **Franklin.** *La science du bonhomme Richard et ses autres opuscules*. 1 vol. grand in-8. . . . . 10 fr.

MÉLANGES (2° PARTIE)

Necker. *Sur la législation et le commerce des grains*. — **L'abbé Galiani.** *Dialogues sur le commerce des blés* avec la *Réfutation* de l'abbé Morellet. — **Montyon.** *Quelle influence ont les diverses espèces d'impôts sur la moralité, l'activité et l'industrie des peuples?* — **Bentham.** *Défense de l'usure*. 1 vol. gr. in-8. . . . . 10 fr.

RICARDO

Œuvres complètes. Les œuvres de Ricardo se composent : 1° des *Principes de l'économie politique et de l'impôt*. — 2° Des ouvrages ci-après : *De la protection accordée à l'agriculture. — Plan pour l'établissement d'une banque nationale. — Essai sur l'influence du bas prix des blés sur les profits du capital. — Proposition pour l'établissement d'une circulation monétaire économique et sûre. — Le haut prix des lingots est une preuve de la dépréciation des billets de banque. — Essai sur les emprunts publics*, avec des notes. 1 vol. in-8. . . . . 10 fr.

J.-B. SAY

Cours complet d'économie politique pratique. 2 vol. grand in-8. 20 fr.

J.-B. SAY

Œuvres diverses : *Catéchisme d'économie politique. — Lettres à Malthus et correspondance générale. — Olbie. — Petit volume. — Fragments et opuscules inédits*. 1 vol. grand in-8. . . . . 10 fr.

ADAM SMITH

Recherches sur la nature et les causes de la richesse des nations, traduction de G. Garnier. 5° édition, augmentée. 2 vol. in-8. . . 16 fr.

COLLECTION DES ÉCONOMISTES
ET PUBLICISTES CONTEMPORAINS

Format in-8.

BANFIELD, Professeur à l'Université de Cambridge. Organisation de l'industrie, traduit sur la 2⁰ édition, et annoté par M. Emile Thomas. 1 vol. in-8. . . . . 6 fr.

BASTIAT. Œuvres complètes en 7 volumes in-8 (vélin). . . . 35 fr.
(Voir détails page 30, édition in-18.)

BAUDRILLART (H.), de l'Institut. Philosophie de l'économie politique. Des rapports de l'économie politique et de la morale. Deuxième édition, revue et augmentée. 1 vol. in-8. . . . . 9 fr.

BLANQUI, de l'Institut. Histoire de l'économie politique en Europe, depuis les anciens jusqu'à nos jours, 5⁰ édition. 1 vol. in-8. . . . 8 fr.

BLOCK (Maurice), de l'Institut. Les progrès de la science économique depuis Adam Smith. Revision des doctrines économiques. 2⁰ édition augmentée. 2 vol. in-8. . . . . 16 fr.
— Statistique de la France, comparée avec les divers pays de l'Europe, couronné par l'Institut (Prix de statistique). 2⁰ édition refondue. 2 vol. in-8. . . . . 12 fr.

BLUNTSCHLI. Le droit international codifié. Traduit de l'allemand par M. C. Lardy. 5⁰ édition, revue et augmentée. 1 vol. in-8. . . . 10 fr.
— Théorie générale de l'Etat, traduit de l'allemand par M. de Riedmatten. 3⁰ édition. 1 vol. in-8. . . . . 9 fr.
— Le droit public général, traduit de l'allemand par M. de Riedmatten, 2⁰ édition. 1 vol. in-8. . . . . 8 fr.
— La politique, traduit de l'allemand et précédé d'une préface de M. de Riedmatten. 2⁰ édition. 1 vol. in-8. . . . . 8 fr.

BOISSONADE (G.), Professeur agrégé à la Faculté de droit de Paris. Histoire de la réserve héréditaire et de son influence morale et économique (Couronné par l'Académie des sciences morales et politiques). 1 vol. in-8. . . . . 10 fr.

CIBRARIO, correspondant de l'Institut. Économie du moyen âge. Traduit de l'italien sur la 4⁰ édition, par M. A. Barneaud. 2 vol. in-8. 6 fr.

COURTOIS (A.). Histoire des banques de France. 2⁰ édition. 1 vol. in-8. . . . . 8 fr. 50

DUNOYER (Ch), de l'Institut. De la liberté du travail. 2⁰ édition. 2 vol. in-8. . . . . 20 fr.
— Notice d'économie sociale, revues sur les manuscrits de l'auteur. 1 vol. in-8. . . . . 10 fr.

EICHTHAL (Eugène d'), de l'Institut. La formation des richesses et ses conditions sociales actuelles, notes d'économie politique. . . 7 fr. 50

FAUCHER (L.), de l'Institut. Études sur l'Angleterre. 2⁰ édition augmentée. 2 forts volumes in-8. . . . . 6 fr.
— Mélanges d'économie politique et de finances. 2 forts vol. in-8. 6 fr.

FIX (Th.). Observations sur l'état des classes ouvrières. Nouvelle édition. 1 vol. in-8. . . . . 5 fr.

GARNIER (J.), de l'Institut. Du principe de population. 2⁰ édition. 1 vol. in-8 avec portrait. 10 fr.

GROTIUS. Le droit de la guerre et de la paix. Nouvelle traduction. 3 vol. in-8. . . . . 12 fr. 50

HAUTEFEUILLE. **Des droits et des devoirs des nations neutres en temps de guerre maritime.** 3e édit. refondue. 3 forts vol. in-8. 22 fr. 50
— **Histoire des origines, des progrès et des variations du droit maritime international.** 2e édition. 1 vol. in-8. . . . . 7 fr. 50
KLUBER (J.-H.). **Droit des gens moderne de l'Europe.** 2e édition, revue. 1 vol. in-8. . . . . 4 fr.
LAFERRIÈRE (F.), de l'Institut. **Essai sur l'histoire du droit français depuis les temps anciens jusqu'à nos jours, y compris le Droit public et privé de la Révolution française.** Nouvelle édit. 2 vol. in-8. 14 fr.
LAVERGNE (L. de), de l'Institut. **Les économistes français du dix-huitième siècle.** 1 vol. in-8. . . . . 7 fr. 50
— **Essai sur l'économie rurale de l'Angleterre, de l'Écosse et de l'Irlande.** 5e édition. 1 vol. in-8 avec portrait. . . . . 8 fr. 50
LEROY-BEAULIEU (P.), de l'Institut. **Traité théorique et pratique d'économie politique.** 3e édition. 4 vol. in-8. . . . . 30 fr.
— **Traité de la science des finances.** 7e édition, revue, corrigée et augmentée. 2 forts vol. in-8. . . . . 25 fr.
— **Essai sur la répartition des richesses** et sur la tendance à une moindre inégalité des conditions. 3e édit., revue et corrigée. 1 vol. in-8. 9 fr.
— **Le collectivisme,** *examen critique du nouveau socialisme.* 4e édition, revue et augmentée d'une préface. 1 vol. in-8. . . . . 9 fr.
MAC CULLOCH, correspondant de l'Institut. **Principes d'économie politique,** *suivis de quelques recherches relatives à leur application, et d'un tableau de l'origine et des progrès de la science,* traduit sur la 4e édition anglaise, par A. PLANCHE. 2e édition. 2 vol. in-8. . . 6 fr.
MARTENS (G.-F. de). **Précis du droit des gens moderne de l'Europe.** Nouvelle édition, revue. 2 forts vol. in-8. . . . . 7 fr.
MINGHETTI, de l'Institut. **Des rapports de l'économie publique avec la morale et le droit.** Traduit par M. SAINT-GERMAIN LEDUC. 1 fort. vol in-8. . . . . 7 fr. 50
MIRABEAU. **L'ami des hommes ou traité de la population,** avec une préface et une notice biographique, par M. ROUXEL. 1 vol. in-8. 5 fr.
MORLEY (John). **La vie de Richard Cobden,** traduit par SOPHIE RAFFALOVICH. 1 vol. in-8. . . . . 8 fr.
PASSY (H.), de l'Institut. **Des formes de gouvernement et des lois qui les régissent.** 2e édition. 1 vol. in-8. . . . . 7 fr. 50
PRADIER-FODERÉ. **Précis de droit administratif.** 7e édition, tenue au courant de la législation. 1 fort vol. in-8. . . . . 10 fr.
ROSCHER (G.). **Traité d'économie politique rurale.** Traduit sur la dernière édition par C. VOGEL. 1 fort vol. in-8. . . . . 18 fr.
— **Recherches sur divers sujets d'économie politique.** Traduit de l'allemand. 1 vol. in-8. 8 fr.
ROSSI (P.), de l'Institut. **Cours d'économie politique,** revu et augmenté de leçons inédites. 5e édition. 4 vol. in-8. . . . . 15 fr.
— **Cours de droit constitutionnel,** *professé à la Faculté de droit de Paris,* recueilli par M. A. PORÉE. 2e édition. 4 vol. in-8. . . . . . 15 fr.
— **Traité de droit pénal.** 4e édition. 2 vol. in-8. . . . . 7 fr. 50
STUART MILL (J.). **Le gouvernement représentatif,** traduit et précédé d'une *Introduction,* par DUPONT-WHITE. 2e édition. 1 vol. in-8. 5 fr.
VIGNES (Édouard). **Traité des impôts en France.** 4e édition, mise au courant de la législation, par M. VERGNIAUD. 2 vol. in-8. . . 16 fr.
YOUNG (Arthur). **Voyages en France (1787, 1788, 1789).** Traduits et annotés par M. LESAGE. 2e édition. 2 vol. in-8. . . . . 15 fr.

BIBLIOTHÈQUE DES SCIENCES MORALES ET POLITIQUES

FORMAT IN-18 JÉSUS.

BASTIAT (Frédéric). **Œuvres complètes**, précédées d'une *Notice* sur sa vie et ses écrits. 7 vol. in-18. . . . . 24 fr. 50
I. *Correspondance*. — *Premiers écrits*. 3ᵉ édition, 3 fr. 50; — II. Le *Libre-Échange*. 3ᵉ édition, 3 fr. 50; — III. *Cobden et la Ligue*. 4ᵉ édition, 2 fr. 50; — IV et V. *Sophismes économiques*. — *Petits pamphlets*. 5ᵉ édit. 2 vol., 7 fr.; — VI. *Harmonies économiques*. 9ᵉ édition, 3 fr. 50; VII. *Essais*. — *Ébauches*. — *Correspondance*. . . . . 3 fr. 50
Les tomes IV et V seuls ne se vendent pas séparés.

BAUDRILLART (H.): **Études de philosophie morale et d'économie politique**. 2 vol. in-18. . . . . 7 fr.

BECCARIA. **Des délits et des peines**. 2ᵉ édition. 1 vol. in-18. . . 3 fr. 50

BLANQUI, de l'Institut. **Précis élémentaire de l'économie politique**. 3ᵉ édition, suivie du *Résumé de l'histoire du commerce*, in-18. 2 fr. 50

CIESZKOWSKI (A.). **Du crédit et de la circulation**. 3ᵉ édit. in-18. 3 fr. 50

COQUELIN (Charles). **Du crédit et des banques**. 3ᵉ édition, in-18. 4 fr.

COURCELLE-SENEUIL (J.-G.). **Traité théorique et pratique d'économie politique**. 3ᵉ édit. 2 vol. in-18. . . . . 7 fr.
— **La société moderne**. 1 vol. in-18. . . . . 5 fr.

FAUCHER (L.), de l'Institut. **Mélanges d'économie politique et de finances**. 2 forts volumes in-18. . . . . 3 fr. 50

FREEMAN (E.-A.). **Le développement de la constitution anglaise**, depuis les temps les plus reculés jusqu'à nos jours. 1 vol. in-18. . . 3 fr. 50

GROTIUS. **Le droit de la guerre et de la paix**. 3 vol. in-18. . . 7 fr. 50

KLUBER (J.-H.). **Droit des gens moderne de l'Europe**. In-18. 2 fr. 50

LAVERGNE (L. de), de l'Institut. **Économie rurale de la France depuis 1789**. 4ᵉ édition, revue et augmentée. 1 vol. in-18. . . . . . 3 fr. 50
— **L'agriculture et la population**. 2ᵉ édition. 1 vol. in-18. . . . 3 fr. 50

LEYMARIE (A.). **Tout par le travail**. 2ᵉ édition. 1 vol. in-18. . 3 fr.

MARTENS (G.-F. de). **Précis du droit des gens moderne de l'Europe**. 2ᵉ édition. 2 vol. in-18. . . . . 4 fr.

MINGHETTI, de l'Institut. **Des rapports de l'économie publique avec la morale et le droit**, par M. SAINT-GERMAIN LEDUC. 1 vol. in-18. 4 fr. 50

MOREAU DE JONNÈS, de l'Institut. **Statistique de l'industrie de la France**. 1 vol. in-18. . . . . 3 fr. 50
— **La France avant ses premiers habitants**. 1 vol. in-18. . . . 3 fr. 50

RAPET (J.-J.). **Manuel populaire de morale et d'économie politique**. 4ᵉ édition. 1 fort vol. in-18. . . . . 3 fr. 50

REYBAUD (L.). **Études sur les réformateurs, ou socialistes modernes**. 7ᵉ édition. 2 vol. in-18. . . . . 7 fr.

SAINT-PIERRE (Abbé de). **Sa vie et ses œuvres**. 1 vol. in-18. 3 fr. 50

SAINT-SIMON. **Sa vie et ses travaux**, par M. G. HUBBARD, suivis de fragments des plus célèbres écrits de Saint-Simon. 1 vol. in-18. 3 fr.

SAY (J.-B.). **Catéchisme d'économie politique**. 1 vol. in-18. . 1 fr. 50

SCHULLER (R.). **Les économistes classiques et leurs adversaires. L'économie polit. et la polit. sociale, depuis Adam Smith**. 1 vol. in-18. 2 fr. 50

SMITH (A.). **Théorie des sentiments moraux**, traduits par la marquise de CONDORCET, suivi d'une *Dissertation sur l'origine des langues*, par la même. Introd. de H. BAUDRILLART, de l'Institut. 1 fort vol. in-18. 3 fr. 50

STIRLING. **Philosophie du commerce**. Traduit de l'anglais par M. SAINT-GERMAIN LEDUC. 1 vol. in-18. . . . . 3 fr.

STUART MILL (J.). **La liberté**. Traduction et *Introduction*, par M. DUPONT-WHITE. 3ᵉ édition, revue. 1 vol. in-18. . . . . 3 fr. 50
— **Le gouvernement représentatif**. Traduction et *Introduction*, par M. DUPONT-WHITE. 3ᵉ édition. 1 vol. in-18. . . . . 4 fr.

SUDRE (Alfred). **Histoire du communisme**. 5ᵉ édition, in-18. . 3 fr. 50

YOUNG (A.). **Voyages en Italie et en Espagne (1787, 1788 et 1789)**. Traduction LESAGE. 1 vol. in-18. . . . . 3 fr. 50

COLLECTION
D'AUTEURS ÉTRANGERS CONTEMPORAINS
Histoire — Morale — Économie politique — Sociologie

Format in-8. (Pour le cartonnage, 1 fr. 50 en plus.)

BAMBERGER. — **Le Métal argent au XIXe siècle.** Traduction par M. Raphael-Georges Lévy. 1 vol. Prix, broché . . . . . . 6 fr. 50

C. ELLIS STEVENS. — **Les Sources de la Constitution des États-Unis** *étudiées dans leurs rapports avec l'histoire de l'Angleterre et de ses Colonies.* Traduit par Louis Vossion. 1 vol. in-8. Prix, broché. 7 fr. 50

GOSCHEN. — **Théorie des Changes étrangers.** Traduction et préface de M. Léon Say. *Quatrième édition française* suivie du *Rapport de 1875 sur le paiement de l'indemnité de guerre*, par le même. 1 vol. Prix, broché . . . . 7 fr. 50

HERBERT SPENCER. — **Justice.** 3e *édition.* Trad. de M. E. Castelot. 1 vol. Prix, broché . . . . 7 fr. 50

HERBERT SPENCER. — **La Morale des différents Peuples et la Morale personnelle.** Traduction de MM. Castelot et E. Martin Saint-Léon. 1 vol. Prix, broché . . . . 7 fr. 50

HERBERT SPENCER. — **Les institutions professionnelles et industrielles.** Traduit par Henri de Varigny. 1 vol. in-8. Prix, br. 7 fr. 50

HERBERT SPENCER. — **Problèmes de Morale et de Sociologie.** Traduction de M. H. de Varigny. 2e édit. 1 vol. Prix, broché. . 7 fr. 50

HERBERT SPENCER. — **Du Rôle moral de la Bienfaisance.** (*Dernière partie des principes de l'éthique*). Traduction de MM. E. Castelot et E. Martin Saint-Léon. 1 vol. Prix, broché . . . . . . 7 fr. 50

HOWELL. — **Le Passé et l'Avenir des Trade Unions.** *Questions sociales d'aujourd'hui.* Traduction et préface de M. Le Cour Grandmaison. 1 vol. Prix, broché . . . . 5 fr. 50

KIDD. — **L'évolution sociale.** Traduit par M. P. Le Monnier. 1 vol. in-8. Prix, broché. 7 fr. 50

NITTI. — **Le Socialisme catholique.** Traduit avec l'autorisation de l'auteur. 1 vol. Prix, broché . . . . 7 fr. 50

RUMELIN. — **Problèmes d'Économie politique et de Statistique.** Traduit par Ar. de Riedmatten. 1 vol. Prix, broché. . . . . 7 fr. 50

SCHULZE GAVERNITZ. — **La grande Industrie.** Traduit de l'allemand. Préface par M. G. Guéroult. 1 vol. Prix, broché . . . . 7 fr. 50

W.-A. SHAW. — **Histoire de la Monnaie (1252-1894).** Traduit par M. Ar. Raffalovich. 1 vol. Prix, broché . . . . 7 fr. 50

THOROLD ROGERS. — **Histoire du Travail et des Salaires en Angleterre depuis la fin du XIIIe siècle.** Traduction avec notes par E. Castelot. 1 vol. in-8. Prix, broché . . . . 7 fr. 50

WESTERMARCK. — **Origine du Mariage dans l'espèce humaine.** Traduction de M. H. de Varigny. 1 vol. Prix broché. . . . . . 11 fr.

A.-D. WHITE. — **Histoire de la Lutte entre la Science et la Théologie.** Traduit et adapté par MM. H. de Varigny et G. Adam. 1 vol. in-8. Prix, broché . . . . 7 fr. 50

FÉLIX ALCAN, ÉDITEUR

PETITE BIBLIOTHÈQUE
ÉCONOMIQUE
FRANÇAISE ET ÉTRANGÈRE

PUBLIÉE SOUS LA DIRECTION DE M. J. CHAILLEY-BERT

PRIX DE CHAQUE VOLUME IN-32, ORNÉ D'UN PORTRAIT
Cartonné toile. . . . . **2 fr. 50**

XVIII VOLUMES PUBLIÉS

I. — VAUBAN. — Dîme royale, par G. MICHEL.
II. — BENTHAM. — Principes de Législation, par Mlle RAFFALOVICH.
III. — HUME. — Œuvre économique, par Léon SAY.
IV. — J.-B. SAY. — Economie politique, par H. BAUDRILLART, de l'Institut.
V. — ADAM SMITH. — Richesse des Nations, par COURCELLE-SENEUIL, de l'Institut.
VI. — SULLY. — Économies royales, par M. J. CHAILLEY-BERT.
VII. — RICARDO. — Rentes, Salaires et Profits, par M. P. BEAUREGARD, de l'Institut.
VIII. — TURGOT. — Administration et Œuvres économiques, par M. L. ROBINEAU.
IX. — JOHN-STUART MILL. — Principes d'économie politique, par M. L. ROQUET.
X. — MALTHUS. — Essai sur le principe de population, par M. G. de MOLINARI.
XI. — BASTIAT. — Œuvres choisies, par M. de FOVILLE, de l'Institut.
XII. — FOURIER. — Œuvres choisies, par M. Ch. GIDE.
XIII. — F. LE PLAY. — Économie sociale, par M. F. AUBURTIN.
XIV. — COBDEN. — Ligue contre les lois, Céréales et Discours politiques, par Léon SAY, de l'Académie française.
XV. — KARL MARX. — Le Capital, par M. VILEFREDO PARETO.
XVI. — LAVOISIER. — Statistique agricole et projets de réformes, par MM. SCHELLE et Ed. GRIMAUX, de l'Institut.
XVII. — LÉON SAY. — Liberté du Commerce, finances publiques, par M. J. CHAILLEY-BERT.
XVIII. — QUESNAY. — La Physiocratie, par M. Yves GUYOT.

Chaque volume est précédé d'une introduction et d'une étude biographique, bibliographique et critique sur chaque auteur.

www.ingramcontent.com/pod-product-compliance
Lightning Source LLC
Chambersburg PA
CBHW051918160426
43198CB00012B/1941